宋 歐陽修 宋 祁 撰

新唐書

第二〇册

卷二一八至卷二二五下（傳）

中華書局

唐書卷二百一十八

列傳第一百四十三

沙陀

沙陀，西突厥別部處月種也。始，突厥東西部分治烏孫故地，與處月、處蜜雜居。貞觀七年，太宗以鼓纛立利邲咄陸可汗，而族人步眞觖望，謀幷其弟彌射乃自立。彌射懼，卒處月等入朝。而步眞勢窮亦歸國。其留者，咄陸以射匱特勒劫越之子賀魯統之。西突厥寖彊，內相攻，其大酋乙毗咄陸可汗建廷鏃曷山之西，號「北庭」，而處月等又隸屬之。處月居金娑山之陽，蒲類之東，有大磧，名沙陀，故號沙陀突厥云。

咄陸寇伊州，引二部兵圍天山，安西都護郭孝恪擊走之，拔處月俟斤之城。後乙毗可汗敗，奔吐火羅。賀魯來降，詔拜瑤池都督，徙其部庭州之莫賀城。處月朱邪闕俟斤阿厥亦請內屬。

永徽初，賀魯反，而朱邪孤注亦殺招慰使連和，引兵據牢山。於是射脾俟斤沙陀那速不肯從，高宗以賀魯所領授之。明年，弓月道總管梁建方、契苾何力引兵斬孤注，俘九千人。又明年，廢瑤池都督府，卽處月地置金滿、沙陀二州，皆領都督。賀魯亡，安撫大使阿史那彌射次伊麗水，而處月來歸。乃置崑陵都護府，統咄陸部，以彌射爲都護。

龍朔初，以處月酋沙陀金山從武衞將軍薛仁貴討鐵勒，授墨離軍討擊使。長安二年，進爲金滿州都督，累封張掖郡公。金山死，子輔國嗣。先天初避吐蕃，徙部北庭，率其下入朝。開元二年，復領金滿州都督，封其母鼠尼施爲鄯國夫人。輔國累爵永壽郡王。死，子骨咄支嗣。

天寶初，回紇內附，以骨咄支兼回紇副都護。從肅宗平安祿山，拜特進、驍衞上將軍。死，子盡忠嗣，累遷金吾衞大將軍、酒泉縣公。至德、寶應間，中國多故，北庭、西州閉不通，朝奏使皆道出回紇，而虜多漁擷，尤苦之，雖沙陀之倚北庭者，亦困其暴斂。

貞元中，沙陀部七千帳附吐蕃，與共寇北庭，陷之。吐蕃徙其部甘州，以盡忠爲軍大論。吐蕃寇邊，常以沙陀爲前鋒。

久之，回鶻取涼州，吐蕃疑盡忠持兩端，議徙沙陀于河外，舉部愁恐。盡忠與朱邪執宜謀，曰：「我世爲唐臣，不幸陷汙，今若走蕭關自歸，不愈於絕種乎？」盡忠曰：「善。」元和三年，悉衆三萬落循烏德鞬山而東，吐蕃追之，行且戰，旁洮水，奏石門，轉鬭不解，部衆略盡，盡忠死之。執宜裒瘢傷，士裁二千，騎七百，雜畜橐它千計，款靈州塞，節度使范希朝以聞。詔處其部鹽州，置陰山府，以執宜爲府兵馬使。沙陀素健鬭，希朝欲藉以捍虜，爲市牛羊，廣畜牧，休養之。其童耄自鳳翔、興元、太原道歸者，皆還其部。盡忠弟葛勒阿波率殘部七百叩振武降，授左武衞大將軍，兼陰山府都督。

執宜朝長安，賜金幣袍馬萬計，授特進、金吾衞將軍。然議者以靈武迫吐蕃，恐後反覆生變，又濱邊，益口則食翔價。頃之，希朝鎭太原，因詔沙陀舉軍從之。希朝乃料其勁騎千二百，號沙陀軍，置軍使，而處餘衆于定襄川。執宜乃保神武川之黃花堆，更號陰山北沙陀。是時，天子伐鎭州，執宜以軍七百爲前鋒，王承宗衆數萬伏木刀溝，與執宜遇，飛矢雨集。執宜提軍橫貫賊陣鏖鬭，李光顏等乘之，斬首萬級。鎭兵解，進蔚州刺史。王鍔節度太原，建言：「朱邪族孳熾，散居北川，恐啓野心，願析其族隸諸州，勢分易弱也。」遂建十府以處沙陀。八年，回鶻過磧南取西城、柳谷，詔執宜屯天德。明年，伐吳元濟，又詔執宜隸李光顏，破蔡人時曲，拔凌雲柵。元濟平，授檢校刑部尙書，猶隸光顏軍。長慶初，伐鎭州，悉發沙陀，與易定軍掎角，破賊深州。執宜入朝，留宿衞，拜金吾衞將軍。大和中，柳公綽領河東，奏陘北沙陀素爲九姓、六州所畏，請委執宜治雲、朔塞下廢府十一，料部人三千禦北邊，號代北行營，授執宜陰山府都督、代北行營招撫使，隸河東節度。

執宜死，子赤心嗣。開成四年，回鶻徑磧口，抵榆林塞，宰相掘羅勿以良馬三百遺赤心，約共攻彰信可汗。可汗死，節度使劉沔以沙陀擊回鶻于殺胡山。久之，伐潞，誅劉稹，詔赤心率代北騎軍三千隸石雄爲前軍，破石會關，助王宰下天井，合太原軍，次榆社，與監軍使呂義忠禽楊弁。潞州平，遷朔州刺史，仍爲代北軍使。

大中初，吐蕃合党項及回鶻殘衆寇河西，太原王宰統代北諸軍進討，沙陀常深入，冠諸軍。赤心所向，虜輒披靡，曰：「吾見赤馬將軍火生頭上。」始，沙陀臣吐蕃，其左老右壯，溷男女，略與同，而馳射趫悍過之，虜倚其兵，常苦邊。及歸國，吐蕃繇此亦衰。宣宗已復三州、七關，征西戍皆罷，乃遷赤心蔚州刺史、雲州守捉使。

龐勛亂，詔義成康承訓爲行營招討使，赤心以突騎三千從。承訓兵絕渙水，遇伏，墮圍中幾沒，赤心以騎五百掀出之。勛欲速戰，衆八萬，短兵接，赤心勒勁騎突賊，與官軍夾擊，敗之，其弟赤衷以千騎追之亳東。勛平，進大同軍節度使，賜氏李，名國昌，預鄭王屬籍，賜親仁里甲第。回鶻叩榆林，擾靈、鹽，詔國昌爲鄜延節度使。又寇天德，乃徙節振武，進檢校司徒。王仙芝陷荆、襄，朝廷發諸州兵討捕，國昌遣劉遷統雲中突騎逐賊，數有功。

乾符三年，段文楚爲代北水陸發運、雲州防禦使。是時無年，文楚朘損用度，下皆怨，邊校程懷信、王行審、蓋寓、李存璋、薛鐵山、康君立等曹議曰：「世多難，丈夫當投鏬立功。段公乃儒者，難共計。沙陀雄勁，李振武父子勇冠軍，我若推之，無不應，則代北唾手可定，拾取富貴若何？」咸曰：「善！」乃夜謁國昌子雲中守捉使克用曰：「歲艱稟食削，吾等不忍餓死，公家威德著聞，請誅虐帥，安部內。」克用許之，募得士萬人，趨雲州，次鬪鷄臺，城中執文楚至，殺之，據州以聞，共丐克用爲大同防禦留後。不許，發諸道兵進捕，諸道不甚力，而黃巢方引度江，朝廷度未能制，乃赦之，以國昌爲大同軍防禦使。國昌不受命，詔河東節度使崔彥昭、幽州張公素共擊之，無功。

國昌與党項戰，未決，大同川吐渾赫連鐸襲振武，盡取其貲械，國昌窮，挈騎五百還雲州，州不納，鐸遂取之。克用轉側蔚、朔間，裒兵纔三千，屯新城，鐸引萬人圍之，隧而攻，三日不拔，鐸兵殺傷甚。國昌自蔚州來，鐸引去。僖宗以鐸領大同節度，畀討國昌。六年，詔昭義李鈞爲北面招討使，督潞、太原兵屯代州；幽州李可舉會鐸攻蔚州，國昌以一隊當之。克用分兵抵遮虜城拒鈞，天大雪，士瘃仆，鈞衆潰，還代州，軍遂亂，鈞死于兵。廣明元年，以李琢爲蔚、朔招討都統，率兵數萬屯代州。克用使傅文達調蔚、朔兵，朔州刺史高文集縛以送琢。琢進攻蔚州，國昌敗，與克用舉宗奔達靼。鐸密畀酋長圖之，克用得其計，因豪桀大會馳射，百步外針芒木葉無不中，部人大驚，即倡言：「今黃巢北寇，爲中原患，一日天子赦我，願與公等南向定天下，庸能終老沙磧哉！」達靼知不留，乃止。

巢攻潼關，入京師，詔河東監軍陳景思發代北軍。時沙陀都督李友金屯興唐軍，薩葛首領米海萬、安慶都督史敬存屯感義軍，克用客塞下，衆數千無所屬。景思聞天子西，乃與友金料騎五千入居絳，兵擅劫帑自私。還代州，益募士三萬，屯崞西，士囂縱，友金不能制，謀曰：「今合大衆，不得威名宿將，且無功。吾兄司徒父子，材而雄，衆所推畏，比得罪于朝，僑戍北部不敢還。今若召之使將兵，代北豪英，一呼可集，整行伍，鼓而南，賊不足平也。」景思曰：「善！」乃丐赦國昌，使討賊贖罪。有詔拜克用代州刺史、忻代兵馬留後，促本軍討賊。克用募達靼萬人，趨代州，將南道太原，節度使鄭從讜塞石嶺關，不得前，克用儳道至太原，營城下五日，邀糧貲，從讜不答，乃大略，還屯代州。

中和二年，蔚州刺史蘇祐會赫連鐸兵將攻代州，克用率騎五百先襲蔚州，下之。祐屯美女谷，鐸與幽州李可舉衆七萬攻蔚州，譙栅相屬。克用直擣營，入蔚州，燔府庫，棄而去，屯鴈門。國昌自達靼率兵歸代州。擾汾、幷、樓煩，不釋鎧。帝詔克用還軍朔州。

於是義武節度使王處存、河中節度使王重榮傳詔招克用同討巢。克用喜，即大閱鴈門，得忻、代、蔚、朔、達靼衆三萬、騎五千而南。於是國昌守代州。鄭從讜不肯假道，克用軍傅太原而營，奉幣馬遺從讜，身從數騎呼曰：「我且西，願與公一言。」從讜升陴慰勉，歸貨幣饔餼。克用乃自陰地趨晉，會河中。帝聞，擢克用鴈門節度、神策天寧軍鎮遏、忻代觀察使。明年，宰相王鐸承制，授克用東北面行營都統，河東監軍陳景思爲監軍使。克用使弟克脩領轂騎五百度河，克用自夏陽濟，留薛阿檀扼津口，次同州，壁乾阬，與賊戰梁田坡，敗之。進壁渭橋，遂收京師。功第一，進同中書門下平章事、隴西郡公，國昌爲代北軍節度使。未幾，以克用領河東節度。

黃巢與秦宗權合寇河南。四年，克用率河東、代北兵將自澤、潞下天井關，河陽諸葛爽堙井以拒，克用乃繇河中濟，趨許州，合徐、汴兵破尙讓于太康。戰西華，又破之。賊走，河南平。追北曹州，還過汴，朱全忠邀之，克用留兵于郊，入舍上源館。夜帳飲，全忠自佐饗，進賞寶，握手諄勞。是時，全忠忌克用桀驁難制，則連車外環，陳兵道左右。克用醉，乃攻館，下拒戰，親將郭景銖滅燭扶克用，徐告之，尙被酒，乃引弓射。會煙霿四合，大震電，克用與薛志勤等閒關升南譙門，縋走營，部下死者數百人，所獲賊乘輿物盡亡之。克用整衆歸太原，益訓兵，將報仇，使弟克勤以萬騎屯河中，乃請擊全忠。使者八返，內外震恐，帝使內謁慰解。尋進位檢校太傅、隴西郡王。

光啓元年，幽州李可舉、鎭州王景崇言〔一〕：「易定故燕、趙境，請取分之。」於是可舉攻易州，下之；景崇攻無極。易定節度使王處存求救於克用，克用自將救無極，敗鎭人，攻馬頭，固新城，鎮兵走〔三〕，處存復取易州。鳳翔李昌符、邠寧朱玫與全忠連和，觀軍容使田令孜惡克用與王重榮合，建言：「不可處近輔，請授王處存河中，而徙重榮於易定，則克用孤矣。」帝從之。重榮以告，克用怒曰：「我當從公提鼓出汜水關誅全忠，迴殲穴鼠耳。」重榮計曰：「公兵朝出關，則邠、岐兵夕傅吾堞，願先治邠、岐。」克用乃表言：「玫、昌符連全忠爲亂，請以兵十五萬度河梟二豎，然後平汴雪大恥，願陛下戒嚴，無爲賊所搖。」帝遣使慰止，背相望也。克用不奉詔，玫亦引邠、鳳兵營沙苑。克用薄戰，玫敗，夜亡去。克用還河中，天子出趣鳳翔，道傳兵且至，即趣寶雞。克用與重榮聯章請還宮，願留兵衞京師，即還鎮。帝懼，走大散關，駐興元。克用引歸。嗣襄王熅僞詔至太原，克用燔之，執其使，間道奉表興元。始，朝廷意玫結克用迫乘輿，及表至，示羣臣，因騰曉山南諸鎮，行在少安。王行瑜斬玫，克用以千騎經略京畿。三年，國昌卒。俄而昭宗即位，進克用檢校太師兼侍中。

大順初，克用自攻赫連鐸於雲州，拔東郛，幽州李匡威以兵三萬救之，殺其將安金俊，克用走。鐸與匡威共建言：「山南亂，克用實首之。今乘其敗，可伐而取也。」全忠亦請與河北三鎮共討之。宰相張濬是其計，乃下制削克用官爵、屬籍，以濬爲兵馬招討、制置、宣慰使，京兆尹孫揆副之，樞密使駱全讙爲行營都監，華州節度使韓建爲行營馬步都虞候兼供軍糧料使，王鎔領河東東面，全忠南面，李匡威北面，並爲行營招討使。鐸副匡威，先薄戰。

克用追潞兵，不肯行，共殺守將李克恭，送款于汴，獻首闕下。更詔揆爲昭義節度使，克用將李存孝邀揆長子殺之。匡威、鐸並吐蕃、黠戛斯衆十萬攻遮虜軍，殺其將劉胡子。克用乃屯渾河川，存孝與鐸戰樂安，鐸敗走。濬入陰地關，壁汾、隰，薛鐵山、李承嗣營洪洞迎戰。存孝次趙城，韓建夜出壯士三百乘其營，存孝伏以待，建兵大奔。存孝攻絳州，未下，晉州刺史張行恭棄城走，建與濬遁還。明年，克用奉表自陳，乃復拜檢校太師、守中書令、隴西郡王。

克用悉兵攻鐸雲州，以騎將薛阿檀爲前軍，設伏河上，鐸縱騎追阿檀，遇伏而奔，鐸亡入吐渾。克用取雲州，以部將石善友爲刺史、大同軍防禦使。

景福初，鎭州王鎔攻堯山，克用使李嗣勳擊之，斬級三萬，克用遂拔天長，略常山，度滹沱，燔其郛，徇地至趙，取鼓、藁二城。赫連鐸衆八萬攻天成軍，克用飛檄發軍太原，匡威已壁雲州北郊，克用自神堆引軍夜入雲州，死戰，走之。乾寧元年，克用次新城，鐸膝行詣軍門降，克用鞭而縱之。進下武州，攻新州，李匡籌引步騎七萬救之，克用迎戰，斬首萬級，俘少將三百，徇城下，新州降。取嬀州，匡籌棄幽州走。明年，幽州降，克用以劉仁恭爲留後，乃旋。

王行瑜、韓建、李茂貞連兵南闕下，殺李谿。克用盡調北部兵度河，拔絳州，斬刺史王瑤。次河中，王珂謁于道。同州王行約奔京師。圍韓建于華州，京師震動，帝爲幸石門、莎城，遣內謁者郗廷昱慰勞，且言茂貞屯盩厔，行瑜屯興平，克用乃進營渭橋。帝以嗣延王戒丕、嗣丹王允詔克用擊邠、鳳。克用奉詔，屯渭北，遣史儼以票騎三千護石門，且令王珂輸河中粟備行在。帝以赤詔嘉答，進克用諸道兵馬都招討使，命二嗣王兄事之，令促討行瑜。克用請帝還京師，以二千騎衞乘輿。時宮室煨殘，駐尙書省，百官喪馬，克用進乘輿金具裝二駟，又上百乘給從官。進太師、兼中書令、邠寧四面行營都統。

行瑜堅壁梨園，茂貞自率師三萬逼咸陽而屯。克用請帝責茂貞罷兵，因削官爵，願與河中共討之。帝詔弟事行瑜，貸茂貞，俾結好。朱詔賜魏國夫人陳氏。陳，襄陽人也，善書，帝所愛，欲急平賊，故予之。茂貞以兵援龍泉，克用使李罕之、李存審夜引兵劫其餉，援兵亡，行瑜潰而走，追殺萬計。行瑜入邠州，丐歸款，克用使史儼入其城。行瑜死慶州，傳首京師。帝悉論幕府官屬及諸子功，封爵之，克用賜號「忠貞平難功臣」，進封晉王。

克用屯雲陽，遣李習吉入朝，且請與王珂悉力討茂貞，帝不許。克用私於使者曰：「蚾根不除，憂未艾也。」天子發度支錢三十萬緡勞其軍。時鄆州朱宣兄弟爲全忠所困，使來告，克用請道于魏救之。兵解復鬭，克用自將而往，使李存信率兵三萬與史儼等次于莘，爲魏兵所破，克用怒，大略相、魏去。

始，茂貞畏克用見討，修貢獻如藩臣。及克用還，絕貢獻，與韓建謀以兵入朝，帝懼，詔克用進衞京師。帝謀度河幸太原，遣延王入克用軍促迎天子。既次渭北，建固請幸華州。克用謂王曰：「患本於不斷，顧上自爲之。」李存信攻魏，葛從周引衆三萬來援，戰洹水上，汴人夜坎諸野，鬭合，克用子落落馬陷而顚，克用救之，亦顚，追兵迫，射之乃免。存信已傅魏城，克用幷力，羅弘信以捉生逆戰，爲克用所敗，追及郛，叩闉而還。於是陝州王珙攻河中，李嗣昭援珂，再戰再勝，珙圍解。

帝使延王持節至太原，謂克用曰：「不用卿計，故逮此，無可言者。今我寄於華，百司羣官無所託，非卿尚誰與憂？不則不復見宗廟矣！」王至太原，克用留累月，每大張飲，王必以舞屬克用，因陳國事，涕數行下，冀感動之。時劉仁恭據幽州，貳于克用，數召兵不應，克用以書讓之，仁恭得書，抵于地，遂顯絕。故克用內憂幽州，以好辭謝王，不復有西意。俄自將屯蔚州，會晨大霧冥，仁恭來薄戰，克用大敗，走太原，大將多死。

全忠奪邢、磁、洺三州，茂貞度克用沮橈，無能出師，乃與韓建謾好，致書言帝暴露累年，請共治宮室迎天子。初，長安自石門之奔，宮殿焚圮，及岐人再逆，火閭里皆盡，宮城昏夜狐狸鳴啼，無人跡。帝幸華西溪，望舊京必泫然流涕，左右悽塞不得語。王建方盜兩川，茂貞欲披其鄙私之，數南師，不暇東，而全忠繕治洛陽，茂貞因約克用共其勞，克用辭窮，乃出背爲助。

光化初，帝還京師，詔克用與全忠解仇，宰相徐彥若、崔胤皆勸之。克用勢已折，然尙以功高位全忠上，恥先下之，時王鎔方睦於汴，乃遺書鎔，使爲己倡。全忠即遣使奉書幣恭甚，克用亦報之。然汴日益張，窮鬪不置。王珙請汴兵攻河中，克用使李嗣昭、張漢瑜援之，汴兵走。葛從周取承天軍，氏叔琮取遼州、樂平，進壓榆次，克用使周德威逐出之。李嗣昭以步騎三萬下太行，略河內，拔懷州，進攻河陽，汴人閻寶救之，嗣昭退保懷。天復元年，全忠取晉、絳，逼河中，王珂告急，使相望，汴人扼空道，晉兵不得前，遂虜珂。珂妻，克用女，不能救，全忠遂有河中，克用朝貢道亦梗。

全忠知克用迮不振，乃大舉攻太原，分遣銳將氏叔琮等率魏博、兗鄆、邢洺、義武、晉絳兵環入之，晉城邑多下。會大雨，汴兵糧乏，士瘧癘，遂解。克用雖內憤悒，憚全忠彊難與爭，乃厚致幣馬謝，復請修好。全忠遂取同、華，屯渭上。帝如鳳翔，李茂貞、韓全誨請召克用入衞，克用間道遣使者奔問，幷詒書全忠勸還汴，全忠不答。

克用率兵趨平陽，攻吉上堡，破汴軍於晉州。李嗣昭、周德威下慈、隰，進屯河中。汴將朱友寧以兵十萬壁其南，全忠自屯晉州。晉人聞全忠至，皆失色。時有虹貫德威營，氏叔琮薄壘疾鬪，晉兵大敗，仗械輜儲皆盡。友寧長驅略汾、慈、隰州，皆下，遂圍太原，攻西門。德威、嗣昭循山挐餘衆得歸，克用大恐，身荷版築，率士拒守，陰於嗣昭、德威謀奔雲州。李存信曰：「不如依北蕃。」國昌妻劉語克用曰：「聞王欲委城入蕃，審乎？計誰出？」曰：「存信等爲此。」劉曰：「彼牧羊奴，安辦遠計。王常笑王行瑜失城走而死，若何效之？且王頃居達靼，危不免。必一朝去此，禍不旋跬，渠能及北虜哉？」克用悟，乃止。居數日，散士復集。嗣昭夜擾友寧營，汴人驚，引去，德威追之，抵白壁關，復收慈、隰、汾三州。三年，克用攻晉州，聞帝自鳳翔還京師，乃去。雲州都將王敬暉殺刺史劉再立，以地予劉仁恭；李嗣昭討之。仁恭援敬暉，嗣昭壁樂安，欲戰，仁恭取敬暉，棄城去。

帝東遷，詔至太原，克用泣謂其下曰：「乘輿不復西矣。」遣使者奔問行在，俄加號「協盟同力功臣」。李茂貞、王建與邠州楊崇本遣使者來約義舉，克用顧藩鎮皆附汴，不可與共功，惟契丹阿保機尚可用，乃卑辭召之。保機身到雲中，與克用會，約爲兄弟，留十日去，遺馬千匹、牛羊萬計，期冬大舉度河，會昭宗弑而止。四年，王建、李茂貞約克用大舉。建將康晏步騎二萬與克用監軍張承業會鳳翔，是時汴將王重師守長安，劉知俊守同州，與戰長安西，建兵敗，遂不振。

唐亡，建與淮南楊渥請克用自王一方，須賊平訪唐宗室立之。建請悉蜀工制乘輿御物。克用答曰：「自王，非吾志也。」建又勸茂貞王岐，茂貞孱褊，亦不敢當，但侈府第，僭宮禁而已。建、渥乃自王。是歲，克用有疾，城門自壞，明年卒。

贊曰：沙陀始歸命天子，仰哺于邊，世喋血助征討，常爲邊兵雄。至克用逢王室亂，遂有太原。虜性悖固，少它腸，自負材果，欲經營天下而不克也。兵雖勝，然數敗，地雖得，輒復失，故熟視帝劫遷，縮頸羞汗，偷景待僵，不亦鄙乎！賴其子慓銳，抑而復振。是時，提兵託勤王者五族，然卒亡朱氏爲唐湔恥者，沙陀也。使克用稍知古今，能如齊桓、晉文，唐遽亡乎哉？

校勘記

〔一〕光啓元年幽州李可舉鎭州王景崇言　「王景崇」，舊書卷一九下僖宗紀、通鑑卷二五六作「王鎔」。考異卷五六云：「按景崇以中和三年卒，子鎔繼之，光啓改元之際，鎭州帥乃王鎔，非景崇也。」

〔二〕固新城鎭兵走　通鑑卷二五六云：「成德兵退保新城，克用復進擊，大破之，拔新城，成德兵走。」

唐書卷二百一十九

列傳第一百四十四

北狄

契丹　奚　室韋　黑水靺鞨　渤海

契丹，本東胡種，其先爲匈奴所破，保鮮卑山。魏青龍中，部酋比能稍桀驁，爲幽州刺史王雄所殺，衆遂微，逃潢水之南，黃龍之北。至元魏，自號曰契丹。地直京師東北五千里而贏，東距高麗，西奚，南營州，北靺鞨、室韋，阻冷陘山以自固。射獵居處無常。其君大賀氏，有勝兵四萬，析八部，臣于突厥，以爲俟斤。凡調發攻戰，則諸部畢會；獵則部得自行。與奚不平，每鬬不利，輒遁保鮮卑山。風俗與突厥大抵略侔。死不墓，以馬車載尸入山，置於樹顚。子孫死，父母旦夕哭；父母死則否，亦無喪期。

武德中，其大酋孫敖曹與靺鞨長突地稽俱遣人來朝，而君長或小入寇邊。後二年，君長乃遣使者上名馬、豐貂。貞觀二年，摩會來降。突厥頡利可汗不欲外夷與唐合，乃請以梁師都易契丹。太宗曰：「契丹、突厥不同類，今已降我，尚可索邪？師都，唐編戶，盜我州部，突厥輒爲助，我將禽之，誼不可易降者。」明年，摩會復入朝，賜鼓纛，由是有常貢。帝伐高麗，悉發酋長與奚首領從軍。帝還，過營州，盡召其長窟哥及老人，差賜繒采，以窟哥爲左武衞將軍。

大酋辱紇主曲據又率衆歸，卽其部爲玄州，拜曲據刺史，隸營州都督府。未幾，窟哥舉部內屬，乃置松漠都督府，以窟哥爲使持節十州諸軍事、松漠都督，封無極男，賜氏李；以達稽部爲峭落州，紇便部爲彈汗州，獨活部爲無逢州，芬問部爲羽陵州，突便部爲日連州，芮奚部爲徒河州，墜斤部爲萬丹州，伏部爲匹黎、赤山二州，俱隸松漠府，卽以辱紇主爲之刺史。

窟哥死，與奚連叛，行軍總管阿史德樞賓等執松漠都督阿卜固獻東都。窟哥有二孫：曰枯莫離，爲左衞將軍、彈汗州刺史，封歸順郡王；曰盡忠，爲武衞大將軍、松漠都督。而敖曹有孫曰萬榮，爲歸誠州刺史。於是營州都督趙文翽驕沓，數侵侮其下，盡忠等皆怨望。萬榮本以侍子入朝，知中國險易，挾亂不疑，卽共舉兵，殺文翽，盜營州反。盡忠自號無上可汗，以萬榮爲將，縱兵四略，所向輒下，不重浹，衆數萬，妄言十萬，攻崇州，執討擊副使許欽寂。武后怒，詔鷹揚將軍曹仁師、金吾大將軍張玄遇、右武威大將軍李多祚、司農少卿麻仁節等二十八將擊之；以梁王武三思爲榆關道安撫大使，納言姚璹爲之副。更號萬榮曰萬斬，盡忠曰盡滅。諸將戰西硤石黃麞谷，王師敗績，玄遇、仁節皆爲虜禽。進攻平州，不克。敗書聞，后乃以右武衞大將軍建安王武攸宜爲清邊道大總管，擊契丹；募天下人奴有勇者，官畀主直，悉發以擊虜。萬榮銜枚夜襲檀州，清邊道副總管張九節募死士數百薄戰，萬榮敗而走山。俄而盡忠死，突厥默啜襲破其部。萬榮收散兵復振，使別將駱務整、何阿小入冀州，殺刺史陸寶積，掠數千人。

武后聞盡忠死，更詔夏官尚書王孝傑、羽林衞將軍蘇宏暉率兵十七萬討契丹，戰東硤石，師敗，孝傑死之。萬榮席已勝，遂屠幽州。攸宜遣將討捕，不能克。乃命右金吾衞大將軍河內郡王武懿宗爲神兵道大總管，右肅政臺御史大夫婁師德爲清邊道大總管，右武威衞大將軍沙吒忠義爲清邊中道前軍總管，兵凡二十萬擊賊。萬榮銳甚，鼓而南，殘瀛州屬縣，恣肆無所憚。於是神兵道總管楊玄基率奚軍掩其尾，契丹大敗，獲何阿小，降別將李楷固、駱務整，收仗械如積。萬榮委軍走，殘隊復合，與奚搏，奚四面攻，乃大潰，萬榮左馳。張九節爲三伏伺之，萬榮窮，與家奴輕騎走潞河東，憊甚，臥林下，奴斬其首，九節傳之東都，餘衆潰。攸宜凱而還，后喜，爲赦天下，改元爲神功。

契丹不能立，遂附突厥。久視元年，詔左玉鈐衞大將軍李楷固、右武威衞將軍駱務整討契丹，破之。此兩人皆虜善將，嘗犯邊，數窘官軍者也，及是有功。開元二年，盡忠從父弟都督失活以默啜政衰，率部落與頡利發伊健啜來歸，玄宗賜丹書鐵券。後二年，與奚長李大酺皆來，詔復置松漠府，以失活爲都督，封松漠郡王，授左金吾衞大將軍；仍其府置靜析軍，以失活爲經略大使，所統八部皆擢其酋爲刺史。詔將軍薛泰爲押蕃落使，督軍鎮撫。帝以東平王外孫楊元嗣女爲永樂公主，妻失活。明年，失活死，贈特進，帝遣使弔祠，以其弟中郎將娑固襲封及所領。明年，娑固與公主來朝，宴賚有加。

有可突于者，爲靜析軍副使，悍勇得衆，娑固欲去之，未決。可突于反攻娑固，娑固奔營州。都督許欽澹以州甲五百，合奚君長李大酺兵共攻可突于，不勝，娑固、大酺皆死，欽澹懼，徙軍入榆關。可突于奉娑固從父弟鬱于爲君，遣使者謝罪，有詔卽拜鬱于松漠郡王，而赦可突于。鬱于來朝，授率更令，以宗室所出女慕容爲燕郡公主妻之〔一〕。可突于亦來朝，擢左羽林衞將軍。鬱于死，弟吐于嗣，與可突于有隙，不能定其下，攜公主來奔，封遼陽郡王，留宿衞。可突于奉盡忠弟邵固統衆，詔許襲王。天子封禪，邵固與諸蕃長皆從行在。

明年，拜左羽林衞大將軍，徙王廣化郡，以宗室出女陳爲東華公主，妻邵固，詔官其部酋長百餘人，邵固以子入侍。

可突于復來，不爲宰相李元紘所禮，鞅鞅去。張說曰：「彼獸心者，唯利是向。且方持國，下所附也，不假以禮，不來矣。」後三年，可突于殺邵固，立屈烈爲王，脅奚衆共降突厥，公主走平盧軍。詔幽州長史、知范陽節度事趙含章擊之，遣中書舍人裴寬、給事中薛侃大募壯士，拜忠王浚河北道行軍元帥，以御史大夫李朝隱、京兆尹裴伷先副之，帥程伯獻、張文儼、宋之悌、李東蒙、趙萬功、郭英傑等八總管兵擊契丹。既又以忠王兼河東道諸軍元帥，王不行。以禮部尚書信安郡王禕持節河北道行軍副元帥，與含章出塞捕虜，大破之。可突于走，奚衆降，王以二蕃俘級告諸廟。

明年，可突于盜邊，幽州長史薛楚玉、副總管郭英傑、吳克勤、烏知義、羅守忠率萬騎及奚擊之，戰都山下。可突于以突厥兵來，奚懼，持兩端，衆走險；知義、守忠敗，英傑、克勤死之，殺唐兵萬人。帝擢張守珪爲幽州長史經略之。守珪既善將，可突于恐，陽請臣而稍趨西北倚突厥。其衙官李過折與可突于內不平，守珪使客王悔陰邀之，以兵圍可突于，過折即夜斬可突于、屈烈及支黨數十人，自歸。守珪使過折統其部，函可突于等首傳東都。拜過折北平郡王，爲松漠都督。可突于殘黨擊殺過折，屠其家，一子剌乾走安東，拜左驍衞將軍。二十五年，守珪討契丹，再破之，有詔自今戰有功必告廟。

天寶四載，契丹大酋李懷秀降，拜松漠都督，封崇順王，以宗室出女獨孤爲靜樂公主妻之。是歲，殺公主叛去，范陽節度使安祿山討破之。更封其酋楷落爲恭仁王，代松漠都督。祿山方幸，表討契丹以向帝意。發幽州、雲中、平盧、河東兵十餘萬，以奚爲鄉導，大戰潢水南，祿山敗，死者數千，自是祿山與相侵掠未嘗解，至其反乃已。

契丹在開元、天寶間，使朝獻者無慮二十。故事，以范陽節度爲押奚、契丹使，自至德後，藩鎭擅地務自安，鄣戍斥候益謹，不生事于邊，奚、契丹亦鮮入寇，歲選酋豪數十入長安朝會，每引見，賜與有秩，其下率數百皆駐館幽州。至德、寶應時再朝獻，大曆中十三，貞元間三，元和中七，大和、開成間凡四。然天子惡其外附回鶻，不復官爵渠長。會昌二年，回鶻破，契丹酋屈戍始復內附，拜雲麾將軍、守右武衞將軍。於是幽州節度使張仲武爲易回鶻所與舊印，賜唐新印，曰「奉國契丹之印」。

咸通中，其王習爾之再遣使者入朝，部落寖彊。習爾之死，族人欽德嗣。光啓時，方天下盜興，北疆多故，乃鈔奚、室韋，小小部種皆役服之，因入寇幽、薊。劉仁恭窮師踰摘星山討之，歲燎塞下草，使不得留牧，馬多死，契丹乃乞盟，獻良馬求牧地，仁恭許之。復敗約入寇，劉守光戍平州，契丹以萬騎入，守光僞與和，帳飮具于野，伏發，禽其大將。羣胡慟，願納馬五千以贖，不許，欽德輸重賂求之，乃與盟，十年不敢近邊。

欽德晚節政不競，其八部大人法常三歲代，時耶律阿保機建鼓旗爲一部，不肯代，自號爲王而有國，大賀氏遂亡。

奚亦東胡種，爲匈奴所破，保烏丸山。漢曹操斬其帥蹋頓，蓋其後也。元魏時自號庫眞奚〔三〕，居鮮卑故地，直京師東北四千里。其地東北接契丹，西突厥，南白狼河，北霫。與突厥同俗，逐水草畜牧，居氊廬，環車爲營。其君長常以五百人持兵衞牙中，餘部散山谷間，無賦入，以射獵爲貲。稼多穄，已穫，窖山下。斷木爲臼，瓦鼎爲飦，雜寒水而食。喜戰鬬，兵有五部，部一俟斤主之。其國西抵大洛泊，距回紇牙三千里，多依土護眞水。其馬善登，其羊黑。盛夏必徙保冷陘山，山直嬀州西北。至隋始去「庫眞」，但曰奚。

武德中，高開道借其兵再寇幽州，長史王詵擊破之。太宗貞觀三年始來朝，閱十七歲，凡四朝貢。帝伐高麗，大酋蘇支從戰有功。不數年，其長可度者內附，帝爲置饒樂都督府，拜可度者使持節六州諸軍事、饒樂都督，封樓煩縣公，賜李氏。以阿會部爲弱水州，處和部爲祁黎州，奧失部爲洛瓌州，度稽部爲太魯州，元俟折部爲渴野州，各以酋領辱紇主爲刺史，隸饒樂府。復置東夷都護府於營州，兼統松漠、饒樂地，置東夷校尉。

顯慶間可度者死，奚遂叛。五年，以定襄都督阿史德樞賓、左武候將軍延陀梯眞、居延州都督李含珠爲冷陘道行軍總管。明年，詔尚書右丞崔餘慶持節總護定襄等三都督討之，奚懼乞降，斬其王匹帝。萬歲通天中，契丹反，奚亦叛，與突厥相表裏，號「兩蕃」。延和元年，以左羽林衛大將軍幽州都督孫佺、左驍衛將軍李楷洛、左威衛將軍周以悌帥兵十二萬，爲三軍，襲擊其部；次冷陘，前軍楷洛與奚酋李大酺戰不利。佺懼，斂軍，詐大酺曰：「我奉詔來慰撫若等，而楷洛違節度輒戰，非天子意，方戮以徇。」大酺曰：「誠慰撫我，有所賜乎？」佺出軍中繒帛、袍帶與之，大酺謝，請佺還師，舉軍得脫，爭先無部伍，大酺兵躡之，遂大敗，殺傷數萬，佺、以悌皆爲虜禽，送默啜害之。朝廷方多故，不暇討。

玄宗開元二年，使奧蘇悔落丐降，封饒樂郡王，左金吾衛大將軍、饒樂都督。詔宗室出女辛爲固安公主，妻大酺。明年，身入朝成昏。始復營州都督府，遣右領軍將軍李濟持節護送。大酺後與契丹可突于鬬，死。弟魯蘇領其部，襲王。詔兼保塞軍經略大使。牙官塞默羯謀叛，公主置酒誘殺之，帝嘉其功，賜主累萬。會與其母相告訐得罪，更以盛安公主女韋爲東光公主妻之〔三〕。後三年，封魯蘇奉誠郡王，右羽林衛將軍，擢其首領無慮二百人，皆位郎將。

久之，契丹可突于反，脅奚衆幷附突厥，魯蘇不能制，奔榆關，公主奔平盧。幽州長史趙含章發清夷軍討破之，衆稍自歸。明年，信安王禕降其酋李詩鎖高等部落五千帳，以其地爲歸義州，因以王詩，拜左羽林軍大將軍、本州都督，賜帛十萬，置其部幽州之偏。

李詩死，子延寵嗣，與契丹又叛，爲幽州張守珪所困。延寵降，復拜饒樂都督、懷信王，以宗室出女楊爲宜芳公主妻之。延寵殺公主復叛，詔立它酋婆固爲昭信王、饒樂都督，以定其部。安祿山節度范陽，詭邊功，數與鏖鬬，盛飾俘以獻，誅其君李日越，料所俘驍壯戍雲南。終帝世，凡八朝獻，至德、大曆間十二。

貞元四年，與室韋攻振武。後七年，幽州殘其衆六萬。德宗時，兩朝獻。元和元年，君梅落身入朝，拜檢校司空、歸誠郡王。以部酋索氏爲左威衞將軍、檀薊州游弈兵馬使，沒辱孤平州游弈兵馬使，皆賜李氏。然陰結回鶻、室韋兵犯西城、振武。大抵憲宗世四朝獻。

大和四年，復盜邊，盧龍李載義破之，執大將二百餘人，縛其帥茹羯來獻，文宗賜冠帶，授右驍衞將軍。後五年，大首領匿舍朗來朝。大中元年，北部諸山奚悉叛，盧龍張仲武禽酋渠，燒帳落二十萬，取其刺史以下面耳三百，羊牛七萬，輜貯五百乘，獻京師。咸通九年，其王突董蘇使大都督薩葛入朝。

是後契丹方彊，奚不敢亢，而舉部役屬。虜政苛，奚怨之，其酋去諸引別部內附，保嬀州北山，遂爲東、西奚。

室韋，契丹別種，東胡之北邊，蓋丁零苗裔也。地據黃龍北，傍峱越河，直京師東北七千里，東黑水靺鞨，西突厥，南契丹，北瀕海。其國無君長，惟大酋，皆號「莫賀咄」，攝筦其部而附于突厥。小或千戶，大數千戶，濱散川谷，逐水草而處，不稅斂。每弋獵即相嘯聚，事畢去，不相臣制，故雖猛悍喜戰，而卒不能爲彊國。剡木爲犂，人挽以耕，田穫甚褊。其氣候多寒，夏霧雨，冬霜霰。其俗，富人以五色珠垂領，婚嫁則男先傭女家三歲，而後分以產，與婦共載，鼓舞而還。夫死，不再嫁。每部共構大棚，死者置尸其上，喪期三年。土少金鐵，率資於高麗。器有角弓、楛矢，人尤善射。每溽夏，西保貣勃、次對二山。山多草木鳥獸，然苦飛蚊，則巢居以避。酋帥死，以子弟繼，無則推豪桀立之。率乘牛車，蘧篨爲室，度水則束薪爲桴，或以皮爲舟。馬皆草韉、繩羈靮。所居或皮蒙室，或屈木以蘧篨覆，徙則載而行。其畜無羊少馬，有牛不用，有巨豕食之，韋其皮爲服若席。其語言，靺鞨也。

分部凡二十餘。曰嶺西部、山北部、黃頭部，彊部也；大如者部、小如者部、婆萵部、訥北部、駱丹部：悉處柳城東北，近者三千，遠六千里而贏。最西有烏素固部，與回紇接，當俱倫泊之西南。自泊而東有移塞沒部；稍東有塞曷支部，最彊部也，居啜河之陰，亦曰燕支河；益東有和解部、烏羅護部、那禮部、嶺西部，直北曰訥比支部。北有大山，山外曰大室韋，瀕於室建河〔四〕。河出俱倫，迆而東，河南有蒙瓦部，其北落坦部；水東合那河、忽汗河，又東貫黑水靺鞨，故靺鞨跨水有南北部，而東注於海。猫越河東南亦與那河合，其北有東室韋，蓋烏丸東南鄙餘人也。

貞觀五年，始來貢豐貂，後再入朝。長壽二年叛，將軍李多祚擊定之。景龍初，復朝獻，請助討突厥。開元、天寶間，凡十朝獻，大曆中十一。貞元四年，與奚共寇振武，節度使唐朝臣方郊勞天子使者，驚而走軍，室韋執詔使，大殺掠而去。明年，使者來謝。大和中三朝獻，大中中一來，咸通時，大酋怛烈與奚皆遣使至京師，然非顯夷後，史官失傳。

黑水靺鞨居肅愼地，亦曰挹婁，元魏時曰勿吉。直京師東北六千里，東瀕海，西屬突厥，南高麗，北室韋。離爲數十部，酋各自治。其著者曰粟末部，居最南，抵太白山，亦曰徒太山，與高麗接，依粟末水以居，水源於山西，北注它漏河；稍東北曰汨咄部；又次曰安居骨部；益東曰拂涅部；居骨之西北曰黑水部；粟末之東曰白山部。部間遠者三四百里，近二百里。

白山本臣高麗，王師取平壤，其衆多入唐，汨咄、安居骨等皆奔散，寖微無聞焉，遺人迸入渤海。唯黑水完彊，分十六落，以南北稱，蓋其居最北方者也。人勁健，善步戰，常能患它部。俗編髮，綴野豕牙，插雉尾爲冠飾，自別於諸部。性忍悍，善射獵，無憂戚，貴壯賤老。居無室廬，負山水坎地，梁木其上，覆以土，如丘冢然。夏出隨水草，冬入處。以溺盥面，於夷狄最濁穢。死者埋之，無棺槨，殺所乘馬以祭。其酋曰大莫拂瞞咄，世相承爲長。無書契。其矢石鏃，長二寸，蓋楛砮遺法。畜多豕，無牛羊。有車馬，田耦以耕，車則步推。有粟麥。土多貂鼠、白兔、白鷹。有鹽泉，氣蒸薄，鹽凝樹顛。

武德五年，渠長阿固郎始來。太宗貞觀二年，乃臣附，所獻有常，以其地爲燕州。帝伐高麗，其北部反，與高麗合。高惠眞等率衆援安市，每戰，靺鞨常居前。帝破安市，執惠眞，收靺鞨兵三千餘，悉坑之。

開元十年，其酋倪屬利稽來朝，玄宗卽拜勃利州刺史。於是安東都護薛泰請置黑水府，以部長爲都督、刺史，朝廷爲置長史監之，賜府都督姓李氏，名曰獻誠，以雲麾將軍領黑水經略使，隸幽州都督。訖帝世，朝獻者十五。大曆世凡七，貞元一來，元和中再。

初，黑水西北又有思慕部，益北行十日得郡利部，東北行十日得窟說部，亦號屈設，稍東南行十日得莫曳皆部，又有拂涅、虞婁、越喜、鐵利等部。其地南距渤海，北、東際於海，西抵室韋，南北袤二千里，東西千里。拂涅、鐵利、虞婁、越喜時時通中國，而郡利，屈設、莫曳皆不能自通。今存其朝京師者附左方。

拂涅，亦稱大拂涅，開元、天寶間八來，獻鯨睛、貂鼠、白兔皮；鐵利，開元中六來；越喜，七來，貞元中一來；虞婁，貞觀間再來，貞元一來。後渤海盛，靺鞨皆役屬之，不復與王會矣。

渤海，本粟末靺鞨附高麗者，姓大氏。高麗滅，率衆保挹婁之東牟山，地直營州東二千里，南比新羅，以泥河爲境，東窮海，西契丹。築城郭以居，高麗逋殘稍歸之。

萬歲通天中，契丹盡忠殺營州都督趙翽反，有舍利乞乞仲象者，與靺鞨酋乞四比羽及高麗餘種東走，度遼水，保太白山之東北，阻奧婁河，樹壁自固。武后封乞四比羽爲許國公，乞乞仲象爲震國公，赦其罪。比羽不受命，后詔玉鈐衞大將軍李楷固、中郎將索仇擊斬之。是時仲象已死，其子祚榮引殘痍遁去，楷固窮躡，度天門嶺，祚榮因高麗、靺鞨兵拒楷固，楷固敗還。於是契丹附突厥，王師道絕，不克討。祚榮卽并比羽之衆，恃荒遠，乃建國，自號震國王，遣使交突厥，地方五千里，戶十餘萬，勝兵數萬，頗知書契，盡得扶餘、沃沮、弁韓、朝鮮海北諸國。中宗時，使侍御史張行岌招慰，祚榮遣子入侍。睿宗先天中〔五〕，遣使拜祚榮爲左驍衞大將軍、渤海郡王，以所統爲忽汗州，領忽汗州都督，自是始去靺鞨號，專稱渤海。

玄宗開元七年，祚榮死，其國私謚爲高王。子武藝立，斥大土宇，東北諸夷畏臣之，私改年曰仁安。帝賜典册襲王幷所領。未幾，黑水靺鞨使者入朝，帝以其地建黑水州，置長史臨總。武藝召其下謀曰：「黑水始假道於我與唐通，異時請吐屯於突厥，皆先告我，今請唐官不吾告，是必與唐腹背攻我也。」乃遣弟門藝及舅任雅相發兵擊黑水。門藝嘗質京師，知利害，謂武藝曰：「黑水請吏而我擊之，是背唐也。唐，大國，兵萬倍我，與之產怨，我且亡。昔高麗盛時，士三十萬，抗唐爲敵，可謂雄彊，唐兵一臨，掃地盡矣。今我衆比高麗三之一，王將違之，不可。」武藝不從。兵至境，又以書固諫。武藝怒，遣從兄壹夏代將，召門藝，將殺之。門藝懼，儳路自歸，詔拜左驍衞將軍。武藝使使暴門藝罪惡，請誅之。有詔處之安西，好報曰：「門藝窮來歸我，誼不可殺，已投之惡地。」幷留使者不遣，別詔鴻臚少卿李道邃、源復諭旨。武藝知之，上書斥言「陛下不當以妄示天下」，意必殺門藝。帝怒道邃、復漏言國事，皆左除，而陽斥門藝以報。

後十年，武藝遣大將張文休率海賊攻登州，帝馳遣門藝發幽州兵擊之，使太僕卿金思蘭使新羅，督兵攻其南。會大寒，雪袤丈，士凍死過半，無功而還。武藝望其弟不已，募客入東都狙刺於道，門藝格之，得不死。河南捕刺客，悉殺之。

武藝死，其國私謚武王。子欽茂立，改年大興，有詔嗣王及所領，欽茂因是赦境內。天寶末，欽茂徙上京，直舊國三百里忽汗河之東。訖帝世，朝獻者二十九。寶應元年，詔以渤海爲國，欽茂王之，進檢校太尉。大曆中，二十五來，以日本舞女十一獻諸朝。貞元時，東南徙東京。欽茂死，私謚文王。子宏臨早死，族弟元義立一歲，猜虐，國人殺之，推宏臨子華璵爲王，復還上京，改年中興。死，謚曰成王。

欽茂少子嵩鄰立，改年正曆，有詔授右驍衞大將軍，嗣王。建中、貞元間凡四來。死，謚康王。子元瑜立，改年永德。死，謚定王。弟言義立，改年朱雀，並襲王如故事。死，謚僖王。弟明忠立，改年太始，立一歲死，謚簡王。從父仁秀立，改年建興，其四世祖野勃，祚榮弟也。仁秀頗能討伐海北諸部，開大境宇，有功，詔檢校司空、襲王。元和中，凡十六朝獻，長慶四，寶曆凡再。大和四年，仁秀死，謚宣王。子新德蚤死，孫彝震立，改年咸和。明年，詔襲爵。終文宗世來朝十二，會昌凡四。彝震死，弟虔晃立。死，玄錫立。咸通時，三朝獻。

初，其王數遣諸生詣京師太學，習識古今制度，至是遂爲海東盛國，地有五京、十五府、六十二州。以肅愼故地爲上京，曰龍泉府，領龍、湖、渤三州。其南爲中京，曰顯德府，領盧、顯、鐵、湯、榮、興六州。穢貊故地爲東京，曰龍原府，亦曰柵城府，領慶、鹽、穆、賀四州。沃沮故地爲南京，曰南海府，領沃、睛、椒三州。高麗故地爲西京，曰鴨淥府，領神、桓、豐、正四州；曰長嶺府，領瑕、河二州。扶餘故地爲扶餘府，常屯勁兵扞契丹，領扶、仙二州；鄚頡府領鄚、高二州。挹婁故地爲定理府，領定、潘二州；安邊府領安、瓊二州。率賓故地爲率賓府，領華、益、建三州。拂涅故地爲東平府，領伊、蒙、沱、黑、比五州。鐵利故地爲鐵利府，領廣、汾、蒲、海、義、歸六州。越喜故地爲懷遠府，領達、越、懷、紀、富、美、福、邪、芝九州；安遠府領寧、郿、慕、常四州。又郢、銅、涑三州爲獨奏州。涑州以其近涑沫江，蓋所謂粟末水也。龍原東南瀕海，日本道也。南海，新羅道也。鴨淥，朝貢道也。長嶺，營州道也。扶餘，契丹道也。

俗謂王曰「可毒夫」，曰「聖王」，曰「基下」。其命爲「教」。王之父曰「老王」，母「太妃」，妻「貴妃」，長子曰「副王」，諸子曰「王子」。官有宣詔省，左相、左平章事、侍中、左常侍、諫議居之。中臺省，右相、右平章事、內史、詔誥舍人居之。政堂省，大內相一人，居左右相上；左、右司政各一，居左右平章事之下，以比僕射；左、右允比二丞。左六司，忠、仁、義部各一卿，居司政下，支司爵、倉、膳部，部有郎中、員外；右六司，智、禮、信部，支司戎、計、水部，卿、郎準左：以比六官。中正臺，大中正一，比御史大夫，居司政下；少正一。又有殿中寺、宗屬寺，有大令。文籍院有監。令、監皆有少。太常、司賓、大農寺，寺有卿。司藏、司膳寺，寺有令、丞。胄子監有監長。巷伯局有常侍等官。其武員有左右猛賁、熊衞、羆衞，南左右衞，北左右衞，各大將軍一、將軍一。大抵憲象中國制度如此。以品爲秩，三秩以上服紫，牙笏、金魚。五秩以上服緋，牙笏、銀魚。六秩、七秩淺緋衣，八秩綠衣，皆木笏。

俗所貴者，曰太白山之菟，南海之昆布，柵城之豉，扶餘之鹿，鄚頡之豕，率賓之馬，顯州之布，沃州之緜，龍州之紬，位城之鐵，盧城之稻，湄沱湖之鯽。果有九都之李，樂游之梨〔六〕。餘俗與高麗、契丹略等。幽州節度府與相聘問，自營、平距京師蓋八千里而遠。後朝貢至否，史家失傳，故叛附無考焉。

贊曰：唐之德大矣！際天所覆，悉臣而屬之，薄海內外，無不州縣，遂尊天子曰「天可汗」。三王以來，未有以過之。至荒區君長，待唐璽纛乃能國，一爲不賓，隨輒夷縛，故蠻琛夷寶，踵相逮于廷。極熾而衰，厥禍內移，天寶之後，區夏痍破，王官之戍，北不踰河，西止秦、隋，凌夷百年，逮於亡，顧不痛哉！故曰：治己治人，惟聖人能之。

校勘記

〔一〕鬱于來朝授率更令以宗室所出女慕容爲燕郡公主妻之　舊書卷一九九下契丹傳云：「鬱于入朝請婚，上又封從妹夫率更令慕容嘉賓女爲燕郡公主以妻之。」冊府卷九七九略同。此刪「嘉賓」名而以「率更令」移上，誤。

〔二〕庫眞奚　「眞」，魏書卷一〇〇及周書卷四九庫莫奚傳、隋書卷八四奚傳、通典卷二〇〇均作「莫」。

〔三〕更以盛安公主女韋爲東光公主妻之　「盛安公主女韋」，舊書卷一九九下奚傳及冊府卷九七九作「成安公主之女韋氏」。按成安公主爲中宗女，嫁韋捷，見本書卷八三諸公主傳及唐會要卷六。此當從舊書。

〔四〕室建河　「室」，舊書卷一九九下室韋傳作「望」，唐會要卷九六「室」「望」並見。

〔五〕睿宗先天中　冊府卷九六四作「玄宗先天二年」，通鑑卷二一〇合。此誤。

〔六〕果有九都之李樂游之梨　滿洲源流考卷一九引本書同，注云：「『九都』當是『丸都』，『樂游』當是『樂浪』之訛。」

唐書卷二百二十

列傳第一百四十五

東夷

高麗　百濟　新羅　日本　流鬼

高麗，本扶餘別種也。地東跨海距新羅，南亦跨海距百濟，西北度遼水與營州接，北靺鞨。其君居平壤城，亦謂長安城，漢樂浪郡也，去京師五千里而贏，隨山屈繚爲郛，南涯浿水，王築宮其左。又有國內城、漢城，號別都。水有大遼、少遼：大遼出靺鞨西南山，南歷安市城；少遼出遼山西，亦南流，有梁水出塞外，西行與之合。有馬訾水出靺鞨之白山，色若鴨頭，號鴨淥水，歷國內城西，與鹽難水合，又西南至安市，入于海。而平壤在鴨淥東南，以巨艫濟人，因恃以爲塹。

官凡十二級：曰大對盧，或曰吐捽；曰鬱折，主圖簿者；曰太大使者；曰帛衣頭大兄，所謂帛衣者，先人也，秉國政，三歲一易，善職則否，凡代日，有不服則相攻，王爲閉宮守，勝者聽爲之；曰大使者；曰大兄；曰上位使者；曰諸兄；曰小使者；曰過節；曰先人；曰古鄒大加。其州縣六十。大城置傉薩一，比都督；餘城置處閭近支，亦號道使，比刺史。有參佐，分幹。有大模達，比衞將軍；末客，比中郎將。

分五部：曰內部，卽漢桂婁部也，亦號黃部；曰北部，卽絕奴部也，或號後部；曰東部，卽順奴部也，或號左部；曰南部，卽灌奴部也，亦號前部；曰西部，卽消奴部也。

王服五采，以白羅製冠，革帶皆金釦。大臣青羅冠，次絳羅，珥兩鳥羽，金銀雜釦，衫筩袖，袴大口，白韋帶，黃革履。庶人衣褐，戴弁。女子首巾幗。俗喜弈、投壺、蹴鞠。食用籩、豆、簠、簋、罍、洗。居依山谷，以草茨屋，惟王宮、官府、佛廬以瓦。窶民盛冬作長坑，熅火以取煖。其治，峭法以繩下，故少犯。叛者叢炬灼體，乃斬之，籍入其家。降、敗、殺人及剽劫者斬，盜者十倍取償，殺牛馬者沒爲奴婢，故道不掇遺。婚娶不用幣，有受者恥之。服父母喪三年，兄弟踰月除。俗多淫祠，祀靈星及日、箕子、可汗等神。國左有大穴曰神隧，每十月，王皆自祭。人喜學，至窮里廝家，亦相矜勉，衢側悉構嚴屋，號局堂，子弟未婚者曹處，誦經習射。

隋末，其王高元死，異母弟建武嗣。武德初，再遣使入朝。高祖下書脩好，約高麗人在中國者護送，中國人在高麗者敕遣還。於是建武悉搜亡命歸有司，且萬人。後三年，遣使者拜爲上柱國、遼東郡王、高麗王。命道士以像法往，爲講老子，建武大悅，率國人共聽之，日數千人。帝謂左右曰：「名實須相副。高麗雖臣於隋，而終拒煬帝，何臣之爲？朕務安人，何必受其臣？」裴矩、温彥博諫曰：「遼東本箕子國，魏晉時故封內，不可不臣。中國與夷狄，猶太陽於列星，不可以降。」乃止。明年，新羅、百濟上書，言建武閉道，使不得朝，且數侵入。有詔散騎侍郎朱子奢持節諭和，建武謝罪，乃請與二國平。太宗已禽突厥頡利，建武遣使者賀，幷上封域圖。帝詔廣州司馬長孫師臨瘞隋士戰胔，毀高麗所立京觀。建武懼，乃築長城千里，東北首扶餘，西南屬之海。久之，遣太子桓權入朝獻方物，帝厚賜賚，詔使者陳大德持節答勞，且觀釁。大德入其國，厚餉官守，悉得其纖曲。見華人流客者，爲道親戚存亡，人人垂涕，故所至士女夾道觀。建武盛陳兵見使者。大德還奏，帝悅。大德又言：「聞高昌滅，其大對盧三至館，有加禮焉。」帝曰：「高麗地止四郡，我發卒數萬攻遼東，諸城必救，我以舟師自東萊帆海趨平壤，固易。然天下甫平，不欲勞人耳。」

有蓋蘇文者，或號蓋金，姓泉氏，自云生水中以惑衆。性忍暴。父爲東部大人、大對盧，死，蓋蘇文當嗣，國人惡之，不得立，頓首謝衆，請攝職，有不可，雖廢無悔，衆哀之，遂嗣位。

殘凶不道，諸大臣與建武議誅之，蓋蘇文覺，悉召諸部，紿云大閱兵，列饌具請大臣臨視，賓至盡殺之，凡百餘人，馳入宮殺建武，殘其尸投諸溝。更立建武弟之子藏爲王，自爲莫離支，專國，猶唐兵部尚書、中書令職云。貌魁秀，美須髯，冠服皆飾以金，佩五刀，左右莫敢仰視。使貴人伏諸地，踐以升馬。出入陳兵，長呼禁切，行人畏竄，至投坑谷。

帝聞建武爲下所殺，惻然遣使者持節弔祭，或勸帝可遂討之，帝不欲因喪伐罪，乃拜藏爲遼東郡王、高麗王。帝曰：「蓋蘇文殺君攘國，朕取之易耳，不願勞人，若何？」司空房玄齡曰：「陛下士勇而力有餘，戢不用，所謂『止戈爲武』者。」司徒長孫无忌曰：「高麗無一介告難，宜賜書安慰之，隱其患，撫其存，彼當聽命。」帝曰：「善。」

會新羅遣使者上書言：「高麗、百濟聯和，將見討。謹歸命天子。」帝問：「若何而免？」使者曰：「計窮矣，惟陛下哀憐！」帝曰：「我以偏兵率契丹、靺鞨入遼東，而國可紓一歲，一策也。我以絳袍丹幟數千賜而國，至，建以陣，二國見，謂我師至，必走，二策也。百濟恃海，不脩戎械，我以舟師數萬襲之；而國女君，故爲鄰侮，我以宗室主而國，待安則自守之，三策也。使者計孰取？」使者不能對。於是遣司農丞相里玄獎以璽書讓高麗，且使止勿攻。使未至，而蓋蘇文已取新羅二城，玄獎諭帝旨，答曰：「往隋見侵，新羅乘釁奪我地五百里，今非盡反地，兵不止。」玄獎曰：「往事烏足論邪？遼東故中國郡縣，天子且不取，高麗焉得違詔？」不從。玄奬還奏，帝曰：「莫離支殺君，虐用其下如擭穽，怨痛溢道，我出師無名哉？」諫議大夫褚遂良曰：「陛下之兵度遼而克固善，萬分一不得逞，且再用師，再用師，安危不可億。」兵部尚書李勣曰：「不然。曩薛延陀盜邊，陛下欲追擊，魏徵苦諫而止。向若擊之，一馬不生返。後復畔擾，至今爲恨。」帝曰：「誠然。但一慮之失而尤之，後誰爲我計者？」新羅數請援，乃下吳船四百柁輸糧，詔營州都督張儉等發幽、營兵及契丹、奚、靺鞨等出討。會遼溢，師還。莫離支懼，遣使者內金，帝不納。使者又言：「莫離支遣官五十入宿衞。」帝怒責使者曰：「而等委質高武，而不伏節死義，又爲逆子謀，不可赦。」悉下之獄。

於是帝欲自將討之，召長安耆老勞曰：「遼東故中國地，而莫離支賊殺其主，朕將自行經略之，故與父老約：子若孫從我行者，我能拊循之，毋庸卹也。」即厚賜布粟。羣臣皆勸帝毋行，帝曰：「吾知之矣，去本而就末，捨高以取下，釋近而之遠，三者爲不祥，伐高麗是也。然蓋蘇文弑君，又戮大臣以逞，一國之人延頸待救，議者顧未亮耳。」於是北輸粟營州，東儲粟古大人城。帝幸洛陽，乃以張亮爲平壤道行軍大總管，常何、左難當副之，冉仁德、劉英行、張文幹、龐孝泰、程名振爲總管，帥江、吳、京、洛募兵凡四萬，吳艘五百，泛海趨平壤。以李勣爲遼東道行軍大總管，江夏王道宗副之，張士貴、張儉、執失思力、契苾何力、阿史那彌射、姜德本、麴智盛、吳黑闥爲行軍總管隸之，帥騎士六萬趨遼東。詔曰：「朕所過，營頓毋飭，食毋豐侈，水可涉者勿作橋梁，行在非近州縣不得令學生、耆老迎謁。朕昔提戈撥亂，無盈月儲，猶所嚮風靡。今幸家給人足，祇恐勞於轉餉，故驅牛羊以飼軍。且朕必勝有五：以我大擊彼小，以我順討彼逆，以我安乘彼亂，以我逸敵彼勞，以我悅當彼怨，渠憂不克邪！」又發契丹、奚、新羅、百濟諸君長兵悉會。

十九年二月，帝自洛陽次定州，謂左右曰：「今天下大定，唯遼東未賓，後嗣因士馬盛彊，謀臣導以征討，喪亂方始，朕故自取之，不遺後世憂也。」帝坐城門，過兵，人人撫慰，疾病者親視之，敕州縣治療，士大悅。長孫无忌白奏：「天下符魚悉從，而宮官止十人，天下以爲輕神器。」帝曰：「士度遼十萬，皆去家室。朕以十人從，尙恧其多，公止勿言！」帝身屬櫜房，結兩箙於鞍。四月，勣濟遼水，高麗皆嬰城守。帝大饗士，帳幽州之南，詔長孫无忌誓師，乃引而東。

勣攻蓋牟城，拔之，得戶二萬，糧十萬石，以其地爲蓋州。程名振攻沙卑城，夜入其西，城潰，虜其口八千，游兵鴨淥上。勣遂圍遼東城。帝次遼澤，詔瘞隋戰士露骼。高麗發新城、國內城騎四萬救遼東。道宗率張君乂逆戰，君乂却。道宗以騎馳之，虜兵辟易，奪其梁，收散卒，乘高以望，見高麗陣囂，急擊破之，斬首千餘級，誅君乂以徇。帝度遼水，徹杠彴，堅士心。營馬首山，身到城下，見士塡塹，分負之，重者馬上持之，羣臣震懼，爭挾塊以進。城有朱蒙祠，祠有鎖甲、銛矛，妄言前燕世天所降。方圍急，飾美女以婦神，誣言朱蒙悅，城必完。勣列拋車，飛大石過三百步，所當輒潰，虜積木爲樓，結絙罔，不能拒。以衝車撞陴屋，碎之。時百濟上金髹鎧，又以玄金爲山五文鎧，士被以從。帝與勣會，甲光炫日。會南風急，士縱火焚西南，熛延城中，屋幾盡，人死于燎者萬餘。衆登陴，虜蒙盾以拒，士舉長矛舂之，藺石如雨，城遂潰，獲勝兵萬，戶四萬，糧五十萬石。以其地爲遼州。初，帝自太子所屬行在，舍置一烽，約下遼東舉烽，是日傳燎入塞。

進攻白崖城，城負山厓水，險甚。帝壁西北，虜酋孫伐音陰丐降，然城中不能一，帝賜幟曰：「若降，建于堞以信。」俄而舉幟，城人皆以唐兵登矣，乃降。初，伐音中悔，帝怒，約以虜口畀諸將。及是，李勣曰：「士奮而先，貪虜獲也。今城危拔，不可許降以孤士心。」帝曰：「將軍言是也。然縱兵殺戮，略人妻孥，朕不忍。將軍麾下有功者，朕能以庫物賞之，庶因將軍贖一城乎。」獲男女凡萬、兵二千。以其地爲巖州，拜伐音爲刺史。莫離支以加尸人七百戍蓋牟，勣俘之。請自效，帝曰：「而家加尸，乃爲我戰，將盡戮矣。夷一姓求一人力，不可。」稟而縱之。

次安市。於是高麗北部傉薩高延壽、南部傉薩高惠眞引兵及靺鞨衆十五萬來援。帝曰：「彼若勒兵連安市而壁，據高山，取城中粟食之，縱靺鞨略吾牛馬，攻之不可下，此上策也。拔城夜去，中策也。與吾爭鋒，則禽矣。」有大對盧爲延壽計曰：「吾聞中國亂，豪雄並奮，秦王神武，敵無堅，戰無前，遂定天下，南面而帝，北狄、西戎罔不臣。今掃地而來，謀臣重將皆在，其鋒不可校。今莫若頓兵曠日，陰遣奇兵絕其饟道，不旬月糧盡，欲戰不得，歸則無路，乃可取也。」延壽不從，引軍距安市四十里而屯。帝曰：「虜墮吾策中矣。」命左衞大將軍阿史那社尒以突厥千騎嘗之，虜常以靺鞨銳兵居前，社尒兵接而北。延壽曰：「唐易與耳。」進一舍，倚麓而陣。帝詔延壽曰：「我以爾有彊臣賊殺其主，來問罪，即交戰，非我意。」延壽謂然，按甲俟。帝夜召諸將，使李勣率步騎萬五千陣西嶺當賊，長孫无忌、牛進達精兵萬人出虜背狹谷，帝以騎四千偃幟趨虜北山上，令諸軍曰：「聞鼓聲而縱。」張幄朝堂，曰：「明日日中，納降虜於此。」是夜，流星墮延壽營。旦日，虜視勣軍少，即戰。帝望无忌軍塵上，命鼓角作，兵幟四合，虜惶惑，將分兵禦之，衆已囂。勣以步槊擊敗之，无忌乘其後，帝自山馳下，虜大亂，斬首二萬級。延壽收餘衆負山自固，无忌、勣合圍之，徹川梁，斷歸路。帝按轡觀虜營壘曰：「高麗傾國來，一麾而破，天贊我也。」下馬再拜，謝況于天。延壽等度勢窮，即舉衆降，入轅門，膝而前，拜手請命。帝曰：「後敢與天子戰乎？」惶汗不得對。帝料酋長三千五百人，悉官之，許內徙，餘衆三萬縱還之，誅靺鞨三千餘人，獲馬牛十萬，明光鎧萬領。高麗震駭，后黃、銀二城自拔去，數百里無舍煙。乃驛報太子，并賜諸臣書曰：「朕自將若此，云何？」因號所幸山爲駐蹕山，圖破陣狀，勒石紀功。拜延壽鴻臚卿，惠眞司農卿。候騎獲覘人，帝解其縛，自言不食且三日，命飼之，賜以屩，遣曰：「歸語莫離支，若須軍中進退，可遣人至吾所。」帝每營不作塹壘，謹斥候而已，而士運糧，雖單騎，虜不敢鈔。

帝與勣議所攻，帝曰：「吾聞安市地險而衆悍，莫離支擊不能下，因與之。建安恃險絕，粟多而士少，若出其不意攻之，不相救矣。建安得，則安市在吾腹中。」勣曰：「不然。積糧遼東，而西擊建安，賊將梗我歸路，不如先攻安市。」帝曰：「善。」遂攻之，未能下。延壽、惠眞謀曰：「烏骨城傉薩已耄，朝攻而夕可下。烏骨拔，則平壤舉矣。」羣臣亦以張亮軍在沙城，召之一昔至，若取烏骨，度鴨淥，迫其腹心，計之善者。无忌曰：「天子行師不徼幸。安市衆十萬在吾後，不如先破之，乃驅而南，萬全勢也。」乃止。城中見帝旌麾，輒乘陴譟，帝怒，勣請破日男子盡誅。虜聞，故死戰。江夏王道宗築距闉攻東南，虜增陴以守。勣攻其西，撞車所壞，隨輒串柵爲樓。帝聞城中雞彘聲，曰：「圍久，突無黔煙。今雞彘鳴，必殺以饗士，虜且夜出。」詔嚴兵。丙夜，虜數百人縋而下，悉禽之。道宗以樹枚裹土積之，距闉成，迫城不數丈，果毅都尉傅伏愛守之，自高而排其城，城且頹，伏愛私去所部，虜兵得自頹城出，據而塹斷之，積火縈盾固守。帝怒，斬伏愛，敕諸將擊之，三日不克。

有詔班師，拔遼、蓋二州之人以歸。兵過城下，城中屏息偃旗，酋長登城再拜，帝嘉其守，賜絹百匹。遼州粟尙十萬斛，士取不能盡。帝至渤錯水，阻淖，八十里車騎不通。長孫无忌、楊師道等率萬人斬樵築道，聯車爲梁，帝負薪馬上助役。十月，兵畢度，雪甚，詔屬燎以待濟。始行，士十萬，馬萬匹；逮還，物故裁千餘，馬死十八。船師七萬，物故亦數百。詔集戰骸葬柳城，祭以太牢，帝臨哭，從臣皆流涕。帝總飛騎入臨渝關，皇太子迎道左。初，帝與太子別，御褐袍，曰：「俟見爾乃更。」袍歷二時弗易，至穿穴。羣臣請更服，帝曰：「士皆敝衣，吾可新服邪？」及是，太子進絜衣，乃御。遼降口萬四千，當沒爲奴婢，前集幽州，將分賞士。帝以父子夫婦離析，詔有司以布帛贖之，原爲民，列拜讙舞，三日不息。延壽旣降，以憂死，獨惠眞至長安。

明年春，藏遣使者上方物，且謝罪；獻二姝口，帝敕還之，謂使者曰：「色者人所重，然愍其去親戚以傷乃心，我不取也。」初，師還，帝以弓服賜蓋蘇文，受之，不遣使者謝，於是下詔削棄朝貢。

又明年三月，詔左武衞大將軍牛進達爲靑丘道行軍大總管，右武衞將軍李海岸副之，自萊州度海；李勣爲遼東道行軍大總管，右武衞將軍孫貳朗、右屯衞大將軍鄭仁泰副之，率營州都督兵，繇新城道以進。次南蘇、木底，虜兵戰不勝，焚其郛。七月，進達等取石城，進攻積利城，斬級數千，乃皆還。藏遣子莫離支高任武來朝，因謝罪。

二十二年，詔右武衛大將軍薛萬徹爲青丘道行軍大總管，右衛將軍裴行方副之，自海道入。部將古神感與虜戰曷山，虜潰；虜乘暝襲我舟，伏兵破之。萬徹度鴨淥，次泊灼城，拒四十里而舍。虜懼，皆棄邑居去。大酋所夫孫拒戰，萬徹擊斬之，遂圍城，破其援兵三萬，乃還。帝與長孫无忌計曰：「高麗困吾師之入，戶亡耗，田歲不收，蓋蘇文築城增陴，下飢臥死溝壑，不勝斂矣。明年以三十萬衆，公爲大總管，一擧可滅也。」乃詔劍南大治船，蜀人願輸財江南，計直作舟，舟取縑千二百，巴、蜀大騷，邛、眉、雅三州獠皆反，發隴西、峽內兵二萬擊定之。始，帝決取虜，故詔陝州刺史孫伏伽、萊州刺史李道裕儲糧械於三山浦、烏胡島，越州都督治六艎偶舫以待。會帝崩，乃皆罷。藏遣使者奉慰。

永徽五年，藏以靺鞨兵攻契丹，戰新城，大風，矢皆還激，爲契丹所乘，大敗。契丹火野復戰，人死相藉，積尸而冢之。遣使者告捷，高宗爲露布于朝。六年，新羅訴高麗、靺鞨奪三十六城，惟天子哀救。有詔營州都督程名振、左衛中郎將蘇定方率師討之。至新城，敗高麗兵，火外郛及墟落，引還。顯慶三年，復遣名振率薛仁貴攻之，未能克。後二年，天子已平百濟，乃以左驍衛大將軍契苾何力、右武衛大將軍蘇定方、左驍衛將軍劉伯英率諸將出浿江、遼東、平壤道討之。龍朔元年，大募兵，拜置諸將，天子欲自行，蔚州刺史李君球建言：「高麗小醜，何至傾中國事之？有如高麗旣滅，必發兵以守，少發則威不振，多發人不安，是天下疲於轉戍。臣謂征之未如勿征，滅之未如勿滅。」亦會武后苦邀，帝乃止。八月，定方破虜兵於浿江，奪馬邑山，遂圍平壤。明年，龐孝泰以嶺南兵壁蛇水，蓋蘇文攻之，舉軍沒；定方解而歸。

乾封元年，藏遣子男福從天子封泰山，還而蓋蘇文死，子男生代爲莫離支，有弟男建、男産相怨。男生據國内城，遣子獻誠入朝求救，蓋蘇文弟淨土亦請割地降。乃詔契苾何力爲遼東道安撫大使，左金吾衞將軍龐同善、營州都督高侃爲行軍總管，左武衞將軍薛仁貴、左監門將軍李謹行殿而行。九月，同善破高麗兵，男生率師來會。詔拜男生特進、遼東大都督兼平壤道安撫大使，封玄菟郡公〔一〕。又以李勣爲遼東道行軍大總管兼安撫大使，與契苾何力、龐同善并力。詔獨孤卿雲由鴨淥道，郭待封積利道，劉仁願畢列道，金待問海谷道，並爲行軍總管，受勣節度；轉燕、趙食廥遼東。明年正月，勣引道次新城，合諸將謀曰：「新城，賊西鄙，不先圖，餘城未易下。」遂壁西南山臨城，城人縛戍酋出降。勣進拔城十有六。郭待封以舟師濟海，趨平壤。三年二月，勣率仁貴拔扶餘城，它城三十皆納款。同善、偘守新城，男建遣兵襲之，仁貴救偘，戰金山，不勝。高麗鼓而進，銳甚。仁貴橫擊，大破之，斬首五萬級，拔南蘇、木厎、蒼岩三城，引兵略地，與勣會。侍御史賈言忠計事還，帝問軍中云何，對曰：「必克。昔先帝問罪，所以不得志者，虜未有舋也。諺曰『軍無媒，中道回』。今男生兄弟鬩很，爲我鄉導，虜之情僞，我盡知之，將忠士力，臣故曰必克。且高麗祕記曰：『不及九百年，當有八十大將滅之。』高氏自漢有國，今九百年，勣年八十矣。虜仍荐飢，人相掠賣，地震裂，狼狐入城，蚡穴於門，人心危駭，是行不再舉矣。」

男建以兵五萬襲扶餘，勣破之薩賀水上，斬首五千級，俘口三萬，器械牛馬稱之。進拔大行城。劉仁願與勣會，後期，召還當誅，赦流姚州。契苾何力會勣軍于鴨淥，拔辱夷城，悉師圍平壤。九月，藏遣男產率首領百人樹素幡降，且請入朝，勣以禮見。而男建猶固守，出戰數北，大將浮屠信誠遣諜約內應。五日，闔啓，兵譟而入，火其門，鬱焰四興，男建窘急，自刺不殊。執藏、男建等，收凡五部百七十六城，戶六十九萬。詔勣便道獻俘昭陵，凱而還。十二月，帝坐含元殿，引見勣等，數俘于廷。以藏素脅制，赦爲司平太常伯，男產司宰少卿；投男建黔州，百濟王扶餘隆嶺外；以獻誠爲司衞卿，信誠爲銀青光祿大夫，男生右衞大將軍，何力行左衞大將軍，勣兼太子太師，仁貴威衞大將軍。剖其地爲都督府者九，州四十二，縣百。復置安東都護府，擢酋豪有功者授都督、刺史、令，與華官參治，仁貴爲都護，總兵鎮之。是歲郊祭，以高麗平，謝成于天。

總章二年，徙高麗民三萬於江淮、山南。大長鉗牟岑率衆反，立藏外孫安舜爲王。詔高侃東州道，李謹行燕山道，並爲行軍總管討之，遣司平太常伯楊昉綏納亡餘。舜殺鉗牟岑走新羅。侃徙都護府治遼東州，破叛兵於安市，又敗之泉山，俘新羅援兵二千。李謹行破之于發盧河，再戰，俘馘萬計。於是平壤痍殘不能軍，相率奔新羅，凡四年乃平。始，謹行留妻劉守伐奴城，虜攻之，劉擐甲勒兵守，賊引去。帝嘉之，封燕郡夫人。

儀鳳二年，授藏遼東都督，封朝鮮郡王，還遼東以安餘民，先編僑內州者皆原遣，徙安東都護府於新城。藏與靺鞨謀反，未及發，召還放邛州，廝其人于河南、隴右，弱窶者留安東。藏以永淳初死，贈衞尉卿，葬頡利墓左，樹碑其阡。舊城往往入新羅，遺人散奔突厥、靺鞨，由是高氏君長皆絕。垂拱中，以藏孫寶元爲朝鮮郡王。聖曆初，進左鷹揚衞大將軍，更封忠誠國王，使統安東舊部，不行。明年，以藏子德武爲安東都督，後稍自國。至元和末，遣使者獻樂工云。

百濟，扶餘別種也。直京師東六千里而贏，濱海之陽，西界越州，南倭，北高麗，皆踰海乃至，其東，新羅也。王居東、西二城，官有內臣佐平者宣納號令，內頭佐平主帑聚，內法佐平主禮，衞士佐平典衞兵，朝廷佐平主獄，兵官佐平掌外兵。有六方，方統十郡。大姓有八：沙氏，燕氏，劦氏〔三〕，解氏，貞氏，國氏，木氏，苩氏。其法：反逆者誅，籍其家；殺人者，輸奴婢三贖罪；吏受賕及盜，三倍償，錮終身。俗與高麗同。有三島，生黃漆，六月刺取瀋，色若金。王服大袖紫袍，青錦袴，素皮帶，烏革履，烏羅冠飾以金蘤。羣臣絳衣，飾冠以銀蘤。禁民衣絳紫。有文籍，紀時月如華人。

武德四年，王扶餘璋始遣使獻果下馬，自是數朝貢，高祖册爲帶方郡王、百濟王。後五年，獻明光鎧，且訟高麗梗貢道。太宗貞觀初，詔使者平其怨。又與新羅世仇，數相侵，帝賜璽書曰：「新羅，朕蕃臣，王之鄰國。聞數相侵暴，朕已詔高麗、新羅申和，王宜忘前怨，識朕本懷。」璋奉表謝，然兵亦不止。再遣使朝，上鐵甲雕斧，帝優勞之，賜帛段三千。十五年，璋死，使者素服奉表曰：「君外臣百濟王扶餘璋卒。」帝爲舉哀玄武門，贈光祿大夫，賻賜甚厚。命祠部郎中鄭文表册其子義慈爲柱國，紹王。

義慈事親孝，與兄弟友，時號「海東曾子」。明年，與高麗連和伐新羅，取四十餘城，發兵守之。又謀取棠項城，絕貢道。新羅告急，帝遣司農丞相里玄獎齎詔書諭解。聞帝新討高麗，乃間取新羅七城；久之，又奪十餘城，因不朝貢。高宗立，乃遣使者來，帝詔義慈曰：「海東三國，開基舊矣，地固犬牙。比者隙爭侵校無寧歲，新羅高城重鎮皆爲王幷，歸窮于朕，丐王歸地。昔齊桓一諸侯，尚存亡國，況朕萬方主，可不卹其危邪？王所兼城宜還之，新羅所俘亦畀還王。不如詔者，任王決戰，朕將發契丹諸國，度遼深入，王可思之，無後悔！」

永徽六年，新羅訴百濟、高麗、靺鞨取北境三十城。顯慶五年，乃詔左衞大將軍蘇定方爲神丘道行軍大總管，率左衞將軍劉伯英、右武衞將軍馮士貴、左驍衞將軍龐孝泰發新羅兵討之，自城山濟海。百濟守熊津口，定方縱擊，虜大敗，王師乘潮帆以進，趨眞都城一舍止。虜悉衆拒，復破之，斬首萬餘級，拔其城。義慈挾太子隆走北鄙，定方圍之。次子泰自立爲王，率衆固守，義慈孫文思曰：「王、太子固在，叔乃自王，若唐兵解去，如我父子何？」與左右縋而出，民皆從之，泰不能止。定方令士超堞立幟，泰開門降，定方執義慈、隆及小王孝演、酋長五十八人送京師，平其國五部、三十七郡、二百城，戶七十六萬。乃析置熊津、馬韓、東明、金漣、德安五都督府，擢酋渠長治之，命郎將劉仁願守百濟城，左衞郎將王文度爲熊津都督。九月，定方以所俘見，詔釋不誅。義慈病死，贈衞尉卿，許舊臣赴臨，詔葬孫晧、陳叔寶墓左，授隆司稼卿。文度濟海卒，以劉仁軌代之。

璋從子福信嘗將兵，乃與浮屠道琛據周留城反，迎故王子扶餘豐於倭，立爲王，西部皆應，引兵圍仁願。龍朔元年，仁軌發新羅兵往救，道琛立二壁熊津江，仁軌與新羅兵夾擊之，奔入壁，爭梁墮溺者萬人，新羅兵還。道琛保任孝城〔三〕，自稱領軍將軍，福信稱霜岑將軍，告仁軌曰：「聞唐與新羅約，破百濟，無老孺皆殺之，畀以國。我與受死，不若戰。」仁軌遣使齎書答說，道琛倨甚，館使者于外，嫚報曰：「使人官小，我，國大將，禮不當見。」徒遣之。仁軌以衆少，乃休軍養威，請合新羅圖之。福信俄殺道琛，并其兵，豐不能制。二年七月，仁願等破之熊津，拔支羅城，夜薄眞峴，比明入之，斬首八百級，新羅餉道乃開。仁願請濟師，詔右威衞將軍孫仁師爲熊津道行軍總管，發齊兵七千往。福信顓國，謀殺豐，豐率親信斬福信，與高麗、倭連和。仁願已得齊兵，士氣振，乃與新羅王金法敏率步騎，而遣劉仁軌率舟師，自熊津江偕進，趨周留城。豐衆屯白江口，四遇皆克，火四百艘，豐走，不知所在。僞王子扶餘忠勝、忠志率殘衆及倭人請命，諸城皆復。仁願勒軍還，留仁軌代守。

帝以扶餘隆爲熊津都督，俾歸國，平新羅故憾，招還遺人。麟德二年，與新羅王會熊津城，刑白馬以盟。仁軌爲盟辭曰：「往百濟先王，罔顧逆順，不敦鄰，不睦親，與高麗、倭共侵削新羅，破邑屠城。天子憐百姓無辜，命行人脩好，先王負險恃遐，侮慢弗恭，皇赫斯怒，是伐是夷。但興亡繼絕，王者通制，故立前太子隆爲熊津都督，守其祭祀，附杖新羅，長爲與國，結好除怨，恭天子命，永爲藩服。右威衞將軍魯城縣公仁願，親臨厥盟，有貳其德，興兵動衆，明神監之，百殃是降，子孫不育，社稷無守，世世毋敢犯。」乃作金書鐵契，藏新羅廟中。

仁願等還，隆畏衆攜散，亦歸京師。儀鳳時，進帶方郡王，遣歸藩。是時，新羅彊，隆不敢入舊國，寄治高麗死。武后又以其孫敬襲王，而其地已爲新羅、渤海靺鞨所分，百濟遂絕。

新羅，弁韓苗裔也。居漢樂浪地，橫千里，縱三千里，東拒長人，東南日本，西百濟，南瀕海，北高麗。而王居金城，環八里所，衞兵三千人。謂城爲侵牟羅，邑在內曰喙評，外曰邑勒。有喙評六，邑勒五十二。朝服尙白，好祠山神。八月望日，大宴賚官吏，射。其建官，以親屬爲上，其族名第一骨、第二骨以自別。兄弟女、姑、姨、從姊妹，皆聘爲妻。王族爲第一骨，妻亦其族，生子皆爲第一骨，不娶第二骨女，雖娶，常爲妾媵。官有宰相、侍中、司農卿、太府令，凡十有七等，第二骨得爲之。事必與衆議，號「和白」，一人異則罷。宰相家不絕祿，奴僮三千人，甲兵牛馬猪稱之。畜牧海中山，須食乃射。息穀米於人，償不滿，庸爲奴婢。王姓金，貴人姓朴，民無氏有名。食用柳杯若銅、瓦。元日相慶，是日拜日月神。男子褐袴。婦長襦，見人必跪，則以手据地爲恭。不粉黛，率美髮以繚首，以珠綵飾之。男子翦髮鬻，冒以黑巾。市皆婦女貿販。冬則作竈堂中，夏以食置冰上。畜無羊，少驢、驘，多馬。馬雖高大，不善行。

長人者，人類長三丈，鋸牙鉤爪，黑毛覆身，不火食，噬禽獸，或搏人以食；得婦人，以治衣服。其國連山數十里，有峽，固以鐵闔，號關門，新羅常屯弩士數千守之。

初，百濟伐高麗，來請救，悉兵往破之，自是相攻不置。後獲百濟王殺之，滋結怨。武德四年，王眞平遣使者入朝，高祖詔通直散騎侍郎庾文素持節答賚。後三年，拜柱國，封樂浪郡王、新羅王。

貞觀五年，獻女樂二。太宗曰：「比林邑獻鸚鵡，言思鄉，丐還，況於人乎？」付使者歸之。是歲，眞平死，無子，立女善德爲王，大臣乙祭柄國。詔贈眞平左光祿大夫，賻物段二百。九年，遣使者册善德襲父封，國人號聖祖皇姑。十七年，爲高麗、百濟所攻，使者來乞師，亦會帝親伐高麗，詔率兵以披虜勢，善德使兵五萬入高麗南鄙，拔水口城以聞。二十一年，善德死，贈光祿大夫，而妹眞德襲王。明年，遣子文王及弟伊贊子春秋來朝，拜文王左武衞將軍，春秋特進。因請改章服，從中國制，內出珍服賜之。又詣國學觀釋奠、講論，帝賜所製晉書。辭歸，敕三品以上郊餞。

高宗永徽元年，攻百濟，破之，遣春秋子法敏入朝。眞德織錦爲頌以獻，曰：「巨唐開洪業，巍巍皇猷昌。止戈成大定，興文繼百王。統天崇雨施，治物體含章。深仁諧日月，撫運邁時康。幡旗既赫赫，鉦鼓何鍠鍠。外夷違命者，翦覆被天殃。淳風凝幽顯，遐邇競呈祥。四時和玉燭，七耀巡萬方。維岳降宰輔，維帝任忠良。三五成一德，昭我唐家唐。」帝美其意，擢法敏太府卿。

五年，眞德死，帝爲舉哀，贈開府儀同三司，賜綵段三百，命太常丞張文收持節弔祭，以春秋襲王。明年，百濟、高麗、靺鞨共伐取其三十城。使者來請救，帝命蘇定方討之，以春秋爲嵎夷道行軍總管，遂平百濟。龍朔元年，死，法敏襲王。以其國爲鷄林州大都督府，授法敏都督。

咸亨五年，納高麗叛衆，略百濟地守之，帝怒，詔削官爵，以其弟右驍衛員外大將軍、臨海郡公仁問爲新羅王，自京師歸國。詔劉仁軌爲鷄林道大總管，衞尉卿李弼、右領軍大將軍李謹行副之，發兵窮討。上元二年二月，仁軌破其衆於七重城，以靺鞨兵浮海略南境，斬獲甚衆。詔李謹行爲安東鎭撫大使，屯買肖城，三戰，虜皆北。法敏遣使入朝謝罪，貢篚相望，仁問乃還，辭王，詔復法敏官爵。然多取百濟地，遂抵高麗南境矣。置尙、良、康、熊、全、武、漢、朔、溟九州，州有都督，統郡十或二十，郡有大守，縣有小守。開耀元年，死，子政明襲王。遣使者朝，丐唐禮及它文辭，武后賜吉凶禮幷文詞五十篇。死，子理洪襲王。死，弟興光襲王。

玄宗開元中，數入朝，獻果下馬、朝霞紬、魚牙紬、海豹皮。又獻二女，帝曰：「女皆王姑姊妹，違本俗，別所親，朕不忍留。」厚賜還之。又遣子弟入太學學經術。帝間賜興光瑞文錦、五色羅、紫纈紋袍、金銀精器，興光亦上異狗馬、黃金、美髢諸物。初，渤海靺鞨掠登州，興光擊走之，帝進興光寧海軍大使，使攻靺鞨。二十五年死，帝尤悼之，贈太子太保，命邢璹以鴻臚少卿弔祭，子承慶襲王，詔璹曰：「新羅號君子國，知詩、書。以卿惇儒，故持節往，宜演經誼，使知大國之盛。」又以國人善棊，詔率府兵曹參軍楊季鷹爲副。國高弈皆出其下，於是厚遺使者金寶。俄册其妻朴爲妃。承慶死，詔使者臨弔，以其弟憲英嗣王。帝在蜀，遣使泝江至成都朝正月。

大曆初，憲英死，子乾運立，甫丱，遣金隱居入朝待命。詔倉部郎中歸崇敬往弔，監察御史陸珽、顧愔爲副册授之，幷母金爲太妃。會其宰相爭權相攻，國大亂，三歲乃定。於是，歲朝獻。建中四年死，無子，國人共立宰相金良相嗣。貞元元年，遣戶部郎中蓋塤持節命之。是年死，立良相從父弟敬信襲王。十四年，死，無子，立嫡孫俊邕。明年，遣司封郎中韋丹持册，未至，俊邕死，丹還。子重興立，永貞元年，詔兵部郎中元季方册命。後三年，使者金力奇來謝，且言：「往歲册故主俊邕爲王，母申太妃，妻叔妃，而俊邕不幸，册今留省中，臣請授以歸。」又爲其宰相金彥昇、金仲恭、王之弟蘇金添明丐門戟，詔皆可。凡再朝貢。七年死，彥昇立，來告喪，命職方員外郎崔廷弔，且命新王，以妻貞爲妃。長慶、寶曆間，再遣使者來朝，留宿衞。彥昇死，子景徽立。大和五年，以太子左諭德源寂册弔如儀。開成初，遣子義琮謝，願留衞，見聽，明年遣之。五年，鴻臚寺籍質子及學生歲滿者一百五人，皆還之。

有張保皋、鄭年者，皆善鬭戰，工用槍。年復能沒海，履其地五十里不噎，角其勇健，保皋不及也。年以兄呼保皋，保皋以齒，年以藝，常不相下。自其國皆來爲武寧軍小將。後保皋歸新羅，謁其王曰：「遍中國以新羅人爲奴婢，願得鎭清海，使賊不得掠人西去。」清海，海路之要也。王與保皋萬人守之。自大和後，海上無鬻新羅人者。保皋既貴於其國，年飢寒客漣水，一日謂戍主馮元規曰：「我欲東歸，乞食於張保皋。」元規曰：「若與保皋所負何如？奈何取死其手？」年曰：「飢寒死，不如兵死快，況死故鄉邪！」年遂去。至，謁保皋，飲之極歡。飲未卒，聞大臣殺其王，國亂無主。保皋分兵五千人與年，持年泣曰：「非子不能平禍難。」年至其國，誅反者，立王以報。王遂召保皋爲相，以年代守清海。會昌後，朝貢不復至。

贊曰：杜牧稱：「安思順爲朔方節度時，郭汾陽、李臨淮俱爲牙門都將，二人不相能，雖同盤飲食，常睇相視，不交一言。及汾陽代思順，臨淮欲亡去，計未決。旬日，詔臨淮分汾陽半兵東出趙、魏，臨淮入請曰：『一死固甘，乞免妻子。』汾陽趨下，持手上堂，曰：『今國亂主還，非公不能東伐，豈懷私忿時邪？』及別，執手泣涕，相勉以忠義，訖平劇盜，實二公之力。知其心不叛，知其心，難也；忿必見短，知其材，益難也。此保皋與汾陽之賢等耳。年投保皋必曰：『彼貴我賤，我降下之，不宜以舊忿殺我。』保皋果不殺，人之常情也。臨淮請死於汾陽，亦人之常情也。保皋任年，事出於己，年且寒飢，易爲感動。汾陽、臨淮，平生亢立，臨淮之命，出於天子。權於保皋，汾陽爲優。此乃聖賢遲疑成敗之際也。世稱周、邵爲百代之師，周公擁孺子而邵公疑之，以周公之聖，邵公之賢，少事文王，老佐武王，能平天下，周公之心，邵公且不知之。苟有仁義之心，不資以明，雖邵公尚爾，況其下哉！」嗟乎，不以怨毒相甚，而先國家之憂，晉有祁奚，唐有汾陽、保皋，孰謂夷無人哉！

日本，古倭奴也。去京師萬四千里，直新羅東南，在海中，島而居，東西五月行，南北三月行。國無城郛，聯木爲栅落，以草茨屋。左右小島五十餘，皆自名國，而臣附之。置本率一人，檢察諸部。其俗多女少男，有文字，尚浮屠法。其官十有二等。其王姓阿每氏，自言初主號天御中主，至彥瀲，凡三十二世，皆以「尊」爲號，居筑紫城。彥瀲子神武立，更以「天皇」爲號，徙治大和州。次曰綏靖，次安寧，次懿德，次孝昭，次天安，次孝靈，次孝元，次開化，次崇神，次垂仁，次景行，次成務，次仲哀。仲哀死，以開化曾孫女神功爲王。次應神，次仁德，次履中，次反正，次允恭，次安康，次雄略，次淸寧，次顯宗，次仁賢，次武烈，次繼體，次安閑，次宣化，次欽明。欽明之十一年，直梁承聖元年。次海達。次用明，亦曰目多利思比孤，直隋開皇末，始與中國通。次崇峻。崇峻死，欽明之孫女雄古〔四〕立。次舒明，次皇極。其俗椎髻，無冠帶，跣以行，幅巾蔽後，貴者冒錦；婦人衣純色裙，長腰襦，結髮于後。至煬帝，賜其民錦綫冠，飾以金玉，文布爲衣，左右佩銀蘤，長八寸，以多少明貴賤。

太宗貞觀五年，遣使者入朝，帝矜其遠，詔有司毋拘歲貢。遣新州刺史高仁表往諭，與王爭禮不平，不肯宣天子命而還。久之，更附新羅使者上書。

永徽初，其王孝德卽位，改元曰白雉，獻虎魄大如斗，碼碯若五升器。時新羅爲高麗、百濟所暴，高宗賜璽書，令出兵援新羅。未幾孝德死，其子天豐財立。死，子天智立。明年，使者與蝦蛦人偕朝。蝦蛦亦居海島中，其使者鬚長四尺許，珥箭於首，令人戴瓠立數十步，射無不中。天智死，子天武立。死，子總持立。咸亨元年，遣使賀平高麗。後稍習夏音，惡倭名，更號日本。使者自言，國近日所出，以爲名。或云日本乃小國，爲倭所幷，故冒其號。使者不以情，故疑焉。又妄夸其國都方數千里，南、西盡海，東、北限大山，其外卽毛人云。長安元年〔五〕，其王文武立，改元曰太寶，遣朝臣眞人粟田貢方物。朝臣眞人者，猶唐尙書也。冠進德冠，頂有華蘤四披，紫袍帛帶。眞人好學，能屬文，進止有容。武后宴之麟德殿，授司膳卿，還之。文武死，子阿用立。死，子聖武立，改元曰白龜。開元初，粟田復朝，請從諸儒受經，詔四門助敎趙玄默卽鴻臚寺爲師，獻大幅布爲贄，悉賞物貿書以歸。其副朝臣仲滿慕華不肯去，易姓名曰朝衡，歷左補闕，儀王友，多所該識，久乃還。聖武死，女孝明立，改元曰天平勝寶。天寶十二載，朝衡復入朝。上元中，擢左散騎常侍、安南都護。新羅梗海道，更繇明、越州朝貢。孝明死，大炊立。死，以聖武女高野姬爲王。死，白壁立。建中元年，使者眞人興能獻方物。眞人，蓋因官而氏者也。興能善書，其紙似繭而澤，人莫識。貞元末，其王曰桓武，遣使者朝。其學子橘免勢、浮屠空海願留肄業，歷二十餘年，使者高階眞人來請免勢等俱還，詔可。次諸樂立，次嵯峨，次浮和，次仁明。仁明直開成四年，復入貢。次文德，次淸和，次陽成。次光孝，直光啓元年。

其東海嶼中又有邪古、波邪、多尼三小王，北距新羅，西北百濟，西南直越州，有絲絮、怪珍云。

流鬼去京師萬五千里，直黑水靺鞨東北，少海之北，三面皆阻海，其北莫知所窮。人依嶼散居，多沮澤，有魚鹽之利。地蚤寒，多霜雪，以木廣六寸、長七尺系其上，以踐冰，逐走獸。土多狗，以皮爲裘。俗被髮，粟似菽而小，無蔬蓏它穀。勝兵萬人。南與莫曳靺鞨鄰，東南航海十五日行，乃至。貞觀十四年，其王遣子可也余莫貂皮更三譯來朝，授騎都尉，遣之。

龍朔初，有儋羅者，其王儒李都羅遣使入朝，國居新羅武州南島上，俗朴陋，衣大豕皮，夏居革屋，多窟室。地生五穀，耕不知用牛，以鐵齒杷土。初附百濟，麟德中，酋長來朝，從帝至太山，後附新羅。

開元十一年，又有達末婁、達姤二部首領朝貢。達末婁自言北扶餘之裔，高麗滅其國，遺人度那河，因居之，或曰他漏河，東北流入黑水。達姤，室韋種也，在那河陰，凍末河之東，西接黃頭室韋，東北距達末婁云。

校勘記

〔一〕詔拜男生特進遼東大都督兼平壤道安撫大使封玄菟郡公　「男生」，各本原作「同善」。按所授官爵，當是男生，詳本書卷一一〇泉男生傳、舊書卷一九九上高麗傳及王德眞泉君墓誌銘，據改。

〔二〕劦氏　「劦」，十行、汲、殿、局本均作「劦」。通典卷一八五及寰宇記卷一七二作「劦」，注並謂「劦音狹」。

〔三〕任孝城　「孝」，本書卷一〇八劉仁軌傳、舊書卷一九九上百濟傳和通鑑卷二〇〇俱作「存」，通鑑考異云：「實錄或作『任孝城』，未知孰是，今從其多者。」

〔四〕雄古　十行、汲、殿、局本「雄」作「椎」。

〔五〕長安元年　舊書卷一九九上日本傳、唐會要卷一〇〇「元」作「三」，通典卷一八五作「二」。

唐書卷二百二十一上

列傳第一百四十六上

西域上

泥婆羅　党項　東女　高昌　吐谷渾　焉耆　龜茲 跋祿迦

疏勒　于闐　天竺　摩揭陀　罽賓

泥婆羅直吐蕃之西樂陵川。土多赤銅、犛牛。俗翦髮逮眉，穿耳，楦以筩若角，緩至肩者爲姣好。無匕筯，攫而食。其器皆用銅，其居版屋畫壁。俗不知牛耕，故少田作，習商賈。一幅布蔽身，日數盥浴。重博戲，通推步曆術。祀天神，鐫石爲象，日浴之，烹羊以祭。鑄銅爲錢，面文人形，背牛馬形。其君服珠、頗黎、車渠、珊瑚、虎魄垂纓，耳金鉤玉瑞，佩寶伏突，御師子大牀，燎香布花於堂，而大臣坐地不藉，左右持兵，數百列侍。宮中有七重樓，覆銅瓦，榍極皆大琲雜寶，四隅置銅槽，下有金龍，口激水仰注槽中。

初，王那陵提婆之父爲其叔所殺，提婆出奔，吐蕃納之，遂臣吐蕃。貞觀中，遣使者李義表到天竺，道其國，提婆大喜，延使者同觀阿耆婆沵池。池廣數十丈，水常溢沸，共傳旱潦未始耗溢，或抵以物則生煙，釜其上，少選可熟。二十一年，遣使入獻波稜、酢菜、渾提葱。永徽時，其王尸利那連陀羅又遣使入貢。

党項，漢西羌別種，魏、晉後微甚。周滅宕昌、鄧至，而党項始彊。其地古析支也，東距松州，西葉護，南舂桑、迷桑等羌，北吐谷渾。處山谷崎嶇，大抵三千里。以姓別爲部，一姓又分爲小部落，大者萬騎，小數千，不能相統，故有細封氏、費聽氏、往利氏、頗超氏、野辭氏、房當氏、米禽氏、拓拔氏，而拓拔最彊。土著，有棟宇，織犛尾、羊毛覆屋，歲一易。俗尙武，無法令、賦役，人壽多過百歲，然好爲盜，更相剽奪。尤重復讎，未得所欲者，蓬首垢顏，跣足草食，殺已乃復。男女衣裘褐，被氈。畜犛牛、馬、驢、羊以食，不耕稼。地寒，五月草生，八月霜降。無文字，候草木記歲。三年一相聚，殺牛羊祭天，取麥他國以釀酒。妻其庶母、伯叔母、兄嫂、子弟婦，惟不娶同姓。老而死，子孫不哭；少死，則曰夭枉，乃悲。

貞觀三年，南會州都督鄭元璹鐫諭，其酋細封步賴舉部降，太宗璽詔慰撫，步賴因入朝，宴錫特異，以其地爲軌州，即授刺史，步賴請率兵討吐谷渾。其後諸酋長悉內屬，以其地爲崌、奉、巖、遠四州，即首領拜刺史。

有拓拔赤辭者，初臣吐谷渾，慕容伏允待之厚，與結婚，諸羌已歸，獨不至。李靖擊吐谷渾，赤辭屯狼道峽抗王師，廓州刺史久且洛生欲諭降之，辭曰：「渾主以腹心待我，不知其佗，若速去，且汙吾刀。」洛生怒，引輕騎破之肅遠山，斬首數百級，虜雜畜六千。帝因其勝又令約降，赤辭從子思頭潛納款，其下拓拔細豆亦降。赤辭知宗族攜沮，稍欲自歸，岷州都督劉師立復誘之，即與思頭俱內屬。以其地爲懿、嵯、麟、可三十二州，以松州爲都督府，擢赤辭西戎州都督，賜氏李，貢職遂不絕。於是自河首積石山而東，皆爲中國地。後吐蕃寖盛，拓拔畏偪，請內徙，始詔慶州置靜邊等州處之。地乃入吐蕃，其處者皆爲吐蕃役屬，更號弭藥。

又有黑党項者，居赤水西。其長號敦善王，慕容伏允之走也，依之。及吐谷渾款附，敦善王亦納貢。居雪山者曰破丑氏。

又有白蘭羌，吐蕃謂之丁零，左屬党項，右與多彌接。勝兵萬人，勇戰鬭，善作兵，俗與党項同。武德六年，使者入朝。明年，以其地爲維、恭二州。貞觀六年，與契苾數十萬內屬。永徽時，特浪生羌卜樓大首領凍就率衆來屬，以其地爲劍州。龍朔後，白蘭、舂桑及白狗羌爲吐蕃所臣，籍其兵爲前驅。白狗與東會州接，勝兵纔千人。在西北者，天授中內附，戶凡二十萬，以其地爲朝、吳、浮、歸十州，散居靈、夏間。至德末，爲吐蕃所誘，使爲鄉導鈔邊，俄悔悟，更來朝，願助靈州鑲輓。乾元間，中國數亂，因寇邠、寧二州，肅宗詔郭子儀都統朔方、邠寧、鄜坊節度事，以鄜州刺史杜冕、邠州刺史桑如珪分二隊出討。子儀至，党項潰去。

上元元年，在涇、隴部落十萬衆詣鳳翔節度使崔光遠降。二年，與渾、奴剌連和，寇寶鷄，殺吏民，掠財珍，焚大散關，入鳳州，殺刺史蕭悅，節度使李鼎追擊走之。明年，又攻梁州，刺史李勉走；進寇奉天，大掠華原、同官去。詔臧希讓代勉爲刺史，於是歸順、乾封、歸義、順化、和寧、和義、保善、寧定、羅雲、朝鳳凡十州部落詣希讓獻款，丐節印，詔可。

僕固懷恩之叛，誘党項、渾、奴剌入寇，衆數萬，掠鳳翔、盩厔，大酋鄭廷、郝德入同州，刺史韋勝走，節度使周智光破之澄城。閏月，又入同州，焚官私室廬，壓馬蘭山。郭子儀遣兵襲之，退保三堡，子儀遣慕容休明諭降廷、德。

子儀以党項、吐谷渾部落散處鹽、慶等州，其地與吐蕃濱近，易相脅，卽表徙靜邊州都督、夏州、樂容等六府党項于銀州之北、夏州之東，寧朔州吐谷渾住夏西，以離沮之。召靜邊州大首領左羽林大將軍拓拔朝光等五刺史入朝，厚賜賚，使還綏其部。先是，慶州有破丑氏族三、野利氏族五、把利氏族一，與吐蕃姻援，贊普悉王之，因是擾邊凡十年。子儀表工部尚書路嗣恭爲朔方留後，將作少監梁進用爲押党項部落使，置行慶州。且言：「党項陰結吐蕃爲變，可遣使者招慰，芟其反謀，因令進用爲慶州刺史，嚴邏以絕吐蕃往來道。」代宗然之。又表置靜邊、芳池、相興王州都督、長史〔二〕，永平、旭定、清寧、寧保、忠順、靜塞、萬吉等七州都督府。於是破丑、野利、把利三部及思樂州刺史拓拔乞梅等皆入朝，宜定州刺史折磨布落、芳池州野利部並徙綏、延州。大曆末，野利禿羅都與吐蕃叛，招餘族不應，子儀擊之，斬禿羅都，而野利景庭、野利剛以其部數千人入附雞子川。六州部落，曰：野利越詩、野利龍兒、野利厥律、兒黃、野海、野窣等；居慶州者號東山部，夏州者號平夏部。永泰後稍徙石州，後爲永安將阿史那思暕賦索無極，遂亡走河西。

元和時復置宥州，護党項。至大和中寖彊，數寇掠，然器械鈍苦，畏唐兵精，則以善馬購鎧，善羊貿弓矢。鄜坊道軍糧使李石表禁商人不得以旗幟、甲冑、五兵入部落，告者，舉罪人財畀之。至開成末，種落愈繁，富賈人齎繒寶鬻羊馬，藩鎮乘其利，彊市之，或不得直，部人怨，相率爲亂，至靈、鹽道不通。武宗以侍御史爲使招定，分三印，以邠、寧、延屬崔彥曾，鹽、夏、長澤屬李鄠，靈武、麟、勝屬鄭賀，皆緋衣銀魚，而功不克。

宣宗大中四年，內掠邠、寧，詔鳳翔李業、河東李拭合節度兵討之，宰相白敏中爲都統。帝出近苑，或以竹一箇植舍外，見纔尺許，遠且百步，帝屬二矢曰：「党羌窮寇，仍歲暴吾鄙，今我約，射竹中則彼當自亡，不中，我且索天下兵翦之，終不以此賊遺子孫。」左右注目，帝一發竹分，矢徹諸外，左右呼萬歲。不閱月，羌果破殄，餘種竄南山。

始，天寶末，平夏部有戰功，擢容州刺史、天柱軍使。其裔孫拓拔思恭，咸通末竊據宥州，稱刺史。黃巢入長安，與鄜州李孝昌壇而坎牲，誓討賊，僖宗賢之，以爲左武衞將軍，權知夏綏銀節度事。次王橋，爲巢所敗，更与鄭畋四節度盟，屯渭橋。中和二年，詔爲京城西面都統、檢校司空、同中書門下平章事。俄進四面都統，權知京兆尹。賊平，兼太子太傅，封夏國公，賜姓李。嗣襄王煴之亂，詔思恭討賊，兵不出，卒。以弟思諫代爲定難節度使，思孝爲保大節度、鄜坊丹翟等州觀察使，並檢校司徒、同中書門下平章事。王行瑜反，以思孝爲北面招討使，思諫東北面招討使。思孝亦因亂取鄜州，遂爲節度使，累兼侍中，以老薦弟思敬爲保大軍兵馬留後，俄爲節度使。

東女亦曰蘇伐剌拏瞿咀羅〔三〕，羌別種也，西海亦有女自王，故稱「東」別之。東與吐蕃、党項、茂州接，西屬三波訶，北距于闐，東南屬雅州羅女蠻、白狼夷。東西行盡九日，南北行盡二十日。有八十城。以女爲君，居康延川，巖險四繚，有弱水南流，縫革爲船。戶四萬，勝兵萬人。王號賓就，官曰高霸黎，猶言宰相也。官在外者，率男子爲之。凡號令，女官自內傳，男官受而行。王侍女數百，五日一聽政。王死，國人以金錢數萬納王族，求淑女二立之，次爲小王，王死，因以爲嗣，或姑死婦繼，無篡奪。所居皆重屋，王九層，國人六層。王服青毛綾裙，被青袍，袖委於地，多羔裘，飾以文錦。爲小鬟髻，耳垂璫。足曳⿰革蒜⿰革睪。⿰革蒜⿰革睪，履也。俗輕男子，女貴者咸有侍男，被髮，以青塗面，惟務戰與耕而已。子從母姓。地寒宜麥，畜羊馬，出黃金。風俗大抵與天竺同。以十一月爲正。巫者以十月詣山中，布糟麥，呪呼羣鳥，俄有鳥來如雞狀，剖視之，有穀者歲豐，否卽有災，名曰鳥卜。居喪三年，不易服，不櫛沐。貴人死，剝藏其皮，內骨甕中，糅金屑瘞之。王之葬，殉死至數十人。

武德時，王湯滂氏始遣使入貢，高祖厚報，爲突厥所掠不得通。貞觀中，使復至，太宗璽制慰撫。顯慶初，遣使高霸黎文與王子三盧來朝，授右監門中郎將。其王斂臂使大臣來請官號，武后册拜斂臂左玉鈐衞員外將軍，賜瑞錦服。天授、開元間，王及子再來朝，詔與宰相宴曲江，封王曳夫爲歸昌王、左金吾衞大將軍。後乃以男子爲王。

貞元九年，其王湯立悉與白狗君及哥鄰君董臥庭、逋租君鄧吉知、南水君薛尙悉曩、弱水君董避和、悉董君湯息贊、清遠君蘇唐磨、咄霸君董藐蓬皆詣劍南韋皋求內附。其種散居西山、弱水，雖自謂王，蓋小小部落耳。自失河、隴，悉爲吐蕃羈屬，部數千戶，輒置令，歲督絲絮。至是猶上天寶所賜詔書。皋處其衆於維、霸等州，賜牛、糧，治生業。立悉等入朝，差賜官祿。於是松州羌二萬口相踵入附。立悉等官刺史，皆得世襲，然陰附吐蕃，故謂「兩面羌」。

高昌直京師西四千里而贏，其橫八百里，縱五百里，凡二十一城。王都交河城，漢車師前王廷也。田地城，戊己校尉所治也。勝兵萬人。土沃，麥、禾皆再熟。有草名白疊，擷花可織爲布。俗辮髻垂後。

其王麴伯雅，隋時嘗妻以戚屬宇文氏女，號華容公主。武德初，伯雅死，子文泰立，遣使來告，高祖命使者臨弔。後五年，獻狗高六寸，長尺，能曳馬銜燭，云出拂菻，中國始有拂菻狗。

太宗卽位，獻玄狐裘，帝賜妻宇文華鐶一具，宇文亦上玉盤。凡諸國施爲輒以聞。貞觀四年，文泰遂來朝，禮賜厚甚。宇文求預宗籍，有詔賜氏李，更封常樂公主。

久之，文泰與西突厥通，凡西域朝貢道其國，咸見壅掠。伊吾嘗臣西突厥，至是內屬，文泰與葉護共擊之。帝下詔讓其反覆，召大臣冠軍阿史那矩計事，文泰不遣，使長史麴雍來謝罪。初，大業末，華民多奔突厥，及頡利敗，有逃入高昌者，有詔護送，文泰苛留之。又與西突厥乙毗設破焉耆三城，虜其人，焉耆王訴諸朝。帝遣虞部郎中李道裕問狀，復遣使謝，帝引責曰：「而主數年朝貢不入，無藩臣禮，擅置官，擬效百僚。今歲首萬君長悉來，而主不至。日我使人往，文泰猥曰：『鷹飛于天，雉竄于蒿，貓遊于堂，鼠安于穴，各得其所，豈不快邪！』西域使者入貢，而主悉拘梗之。又諗薛延陀曰：『既自爲可汗，與唐天子等，何事拜謁其使？』明年我當發兵虜而國，歸謂而君善自圖。」時薛延陀可汗請爲軍向導，故民部尚書唐儉至延陀堅約。

帝復下璽書示文泰禍福，促使入朝，文泰遂稱疾不至。乃拜侯君集爲交河道大總管，左屯衞大將軍薛萬均、薩孤吳仁副之，契苾何力爲葱山道副大總管，武衞將軍牛進達爲行軍總管，率突厥、契苾騎數萬討之。羣臣諫以行萬里兵難得志，且天界絕域，雖得之，不可守，帝不聽。文泰謂左右曰：「曩吾入朝，見秦、隴北城邑蕭條，非有隋比。今伐我，兵多則糧輸不逮，若下三萬，我能制之。度磧疲鈍，以逸待勞，臥收其弊耳。」十四年，聞王師至磧口，悸駭無它計，發病死，子智盛立。

君集奄攻田地城，契苾何力以前軍鏖戰，是夜星墜城中，明日拔其城，虜七千餘人。中郎將辛獠兒以勁騎夜逼其都，智盛以書遺君集曰：「得罪於天子者，先王也，咎深譴積，震墜厥命。智盛嗣位未幾，公其見赦。」君集曰：「能悔禍者，當面縛軍門。」智盛不答。軍進，塡隍引衝車，飛石如雨，城中大震。智盛令大將麴士義居守，身與綰曹麴德俊謁軍門，請改事天子。君集諭使降，辭未屈，薛萬均勃然起曰：「當先取城，小兒何與語！」麾而進，智盛流汗伏地曰：「唯公命！」乃降。君集分兵略定，凡三州、五縣、二十二城，戶八千，口三萬，馬四千。先是，其國人謠曰：「高昌兵，如霜雪；唐家兵，如日月。日月照霜雪，幾何自殄滅。」文泰捕謠所發，不能得也。

捷書聞，天子大悅，宴羣臣，班賜策功，赦高昌所部，披其地皆州縣之，號西昌州。特進魏徵諫曰：「陛下即位，高昌最先朝謁，俄以掠商胡，遏貢獻，故王誅加焉。文泰死，罪止矣，撫其人，立其子，伐罪弔民，道也。今利其土，屯守常千人，屯士數年一易，辦裝資，離親戚，不十年隴右且空。陛下終不得高昌圭粒咫帛助中國費，所謂散有用事無用。」不納。改西昌州曰西州，更置安西都護府，歲調千兵，謫罪人以戍。黄門侍郎褚遂良諫曰：「古者先函夏，後夷狄，務廣德化，不爭荒遐。今高昌誅滅，威動四夷，然自王師始征，河西供役，飛米轉芻，十室九匱，五年未可復。今又歲遣屯戍，行李萬里，去者資裝使自營辦，賣菽粟，傾機杼，道路死亡尚不計。罪人始於犯法，終於惰業，無益於行。所遣復有亡命，官司捕逮，株蔓相牽。有如張掖、酒泉塵飛烽舉，豈得高昌一乘一卒及事乎？必發隴右、河西耳。然則河西爲我腹心，高昌，他人手足也，何必耗中華，事無用？昔陛下平頡利、吐谷渾，皆爲立君，蓋罪而誅之，伏而立之，百蠻所以畏威慕德也。今宜擇高昌可立者立之，召首領悉還本土，長爲藩翰，中國不擾。」書聞不省。

初，文泰以金厚餉西突厥欲谷設，約有急爲表裏；使葉護屯可汗浮圖城。及君集至，懼不敢發，遂來降，以其地爲庭州。焉耆請歸高昌所奪五城，留兵以守。君集勒石紀功，凱而旋，俘智盛君臣獻觀德殿。行飲至禮，酺三日。徙高昌豪桀於中國，智盛拜左武衞將軍、金城郡公，弟智湛右武衞中郎將、天山郡公。麴氏傳國九世，百三十四年而亡。

智湛，麟德中以左驍衞大將軍爲西州刺史，卒，贈涼州都督。有子昭，好學，有鬻異書者，母顧笥中金歎曰：「何愛此，不使子有異聞乎？」盡持易之。昭歷司膳卿，頗能辭章。弟崇裕有武藝，永徽中爲右武衞翊府中郎將，封交河郡王，邑至三千戶。終鎭軍大將軍，武后爲舉哀，襚以美錦，賻賜甚厚，封爵絕。

吐谷渾居甘松山之陽，洮水之西，南抵白蘭，地數千里。有城郭，不居也，隨水草，帳室、肉糧。其官有長史、司馬、將軍、王、公、僕射、尙書、郎中，蓋慕諸華爲之。俗識文字，其王椎髻黑冒，妻錦袍織裙，金爵飾首。男子服長裙繒冒，或冠冪䍦。婦人辮髮縈後，綴珠貝。婚禮，富家厚納聘，貧者竊妻去。父死妻庶母，兄死妻嫂。喪有服，葬已卽除。民無常稅，用不足，乃斂富室商人，足而止。凡殺人若盜馬者死，它罪贖以物。地多寒，宜麥、菽、粟、蕪菁，出小馬、犛牛、銅、鐵、丹砂。有青海者，周八九百里，中有山，須冰合，游牝馬其上，明年生駒，號龍種。嘗得波斯馬，牧于海，生驄駒，日步千里，故世稱「青海驄」。西北有流沙數百里，夏有熱風，傷行人。風將發，老駝引項鳴，埋鼻沙中，人候之，以氈蔽鼻口乃無恙。

隋時，其王慕容伏允號步薩鉢，嘗寇邊，煬帝遣鐵勒敗之，壓西平；復命觀王雄破其衆。伏允以數十騎入泥嶺，亡去，仙頭王率男女十餘萬降。置郡縣鎭戍，以長子順爲質，因王之，統餘衆，俄追還。伏允客党項，隋亂，因得復故地。

高祖受命，順自江都還長安，于時李軌據涼州，帝乃約伏允和，令擊軌自效，當護送順。伏允喜，引兵與軌戰庫門，交綏止，卽遣使請順，帝遣之。順至，號爲大寧王。

太宗時，伏允遣使者入朝，未還，卽寇鄯州。帝遣使者讓，且召伏允；以疾爲解，而爲子求婚，驗帝意。帝召子親迎，亦稱疾，有詔止婚，遣中郎將康處眞臨諭。又掠岷州，都督李道彥擊走之，執名王二，斬級七百。連歲遣名王朝。俄寇涼州，鄯州刺史李玄運表吐谷渾牧馬青海，輕兵掩之，可盡致。乃命左驍衞大將軍段志玄、左驍衞將軍梁洛仁率契苾、党項兵擊之，未至三十里，志玄等不欲戰，壓而留，虜知之，驅牧馬走。副將李君羨率精騎尾襲懸水上，得牛羊二萬還。

是時，伏允耄不能事，其相天柱王用事，拘天子行人鴻臚丞趙德楷，帝遣使曉敕，十返，無悛言。貞觀九年，詔李靖爲西海道行軍大總管，侯君集積石道，任城王道宗鄯善道，李道彥赤水道，李大亮且末道，高甑生鹽澤道，並爲行軍總管，率突厥、契苾兵擊之。党項內屬羌及洮州羌，皆殺刺史歸伏允。夏四月，道宗破伏允于庫山，俘斬四百。伏允謀入磧疲唐兵，燒野草，故靖馬多飢。道宗曰：「柏海近河源，古未有至者。伏允西走，未知其在，方馬癯糧乏，難遠入，不如按軍鄯州，須馬壯更圖之。」君集曰：「不然。嚮者段志玄至鄯州，吐谷渾兵輒傅城，彼國方完，逆衆用命也。今虜大敗，斥候無在，君臣相失，我乘其困，可以得志。柏海雖遠，可鼓而至也。」靖曰：「善。」分二軍：靖與大亮、薛萬均以一軍趣北，出其右；君集、道宗以一軍趣南，出其左。靖將薩孤吳仁以輕騎戰曼都山，斬名王，獲五百級。諸將戰牛心堆、赤水源，獲虜將南昌王慕容孝儁，收雜畜數萬。君集、道宗登漢哭山，戰烏海，獲名王梁屈葱。靖破天柱部落於赤海，收雜畜二十萬。大亮俘名王二十，雜畜五萬，次且末之西。伏允走圖倫磧，將託于闐，萬均督銳騎追亡數百里，又破之。士乏水，刺馬飲血。君集、道宗行空荒二千里，盛夏降霜，乏水草，士糜冰，馬秣雪。閱月，次星宿川，達柏海上，望積石山，覽觀河源。執失思力馳破虜車重。兩軍會于大非川、破邏眞谷。

順之質隋，爲金紫光祿大夫，伏允立其弟爲太子。順歸，常鞅鞅，自以失位，欲以功自結天子，乃斬天柱王，舉國降。伏允懼，引千餘騎遁磧中，衆稍亡，從者纔百騎，窮無聊，即自經死。國人立順爲君，稱臣內附，詔封西平郡王，號趉胡呂烏甘豆可汗。帝恐未能定其國，遣李大亮率精兵鎭援。

順久質華，國人不附，卒爲下所殺，立其子燕王諾曷鉢。諾曷鉢幼，大臣爭權。帝詔侯君集就經紀之，始請頒曆及子弟入侍。詔封諾曷鉢河源郡王，號烏地也拔勤豆可汗，遣淮陽郡王道明持節册命，賜鼓纛。諾曷鉢身入謝，遂請婚，獻馬牛羊萬。比年入朝，乃以宗室女爲弘化公主妻之，詔道明及右武衞將軍慕容寶持節送公主。其相宣王跋扈，謀作亂，欲襲公主，劫諾曷鉢奔吐蕃。諾曷鉢知之，引輕騎走鄯城，威信王以兵迎之，果毅都尉席君買率兵與威信王共討，斬其兄弟三人，國大擾。帝又詔民部尙書唐儉、中書舍人馬周持節撫慰。

高宗立，以主故，拜駙馬都尉。又獻名馬，帝問馬種性，使者曰：「國之最良者。」帝曰：「良馬人所愛。」詔還其馬。公主表請入朝，遣左驍衞將軍鮮于匡濟迎之。十一月，及諸曷鉢至京師，帝又以宗室女金城縣主妻其長子蘇度摸末，拜左領軍衞大將軍。久之，摸末死，主與次子右武衞大將軍梁漢王闥盧摸末來請婚，帝以宗室女金明縣主妻之。既而與吐蕃相攻，上書相曲直，並來請師，天子兩不許。吐谷渾大臣素和貴奔吐蕃，言其情，吐蕃出兵擣虛，破其衆黃河上，諸曷鉢不支，與公主引數千帳走涼州。帝遣左武衞大將軍蘇定方爲安集大使，平兩國怨。吐蕃遂有其地。

諸曷鉢請內徙。乾封初，更封青海國王。帝欲徙其部於涼州之南山，羣臣議不同，帝難之。咸亨元年，乃以右威衞大將軍薛仁貴爲邏娑道行軍大總管，左衞員外大將軍阿史那道眞、左衞將軍郭待封副之，總兵五萬討吐蕃，且納諸曷鉢於故廷。王師敗於大非川，舉吐谷渾地皆陷，諸曷鉢與親近數千帳纔免。三年，乃徙浩亹水南。諸曷鉢以吐蕃盛，勢不抗，而鄯州地狹，又徙靈州，帝爲置安樂州，卽拜刺史，欲其安且樂云。

諸曷鉢死，子忠立。忠死，子宣超立，聖曆三年，拜左豹韜員外大將軍，襲故可汗號，餘部詣涼、甘、肅、瓜、沙等州降。宰相張錫與右武衞大將軍唐休璟議徙其人於秦、隴、豐、靈間，令不得畔去。涼州都督郭元振以爲：「吐谷渾近秦、隴，則與監牧雜處；置豐、靈，又邇默畷；假在諸華，亦不遽移其性也。前日王孝傑自河源軍徙耽爾乙句貴置靈州，旣其叛，乃入牧坊掠羣馬，瘢夷州縣，是則遷中土無益之成驗。往素和貴叛去，於我無損，但失吐谷渾數十部，豈與句貴比邪？今降虜非彊服，皆突矢刃，棄吐蕃而來，宜當循其情，爲之制也。當甘、肅、瓜、沙降者，卽其所置之，因所投而居，情易安，磔數州則勢自分。順其情，分其勢，不擾於人，可謂善奪戎心者也。歲遣鎭遏使者與宣超兄弟撫護之，無令相侵奪，生業固矣。有如叛去，無損中國。」詔可。宣超死，子曦皓立。曦皓死，子兆立。吐蕃復取安樂州，而殘部徙朔方、河東，語謬爲「退渾」。

貞元十四年，以朔方節度副使、左金吾衞大將軍慕容復爲長樂都督、靑海國王，襲可汗號。復死，停襲。吐谷渾自晉永嘉時有國，至龍朔三年吐蕃取其地，凡三百五十年，及此封嗣絕矣。

焉耆國直京師西七千里而羸，橫六百里，縱四百里，東高昌，西龜茲，南尉犂，北烏孫。逗渠溉田，土宜黍、蒲陶，有魚鹽利。俗祝髮氈衣。戶四千，勝兵二千，常役屬西突厥。俗尙娛遨，二月朏出野祀，四月望日游林，七月七日祀生祖，十月望日王始出游，至歲盡止。

太宗貞觀六年，其王龍突騎支始遣使來朝。自隋亂，磧路閉，故西域朝貢皆道高昌。突騎支請開大磧道以便行人，帝許之。高昌怒，大掠其邊。西突厥莫賀設與咄陸弩失畢作難，來奔，咄陸弩失畢復攻之，遣使言狀，幷貢名馬。咥利失可汗立，素善焉耆，故倚爲援。十二年，處月、處蜜與高昌攻陷其五城，掠千五百人，焚廬舍。侯君集討高昌，遣使與相聞，突騎支喜，引兵佐唐。高昌破，歸向所俘及城，遣使者入謝。

西突厥臣屈利啜爲弟娶突騎支女，遂相約爲輔車勢，不朝貢，安西都護郭孝恪請討之。會王弟頡鼻、栗婆準葉護等三人來降，帝卽命孝恪爲西州道總管，率兵出銀山道，以栗婆準等爲鄉導。初，焉耆所都周三十里，四面大山，海水繚其外，故恃不爲虞。孝恪倍道絕水，夜傅堞，遲曙譟而登，鼓角轟哄，唐兵縱，國人擾敗，斬千餘級，執突騎支，更以栗婆準攝國事。始，帝語近臣曰：「孝恪以八月十一日詣焉耆，閱二旬可至，當以二十二日破之，使者今至矣！」俄而遽人以捷布聞。囚突騎支及妻子送洛陽，有詔赦罪。

屈利啜以兵救焉耆，而孝恪還三日矣。屈利啜囚栗婆準，更使吐屯攝王，遣使以告。帝曰：「焉耆我所下，爾乃王之邪？」吐屯懼，不敢王。焉耆立栗婆準，而從兄薛婆阿那支自爲王，號瞎干，執栗婆準獻龜茲，殺之。阿史那社尓討龜茲，阿那支奔之，壁東境抗王師，爲社尓所禽，數其罪，斬以徇。立突騎支弟婆伽利爲王，以其地爲焉耆都督府。

婆伽利死，國人請還前王突騎支，高宗許之，拜左衞大將軍，歸國。死，龍嬾突立。武后長安時，以其國小人寡，過使客不堪其勞，詔四鎭經略使禁止傔使私馬、無品者肉食。開元七年，龍嬾突死，焉吐拂延立。於是十姓可汗請居碎葉，安西節度使湯嘉惠表以焉耆備四鎭。詔焉耆、龜茲、疏勒、于闐征西域賈，各食其征，由北道者輪臺征之。訖天寶常朝賀。

龜茲，一曰丘茲，一曰屈茲，東距京師七千里而贏，自焉耆西南步二百里，度小山，經大河二，又步七百里乃至。橫千里，縱六百里。土宜麻、麥、秔稻、蒲陶，出黃金。俗善歌樂，旁行書，貴浮圖法。產子以木壓首。俗斷髮齊項，惟君不翦髮。姓白氏。居伊邏盧城，北倚阿羯田山，亦曰白山，常有火。王以錦冒頂，錦袍、寶帶。歲朔，鬬羊馬橐它七日，觀勝負以卜歲盈耗云。葱嶺以東俗喜淫，龜茲、于闐置女肆，征其錢。

高祖受禪，王蘇伐勃駃遣使入朝。會死，子蘇伐疊立，號時健莫賀俟利發。貞觀四年獻馬，太宗賜璽書，撫慰加等。後臣西突厥。郭孝恪伐焉耆，乃遣兵與焉耆影援，自是不朝貢。

蘇伐疊死，弟訶黎布失畢立。二十一年，兩遣使朝貢，然帝怒其佐焉耆叛，議討之。是夜月食昴，詔曰：「月陰精，用刑兆也；星胡分，數且終。」乃以阿史那社尒爲崑丘道行軍大總管，契苾何力副之，率安西都護郭孝恪、司農卿楊弘禮、左武衞將軍李海岸等發鐵勒十三部兵十萬討之。社尒分五軍掠其北，執焉耆王阿那支，龜茲大恐，酋長皆棄城走。社尒次磧石，去王城三百里。先遣伊州刺史韓威以千騎居前，右驍衞將軍曹繼叔次之，至多褐，與王遇，其將羯獵顚兵五萬合戰。威僞北，王見威兵少，麾而進，威退與繼叔合，還戰，大破之，追奔八十里。王嬰城，社尒將圍之，王引突騎西走，城遂拔，孝恪居守。沙州刺史蘇海政、行軍長史薛萬備以精騎窮躡六百里，王計窮，保撥換城，社尒圍之。閱月，執王及羯獵顚。其相那利夜逸，以西突厥并國人萬餘來戰，孝恪及子死之。王師擾，倉部郎中崔義起募兵戰城中，繼叔、威助擊之，斬首三千級。那利敗，哀亡散復振，還襲王師，繼叔乘之，斬八千級。那利走，或執以詣軍。社尒凡破五大城，男女數萬，遣使者諭降小城七百餘，西域震懼，西突厥、安兩國歸軍饟焉。社尒立王弟葉護王其國，勒石紀功。

書聞，帝喜，見羣臣從容曰：「夫樂有幾，朕嘗言之：土城竹馬，童兒樂也；飭金翠羅紈，婦人樂也；貿遷有無，商賈樂也；高官厚秩，士大夫樂也；戰無前敵，將帥樂也；四海寧一，帝王樂也。朕今樂矣！」遂徧觴之。初，孝恪之擊焉耆也，龜茲有浮屠善數，歎曰：「唐家終有西域，不數年吾國亦亡。」社尒執訶黎布失畢、那利、羯獵顚獻太廟，帝受俘紫微殿。

帝責謂，君臣皆頓首伏，詔赦罪，改館鴻臚寺，拜布失畢左武衞中郎將。始徙安西都護於其都，統于闐、碎葉、疏勒，號「四鎭」。

高宗復封訶黎布失畢爲龜茲王，與那利、羯獵顚還國。久之，王來朝。那利烝其妻阿史那，王不能禁，左右請殺之，由是更猜忌。使者言狀，帝幷召至京師，囚那利，護遣王還。羯獵顚拒不內，遣使降賀魯，王不敢進，悒悒死。詔左屯衞大將軍楊胄發兵禽羯獵顚，窮誅部黨，以其地爲龜茲都督府，更立子素稽爲王，授右驍衞大將軍，爲都督。是歲，徙安西都護府於其國，以故安西爲西州都督府，即拜左驍衞大將軍兼安西都護麴智湛爲都督。西域平。帝遣使者分行諸國風俗物產，詔許敬宗與史官撰西域圖志。

上元中，素稽獻銀頗羅、名馬。天授三年，王延田跌來朝。始，儀鳳時，吐蕃攻焉耆以西，四鎭皆沒。長壽元年，武威道總管王孝傑破吐蕃，復四鎭地，置安西都護府於龜茲，以兵三萬鎭守。於是沙磧荒絕，民供貲糧苦甚，議者請棄之，武后不聽。都護以政績稱華狄者，田揚名、郭元振、張孝嵩、杜暹云。開元七年，王白莫苾死，子多幣立，改名孝節。十八年，遣弟孝義來朝。

自龜茲贏六百里，踰小沙磧，有跋祿迦，小國也，一曰亟墨，即漢姑墨國，橫六百里，縱三百里。風俗文字與龜茲同，言語少異。出細氈褐。西三百里度石磧至淩山，葱嶺北原也，水東流，春夏山谷積雪。西北五百里至素葉水城，比國商胡雜居。素葉以西數十城，皆立君長，役屬突厥。自素葉水城至羯霜那國，衣氈褐皮氎，以繒繚頟。素葉城西四百里至千泉，地贏二百里，南雪山，三垂平陸，多泉池，因名之，突厥可汗歲避暑其中。羣鹿飾鈴鐶，可狎也。西贏百里至呾邏私城〔三〕，亦比國商胡雜居。有小城，三百，本華人〔四〕，爲突厥所掠，羣保此，尙華語。西南贏二百里至白水城，原隰膏腴。南五十里有笯赤建國，廣千里，地沃宜稼，多蒲陶。又二百里即石國。

疏勒，一曰佉沙，環五千里，距京師九千里而贏。多沙磧，少壤土。俗尙詭詐，生子亦夾頭取褊，其人文身碧瞳。王姓裴氏，自號「阿摩支」，居迦師城，突厥以女妻之。勝兵二千人。俗祠祆神。

貞觀九年，遣使者獻名馬，又四年，與朱俱波、甘棠貢方物。太宗謂房玄齡等曰：「曩之一天下，克勝四夷，惟秦皇、漢武耳。朕提三尺劍定四海，遠夷率服，不減二君者。然彼末路不自保，公等宜相輔弼，毋進諛言，置朕於危亡也。」儀鳳時，吐蕃破其國。開元十六年，始遣大理正喬夢松攝鴻臚少卿，冊其君安定爲疏勒王。天寶十二載，首領裴國良來朝，授折衝都尉，賜紫袍、金魚。

朱俱波亦名朱俱槃，漢子合國也。幷有西夜、蒲犂、依耐、得若四種地，直于闐西千里，葱嶺北三百里，西距喝盤陀，北九百里屬疏勒，南三千里女國也。勝兵二千人。尙浮屠法，文字同婆羅門。

甘棠，在海南，崑崙人也。

喝盤陀，或曰漢陀，曰渴館檀，亦謂渴羅陀，由疏勒西南入劍末谷、不忍領六百里，其國也。距瓜州四千五百里，直朱俱波西，南距懸度山，北抵疏勒，西護密，西北判汗國也。治葱嶺中，都城負徙多河〔五〕。勝兵千人。其王本疏勒人，世相承爲之。西南即頭痛山也。葱嶺俗號極嶷山，環其國。人勁悍，貌、言如于闐。其法，殺人剽劫者死，餘得贖。賦必輸服飾，王坐人牀〔六〕。後魏太延中，始通中國。貞觀九年，遣使者來朝。開元中破平其國，置葱嶺守捉，安西極邊戍也。

于闐，或曰瞿薩旦那，亦曰渙那，曰屈丹，北狄曰于遁，諸胡曰豁旦。距京師九千七百里，瓜州贏四千里，并有漢戎盧、扜彌、渠勒、皮山五國故地。其居曰西山城，勝兵四千人。有玉河，國人夜視月光盛處必得美玉。王居繪室。俗機巧，言迂大，喜事祆神、浮屠法，然貌恭謹，相見皆跪。以木爲筆，玉爲印，凡得問遺書，戴于首乃發之。自漢武帝以來，中國詔書符節，其王傳以相授。人喜歌舞，工紡績。西有沙磧，鼠大如蝟，色類金，出入羣鼠爲從。初無桑蠶，丐鄰國，不肯出，其王卽求婚，許之。將迎，乃告曰：「國無帛，可持蠶自爲衣。」女聞，置蠶帽絮中，關守不敢驗，自是始有蠶。女刻石約無殺蠶，蛾飛盡得治繭。

王姓尉遲氏，名屋密，本臣突厥，貞觀六年，遣使者入獻。後三年，遣子入侍。阿史那社尔之平龜茲也，其王伏闍信大懼，使子獻橐它三百。長史薛萬備謂社尔曰：「公破龜茲，西域皆震恐，願假輕騎羈于闐王獻京師。」社尔許之。至于闐，陳唐威靈，勸入見天子，伏闍信乃隨使者來。會高宗立，授右衞大將軍，子葉護玷爲右驍衞將軍，賜袍帶，布帛六千段，第一區，留數月遣之，請以子弟宿衞。上元初，身率子弟酋領七十人來朝。擊吐蕃有功，帝以其地爲毗沙都督府，析十州，授伏闍雄都督。死，武后立其子璥。開元時獻馬、駝、豽。璥死，復立尉遲伏師戰爲王。死，伏闍達嗣，并册其妻執失爲妃。死，尉遲珪嗣，妻馬爲妃。珪死，子勝立。至德初，以兵赴難，因請留宿衞。乾元三年，以其弟左監門衞率葉護曜爲大僕員外卿、同四鎭節度副使，權知本國事。勝自有傳。

于闐東三百里有建德力河，七百里有精絶國；河之東有汗彌，居達德力城，亦曰拘彌城，卽寧彌故城。皆小國也。

初，德宗卽位，遣內給事朱如玉之安西，求玉於于闐，得圭一，珂佩五，枕一，帶胯三百，簪四十，奩三十，釧十，杵三，瑟瑟百斤，并它寶等。及還，詐言假道回紇爲所奪。久之事泄，得所市，流死恩州。

天竺國，漢身毒國也，或曰摩伽陀，曰婆羅門。去京師九千六百里，都護治所二千八百里，居葱嶺南，幅圓三萬里，分東、西、南、北、中五天竺，皆城邑數百。南天竺瀕海，出師子、豹、貚、橐它、犀、象、火齊、琅玕、石蜜、黑鹽。北天竺距雪山，圜抱如壁，南有谷，通爲國門。東天竺際海，與扶南、林邑接。西天竺與罽賓、波斯接。中天竺在四天竺之會，都城曰茶鎛和羅城，濱迦毗黎河。有別城數百，皆置長，別國數十，置王。曰舍衞；曰迦沒路，開戶皆東嚮；曰迦尸，或曰波羅奈，亦曰波羅那斯。其畜有稍割牛，黑色，角細，長四尺許，十日一割，不然困且死。人飮其血，或曰壽五百歲，牛壽如之。

中天竺王姓乞利咥氏，亦曰刹利，世有其國，不篡殺。土溽熱，稻歲四熟，禾之長者沒橐它。以貝齒爲貨。有金剛、旃檀、鬱金，與大秦、扶南、交趾相貿易。人富樂，無簿籍，耕王地者乃輸稅。以舐足摩踵爲致禮。家有奇樂倡伎。王大臣皆服錦罽，爲螺髻於頂，餘髮翦使卷。男子穿耳垂璫，或懸金，耳緩者爲上類；徒跣，衣重白。婦人項飾金、銀、珠纓絡。死者燔骸取灰，建窣堵，或委野中及河，餌鳥獸魚鼈，無喪紀。謀反者幽殺之；小罪贖錢；不孝者斷手足，劓耳鼻，徙于邊。有文字，善步曆，學悉曇章，妄曰梵天法。書貝多葉以記事。尙浮圖法，不殺生飮酒，國中處處指曰佛故跡也。信盟誓，傳禁呪，能致龍起雲雨。

隋煬帝時，遣裴矩通西域諸國，獨天竺、拂菻不至爲恨。武德中，國大亂，王尸羅逸多勒兵戰無前，象不弛鞍，士不釋甲，因討四天竺，皆北面臣之。會唐浮屠玄奘至其國，尸羅逸多召見曰：「而國有聖人出，作秦王破陣樂，試爲我言其爲人。」玄奘粗言太宗神武，平禍亂，四夷賓服狀，王喜，曰：「我當東面朝之。」貞觀十五年，自稱摩伽陀王，遣使者上書，帝命雲騎尉梁懷璥持節尉撫，尸羅逸多驚問國人：「自古亦有摩訶震旦使者至吾國乎？」皆曰：

「無有。」戎言中國爲摩訶震旦。乃出迎，膜拜受詔書，戴之頂，復遣使者隨入朝。詔衞尉丞李義表報之，大臣郊迎，傾都邑縱觀，道上焚香，尸羅逸多率羣臣東面受詔書，復獻火珠、鬱金、菩提樹。

二十二年，遣右衞率府長史王玄策使其國，以蔣師仁爲副；未至，尸羅逸多死，國人亂，其臣那伏帝阿羅那順自立，發兵拒玄策。時從騎纔數十，戰不勝，皆沒，遂剽諸國貢物。玄策挺身奔吐蕃西鄙，檄召隣國兵。吐蕃以兵千人來，泥婆羅以七千騎來，玄策部分進戰茶鎛和羅城，三日破之，斬首三千級，溺水死萬人。阿羅那順委國走，合散兵復陣，師仁禽之，俘斬千計。餘衆奉王妻息阻乾陀衞江，師仁擊之，大潰，獲其妃、王子，虜男女萬二千人，雜畜三萬，降城邑五百八十所。東天竺王尸鳩摩送牛馬三萬餽軍，及弓、刀、寶纓絡。迦沒路國獻異物，并上地圖，請老子象。玄策執阿羅那順獻闕下。有司告宗廟，帝曰：「夫人耳目玩聲色，口鼻耽臭味，此敗德之原也。婆羅門不劫吾使者，寧至俘虜邪？」擢玄策朝散大夫。

得方士那邏邇娑婆寐，自言壽二百歲，有不死術，帝改館使治丹，命兵部尚書崔敦禮護視。使者馳天下，采怪藥異石，又使者走婆羅門諸國。所謂畔茶法水者，出石臼中，有石象人守之，水有七種色，或熱或冷，能銷草木金鐵，人手入輒爛，以橐它髑髏轉注瓠中。有樹名咀賴羅，葉如梨，生窮山崖腹，前有巨虺守穴，不可到。欲取葉者，以方鏃矢射枝則落，爲羣鳥銜去，則又射，乃得之。其詭譎類如此。後術不驗，有詔聽還，不能去，死長安。高宗時，盧伽逸多者，東天竺烏茶人，亦以術進，拜懷化大將軍。

乾封三年，五天竺皆來朝。開元時，中天竺遣使者三至；南天竺一，獻五色能言鳥，乞師討大食、吐蕃，丐名其軍，玄宗詔賜懷德軍。使者曰：「蕃夷惟以袍帶爲寵。」帝以錦袍、金革帶、魚袋并七事賜之；北天竺一來朝。

摩揭它，一曰摩伽陀，本中天竺屬國。環五千里，土沃宜稼穡，有異稻巨粒，號供大人米。王居拘闍揭羅布羅城，或曰俱蘇摩補羅，曰波吒釐子城，北瀕殑伽河。貞觀二十一年，始遣使者自通于天子，獻波羅樹，樹類白楊。太宗遣使取熬糖法，卽詔揚州上諸蔗，拃瀋如其劑，色味愈西域遠甚。高宗又遣王玄策至其國摩訶菩提祠立碑焉。後德宗自製鍾銘，賜那爛陀祠。

又有那揭者，亦屬國也，貞觀二十年，遣使者貢方物。

烏茶者，一曰烏伏那，亦曰烏萇，直天竺南。地廣五千里，東距勃律六百里，西罽賓四百里。山谷相屬，產金、鐵、蒲陶、鬱金。稻歲熟。人柔詐，善禁架術。國無殺刑，抵死者放之窮山。罪有疑，飲以藥，視溲清濁而決輕重。有五城，王居術葍蘗利城，一曰葍揭鳌城，東北有達麗羅川，卽烏萇舊地。貞觀十六年，其王達摩因陁訶斯遣使者獻龍腦香，璽書優答。大食與烏萇東鄙接，開元中數誘之，其王與骨咄、俱位二王不肯臣，玄宗命使者册爲王。

章求拔國，或曰章揭拔，本西羌種。居悉立西南四山中，後徙山西，與東天竺接。衣服略相類，因附之。地袤八九百里，勝兵二千人，無城郭，好鈔暴，商旅患之。貞觀二十年，其王羅利多菩伽因悉立國遣使者入朝。玄策之討中天竺，發兵來赴，有功，由是職貢不絕。

悉立當吐蕃西南，戶五萬，城邑多旁澗谿。男子繒束頭，衣氈褐。婦人辮髮，短裙。昏姻不以財聘。其穀宜秔稻、麥、豆。死者葬于野，不封樹，喪制爲黑衣，滿年而除。刑有刖、劓。常羈屬吐蕃。

罽賓，隋漕國也，居葱嶺南，距京師萬二千里而贏，南距舍衞三千里。王居脩鮮城，常役屬大月氏。地暑濕，人乘象，俗治浮屠法。

武德二年，遣使貢寶帶、金鎖、水精醆、頗黎狀若酸棗。貞觀中獻名馬，太宗詔大臣曰：「朕始即位，或言天子欲耀兵，振伏四夷，惟魏徵勸我脩文德，安中夏；中夏安，遠人伏矣。今天下大安，四夷君長皆來獻，此徵力也。」遣果毅何處羅拔等厚齎賜其國，并撫慰天竺。處羅拔至罽賓，王東向稽首再拜，仍遣人導護使者至天竺。十六年，獻褥特鼠，喙尖尾赤，能食蛇，螫者嗅且尿，瘡即愈。

國人共傳王始祖曰馨孽，至曷擷支傳十二世。顯慶三年，以其地爲脩鮮都督府。龍朔初〔七〕，拜其王脩鮮等十一州諸軍事、脩鮮都督。開元七年，遣使獻天文及祕方奇藥，天子册其王爲葛邏達支特勒。後烏散特勒灑年老，請以子拂菻罽婆嗣，聽之。天寶四載，册其子勃匐準爲襲罽賓及烏萇國王。乾元初使者朝貢。

校勘記

〔一〕又表置靜邊芳池相興王州都督長史　「王」，十行、汲、殿、局本作「五」，通考卷三三四作「三」。按文義，「王」應是數詞之訛。

〔二〕蘇伐剌拏瞿呾羅　雲窗叢刻慧超往五天竺傳殘卷第五頁「呾」作「怛」。

〔三〕呾邏私城　「呾」，各本原作「咀」，據本書卷二二一下康傳及大唐西域記卷一改。

〔四〕有小城三百本華人　大唐西域記卷一云：呾邏私城「南行十餘里有小孤城，三百餘戶，本中國人也」。此處「三百」下當有脫文。

〔五〕都城負徒多河　「徒」，各本原作「徙」，據大唐西域記卷一二改。下同。

〔六〕王坐人牀　「人」，通典卷一九三、通考卷三三九作「金」。

〔七〕龍朔初　各本原作「神龍初」。舊書卷一九八罽賓傳、唐會要卷九九及冊府卷九六六均作「龍朔初」，據改。

唐書卷二百二十一下

列傳第一百四十六下

西域下

康　寧遠　大勃律　吐火羅　謝䫻　識匿　箇失密　骨咄

蘇毗　師子　波斯　拂菻　大食

康者，一曰薩末鞬，亦曰颯秣建，元魏所謂悉萬斤者。其南距史百五十里，西北距西曹百餘里，東南屬米百里，北中曹五十里。在那密水南，大城三十，小堡三百。君姓温，本月氏人。始居祁連北昭武城，爲突厥所破，稍南依葱嶺，卽有其地。枝庶分王，曰安，曰曹，曰石，曰米，曰何，曰火尋，曰戊地，曰史，世謂「九姓」，皆氏昭武。土沃宜禾，出善馬，兵彊諸國。人嗜酒，好歌舞于道。王帽氈，飾金雜寶。女子盤髻，幪黑巾，綴金𦶜。生兒以石蜜啖之，置膠於掌，欲長而甘言，持瑶若黏云。習旁行書。善商賈，好利，丈夫年二十，去傍國，利所在無不至。以十二月爲歲首，尙浮圖法，祠祆神，出機巧技。十一月鼓舞乞寒，以水交潑爲樂。隋時，其王屈木支娶西突厥女，遂臣突厥。武德十年，始遣使來獻〔一〕。貞觀五年，遂請臣。太宗曰：「朕惡取虛名，害百姓，且康臣我，緩急當同其憂。師行萬里，寧朕志邪？」卻不受。俄又遣使獻師子獸，帝珍其遠，命祕書監虞世南作賦。自是歲入貢，致金桃、銀桃，詔令植苑中。

高宗永徽時，以其地爲康居都督府，卽授其王拂呼縵爲都督。萬歲通天中，以大首領篤娑鉢提爲王。死，子泥涅師師立。死，國人立突昏爲王。開元初，貢鎖子鎧、水精杯、碼碯瓶、駝鳥卵及越諾、侏儒、胡旋女子。其王烏勒伽與大食亟戰不勝，來乞師，天子不許。久之，請封其子咄曷爲曹王，默啜爲米王，詔許。烏勒伽死，遣使立咄曷，封欽化王，以其母可敦爲郡夫人。

安者，一曰布豁，又曰捕喝，元魏謂忸蜜者。東北至東安，西南至畢，皆百里所。西瀕烏滸河，治阿濫謐城，卽康居小君長罽王故地。大城四十，小堡千餘。募勇健者爲柘羯。柘羯，猶中國言戰士也。武德時，遣使入朝。貞觀初，獻方物，太宗厚尉其使曰：「西突厥已降，商旅可行矣。」諸胡大悅。其王訶陵迦又獻名馬，自言一姓相承二十二世云。是歲，東安國亦入獻，言子姓相承十世云。

東安，或曰小國〔二〕，曰喝汗，在那密水之陽，東距何二百里許，西南至大安四百里。治喝汗城，亦曰籛斤。大城二十，小堡百。顯慶時，以阿濫爲安息州，卽以其王昭武殺爲刺史；籛斤爲木鹿州，以其王昭武閉息爲刺史。開元十四年，其王篤薩波提遣弟阿悉爛達拂耽發黎來朝，納馬豹。後八年，獻波斯䮫二，拂菻繡氍毹一，鬱金香、石蜜等，其妻可敦獻柘辟大氍毹二、繡氍毹一，丐賜袍帶、鎧仗及可敦袿襹裝澤。

東曹，或曰率都沙那，蘇對沙那，劫布呾那〔三〕，蘇都識匿，凡四名。居波悉山之陰，漢貳師城地也。東北距俱戰提二百里，北至石，西至康，東北寧遠，皆四百里許，南至吐火羅五百里。有野叉城，城有巨窟，嚴以關鑰，歲再祭，人向窟立，中卽煙出，先觸者死。武德中，與康同遣使入朝，其使曰：「本國以臣爲健兒，聞秦王神武，欲隸麾下。」高祖大悅。

西曹者，隋時曹也，南接史及波覽，治瑟底痕城。東北越于底城有得悉神祠，國人事之。有金具器，款其左曰：「漢時天子所賜。」武德中入朝。天寶元年，王哥邏僕羅遣使者獻方物，詔封懷德王，卽上言：「祖考以來，奉天可汗，願同唐人受調發，佐天子征討。」十一載，東曹王設阿忽與安王請擊黑衣大食，玄宗尉之，不聽。

中曹者，居西曹東，康之北。王治迦底眞城。其人長大，工戰鬬。

石，或曰柘支，曰柘折，曰赭時，漢大宛北鄙也。去京師九千里。東北距西突厥，西北波臘，南二百里所抵俱戰提，西南五百里康也。圓千餘里，右涯素葉河。王姓石，治柘折城，故康居小王窳匿城地。西南有藥殺水，入中國謂之眞珠河，亦曰質河。東南有大山，生瑟瑟。俗善戰，多良馬。隋大業初，西突厥殺其王，以特勒匐職統其國。武德、貞觀間，數獻方物。顯慶三年，以瞰羯城爲大宛都督府，授其王瞰土屯攝舍提於屈昭穆都督。開元初，封其君莫賀咄吐屯，有功，爲石國王。二十八年，又册順義王。明年，王伊捺吐屯屈勒上言：「今突厥已屬天可汗，惟大食爲諸國患，請討之。」天子不許。天寶初，封王子那俱車鼻施爲懷化王，賜鐵券。久之，安西節度使高仙芝劾其無蕃臣禮，請討之。王約降，仙芝遣使者護送至開遠門，俘以獻，斬闕下，於是西域皆怨。王子走大食乞兵，攻怛邏斯城，敗仙芝軍，自是臣大食。寶應時，遣使朝貢。

有碎葉者，出安西西北千里所，得勃達嶺，南抵中國，北突騎施南鄙也，西南直葱嶺贏二千里。水南流者經中國入于海，北流者經胡入于海。北三日行度雪海，春夏常雨雪。繇勃達嶺北行贏千里，得細葉川。東曰熱海，地寒不凍；西有碎葉城，天寶七載，北庭節度使王正見伐安西，毁之。川長千里，有異姓突厥兵數萬，耕者皆擐甲，相掠爲奴婢。西屬怛邏斯城，石常分兵鎮之。自此抵西海矣。三月訖九月，未嘗雨，人以雪水溉田。

石東南千餘里，有怖捍者，山四環之，地膏腴，多馬羊。西千里距堵利瑟那，東臨葉葉水，水出葱嶺北原，色濁，西北流入大磧。無水草，望大山，尋遺骨，知所指，五百餘里卽康也。

米，或曰彌末，曰弭秣賀。北百里距康。其君治鉢息德城，永徽時爲大食所破。顯慶三年，以其地爲南謐州，授其君昭武開拙爲刺史，自是朝貢不絕。開元時，獻璧、舞筵、師子、胡旋女。十八年，大首領末野門來朝。天寶初，封其君爲恭順王，母可敦郡夫人。

何，或曰屈霜你迦，曰貴霜匿，卽康居小王附墨城故地。城左有重樓，北繪中華古帝，東突厥、婆羅門，西波斯、拂菻等諸王，其君旦詣拜則退。貞觀十五年，遣使者入朝。永徽時上言：「聞唐出師西討，願輸糧于軍。」俄以其地爲貴霜州，授其君昭武婆達地刺史。遣使者鉢底失入謝。

火尋，或曰貨利習彌，曰過利，居烏滸水之陽。東南六百里距戍地，西南與波斯接，西北抵突厥曷薩，乃康居小王奧鞬城故地。其君治急多颶遮城。諸胡惟其國有車牛，商賈乘以行諸國。天寶十載，君稍施芬遣使者朝，獻黑鹽。寶應時復入朝。

史，或曰佉沙，曰羯霜那，居獨莫水南康居小王蘇薤城故地。西百五十里距那色波，北二百里屬米，南四百里吐火羅也。有鐵門山，左右巉峭，石色如鐵，爲關以限二國，以金錮闔。城有神祠，每祭必千羊，用兵類先禱乃行。國有城五百。隋大業中，其君狄遮始通中國，號最彊盛，築乞史城，地方數千里。貞觀十六年，君沙瑟畢獻方物。顯慶時，以其地爲佉沙州，授君昭武失阿喝刺史。開元十五年，君忽必多獻舞女、文豹。後君長數死、立，然首領時時入朝。天寶中，詔改史爲來威國。

那色波，亦曰小史，蓋爲史所役屬。居吐火羅故地，東阨葱嶺，西接波刺斯，南雪山。

循縛芻水北有呾蜜種〔四〕，亦自國，東西六百里所。又東踰四種，有鑊沙者，廣三百里，長五百里，東界骨咄，接葱嶺有十八種。南有揭職，稍大，幅員凖千里，陵阜連屬，多菽麥，氣寒烈。東南抵雪山六百里，道吐火羅，又踰五種至婆羅靚邏。北踰山行六百里，得烏萇種。東北行二百里至河波羅水，水西南流，春夏涸凍。北歷十二種有婆羅吸摩補羅，最大種，繇地四千里，山周其外，土沃，產鍮、水精。北大雪山，即東女也。歷十九種得摩揭陀。又東過四種，踰大河，有迦摩縷波，皆阪險，地接西南夷，其人類蠻獠。行二月，叩蜀南邊，其東南野象羣暴，故戰用象軍。又南歷三十二種有狠揭羅者，地大數千里，其君治窣莬黎濕伐羅城。西北即波刺斯，傳言廣萬里，王治蘇刺薩儻那城。土溫溽，引水爲田，人富饒。

出金、銀、水精。多工巧，織錦、褐、氍毹。產善馬、橐它。人服錦氎。賦稅，口出四銀錢，又以交易。西北距拂菻，西南際海島，有西女種，皆女子，多珍貨，附拂菻，拂菻君長歲遣男子配焉。俗產男不舉。又有臂、多、勢、羅四種，西北踰大山廣川，歷小城聚，行二千里即謝颶也。北五百里有弗栗恃薩儻那，地橫二千里，縱千里。其君突厥種，治護苾那城。東北大雪山，盛夏常凍，鑿冰乃可度。下有安呾羅縛者，地三千里；西北踰嶺四百里有闊悉多；西北三百里有活種，大二千里。此三種皆居吐火羅故地，臣于突厥，君亦突厥種，主鐵門南諸戎，遷徙不常。東又有七種，東南峽道險甚，無慮三百里，得俱蘭。東北山行五百里，即護密，北識匿也。南有商彌，地大二千里而贏，多蒲陶。生雌黃，鑿石乃得。東北踰山七百里至波謎羅川〔五〕，東西千里，南北百里，春夏雨雪。南有鉢露種，多紫金。行五百里有朅盤陀。東行八百里出葱嶺，又八百里至烏鎩，環千里，出白、黳、青三種玉。君長世臣朅盤陀。北徑磧，曠野五百里，得疏勒。東南五百里濟徙多水，踰大沙嶺，有斫句迦種，或曰沮渠，地千里。東踰嶺八百里，即于闐也，東有媲摩川。度磧行二百里，得尼壤城，在大澤中，地墊洳，蘆葦荒茂，行者鑿道趣城通于闐，而于闐以爲東關。又東行入大流沙，人行無跡，故往返輒迷，聚遺骸以識道。無水草，多熱風，觸人及六畜皆迷仆。行四百里至故都邏。又六百里至故折摩馱那，古且末也。又千里至故納縛波，古樓蘭也。

自呾蜜以下，諸種相與羣聚，華人皆以國名之，故未嘗與唐通，傳記雜詭，不可得而考，然其地與諸國連屬，粗序其名云。

寧遠者，本拔汗那，或曰鏺汗，元魏時謂破洛那。去京師八千里。居西鞬城，在眞珠河之北。有大城六，小城百。人多壽。其王自魏、晉相承不絕。每元日，王及首領判二朋，朋出一人被甲鬬，衆以瓦石相之，有死者止，以卜歲善惡。貞觀中，王契苾爲西突厥瞰莫賀咄所殺，阿瑟那鼠匿奪其城。鼠匿死，子遏波之立契苾兄子阿了參爲王，治呼悶城；遏波之治渴塞城。顯慶初，遏波之遣使朝貢，高宗厚慰諭。三年，以渴塞城爲休循州都督，授阿了參刺史，自是歲朝貢。玄宗開元二十七年，王阿悉爛達干助平吐火仙，册拜奉化王。天寶三載，改其國號寧遠，帝以外家姓賜其王曰竇，又封宗室女爲和義公主降之。十三載，王忠節遣子薛裕朝，請留宿衞，習華禮，聽之，授左武衞將軍。其事唐最謹。

大勃律，或曰布露。直吐蕃西，與小勃律接，西鄰北天竺、烏萇。地宜鬱金。役屬吐蕃。萬歲通天逮開元時，三遣使者朝，故册其君蘇弗舍利支離泥爲王。死，又册蘇驎陀逸之嗣王，凡再遣大首領貢方物。

小勃律去京師九千里而羸，東少南三千里距吐蕃贊普牙，東八百里屬烏萇〔六〕，東南三百里大勃律，南五百里箇失蜜，北五百里當護密之娑勒城。王居孽多城，臨娑夷水。其西山顚有大城曰迦布羅。開元初，王沒謹忙來朝，玄宗以兒子畜之，以其地爲綏遠軍。國迫吐蕃，數爲所困，吐蕃曰：「我非謀爾國，假道攻四鎭爾。」久之，吐蕃奪其九城，沒謹忙求救北庭，節度使張孝嵩遣疏勒副使張思禮率鋭兵四千倍道往，沒謹忙因出兵，大破吐蕃，殺其衆數萬，復九城。詔册爲小勃律王；遣大首領察卓那斯摩沒勝入謝。

沒謹忙死，子難泥立。死，兄麻來兮立。死，蘇失利之立，爲吐蕃陰誘，妻以女，故西北二十餘國皆臣吐蕃，貢獻不入，安西都護三討之無功。天寶六載，詔副都護高仙芝伐之。前遣將軍席元慶馳千騎見蘇失利之曰：「請假道趨大勃律。」城中大酋五六，皆吐蕃腹心。仙芝約元慶：「吾兵到，必走山。出詔書召慰，賜繒綵。縛酋領待我。」元慶如約。蘇失利之挾妻走，不得其處。仙芝至，斬爲吐蕃者，斷娑夷橋。是暮，吐蕃至，不能救。仙芝約王降，遂平其國。於是拂菻、大食諸胡七十二國皆震恐，咸歸附。執小勃律王及妻歸京師，詔改其國號歸仁，置歸仁軍，募千人鎭之。帝赦蘇失利之不誅，授右威衞將軍，賜紫袍、黃金帶，使宿衞。

吐火羅，或曰土豁羅，曰覩貨邏，元魏謂吐呼羅者。居葱嶺西，烏滸河之南，古大夏地。與挹怛雜處。勝兵十萬。國土著，少女多男。北有頗黎山，其陽穴中有神馬，國人游牧牝于側，生駒輒汗血。其王號「葉護」。武德、貞觀時再入獻。

永徽元年，獻大鳥，高七尺，色黑，足類橐駝，翅而行，日三百里，能噉鐵，俗謂駝鳥。顯慶中，以其阿緩城爲月氏都督府，析小城爲二十四州，授王阿史那都督。後二年，遣子來朝，俄又獻碼碯鐙樹，高三尺。神龍元年，王那都泥利遣弟僕羅入朝，留宿衞。開元、天寶間數獻馬、騾、異藥、乾陀婆羅二百品、紅碧玻瓈，乃冊其君骨咄祿頓達度爲吐火羅葉護、挹怛王。其後，鄰胡羯師謀引吐蕃攻吐火羅，於是葉護失里忙伽羅丐安西兵助討，帝爲出師破之。乾元初，與西域九國發兵爲天子討賊，肅宗詔隸朔方行營。

挹怛國，漢大月氏之種。大月氏爲烏孫所奪，西過大宛，擊大夏臣之。治藍氏城。大夏即吐火羅也。　噘噠，王姓也，後裔以姓爲國，訛爲挹怛，亦曰挹闐。俗類突厥。天寶中遣使朝貢。

俱蘭，或曰俱羅弩，曰屈浪拏，與吐火羅接，環地三千里，南大雪山，北俱魯河。出金精，琢石取之。貞觀二十年，其王忽提婆遣使者來獻，書辭類浮屠語。

劫者，居葱嶺中，西及南距賒彌，西北挹怛也，去京師萬二千里。氣常熱，有稻、麥、粟、豆。畜羊馬。俗死棄於山。武德二年，遣使者獻寶帶、玻瓈、水精杯。

越底延者，南三千里距天竺，西北千里至賒彌，東北五千里至瓜州，居辛頭水之北。其法不殺人，重罪流，輕罪放。無租稅。俗翦髮，被錦袍，貧者白氎。自澡潔。氣温，多稻、米、石蜜。

謝颶居吐火羅西南，本曰漕矩吒，或曰漕矩，顯慶時謂訶達羅支，武后改今號。東距罽賓，東北帆延，皆四百里。南婆羅門，西波斯，北護時健。其王居鶴悉那城，地七千里，亦治阿娑你城。多鬱金、瞿草。瀵泉灌田。國中有突厥、罽賓、吐火羅種人雜居，罽賓取其子弟持兵以禦大食。景雲初，遣使朝貢，後遂臣罽賓。開元八年，天子册葛達羅支頡利發誓屈爾爲王。至天寶中數朝獻。

帆延者，或曰望衍，曰梵衍那。居斯卑莫運山之旁，西北與護時健接，東南距罽賓，西南訶達羅支，與吐火羅連境。地寒，人穴處。王治羅爛城，有大城四五。水北流入烏滸河。貞觀初，遣使者入朝。顯慶三年，以羅爛城爲寫鳳都督府，縛時城爲悉萬州，授王葍寫鳳州都督，管內五州諸軍事，自是朝貢不絕。

石汗那，或曰斫汗那。自縛底野南入雪山，行四百里得帆延，東臨烏滸河。多赤豹。開元、天寶中，一再朝獻。

識匿，或曰尸棄尼，曰瑟匿。東南直京師九千里，東五百里距葱嶺守捉所，南三百里屬護蜜，西北五百里抵俱蜜。初治苦汗城，後散居山谷。有大谷五，酋長自爲治，謂之五識匿。地二千里，無五穀。人喜攻剽，劫商賈。播蜜川四谷稍不用王號令。俗窟室。貞觀二十年，與似沒、役槃二國使者偕來朝。開元十二年，授王布遮波資金吾衞大將軍。天寶六載，王跌失伽延從討勃律戰死，擢其子都督、左武衞將軍，給祿居藩。

似沒者，北接石。土俗與康同。

役槃，亦與康鄰。出良馬。

俱蜜者，治山中。在吐火羅東北，南臨黑河。其王突厥延陀種。貞觀十六年，遣使者入朝。開元中，獻胡旋舞女，其王那羅延頗言爲大食暴賦，天子但尉遣而已。天寶時，王伊悉爛俟斤又獻馬。

護蜜者，或曰達摩悉鐵帝，曰鑊侃，元魏所謂鉢和者，亦吐火羅故地。東南直京師九千里而贏，橫千六百里，縱狹纔四五里。王居塞迦審城，北臨烏滸河。地寒沍，堆阜曲折，沙石流漫。有豆、麥，宜木果，出善馬。人碧瞳。顯慶時以地爲鳥飛州，王沙鉢羅頡利發爲刺史。地當四鎮入吐火羅道，故役屬吐蕃。開元八年，冊其王羅旅伊陀骨咄祿多毗勒莫賀達摩薩爾爲王。十六年，與米首領米忽汗同獻方物。明年，大酋烏鶻達干復朝。王死，冊其從弟護眞檀嗣王。二十九年，身入朝，宴內殿，拜左金吾衞將軍，賜紫袍、金帶。天寶初，王子頡吉匐請絕吐蕃，賜鐵券。八載，眞檀來朝，請宿衞，詔可。授右武衞將軍，久乃遣。又遣首領朝貢。乾元元年，王紇設伊俱鼻施來朝，賜氏李。

箇失蜜，或曰迦濕彌邏。北距勃律五百里，環地四千里，山回繚之，它國無能攻伐。王治撥邏勿邏布邏城，西瀕彌那悉多大河。地宜稼。多雪不風。出火珠、鬱金、龍種馬。俗毛褐。世傳地本龍池，龍徙水竭，故往居之。

開元初，遣使者朝。八年，詔册其王眞陀羅祕利爲王；間獻胡藥。天木死，弟木多筆立，遣使者物理多來朝，且言：「有國以來，並臣天可汗，受調發。國有象、馬、步三種兵，臣身與中天竺王阨吐蕃五大道，禁出入，戰輒勝。有如天可汗兵至勃律者，雖衆二十萬，能輸糧以助。又國有摩訶波多磨龍池，願爲天可汗營祠。」因丐王册，鴻臚譯以聞。詔內物理多宴中殿，賜賚優備，册木多筆爲王，自是職貢有常。

其役屬五種，亦名國。所謂呾叉始羅者〔七〕，地二千里，有都城。東南餘七百里得僧訶補羅，地三千餘里，亦治都城。東南山行五百里得烏剌尸，地二千里，有都城。宜稼穡。東南限山千里即箇失蜜。西南行險七百里得半笯蹉，地二千里。又得曷邏闍補羅者，其大四千里，有都城，多山阜，人驍勇。五種皆無君長云。

骨咄，或曰珂咄羅。廣長皆千里。王治思助建城。多良馬、赤豹。有四大鹽山，山出烏鹽。

開元十七年，王俟斤遣子骨都施來朝。二十一年，王頡利發獻女樂，又遣大首領多博勒達干朝貢。天寶十一載，册其王羅全節爲葉護。

蘇毗，本西羌族，爲吐蕃所并，號孫波，在諸部最大。東與多彌接，西距鶻莽硤，戶三萬。天寶中，王沒陵贊欲舉國內附，爲吐蕃所殺，子悉諾率首領奔隴右，節度使哥舒翰護送闕下，玄宗厚禮之。

多彌，亦西羌族，役屬吐蕃，號難磨。濱犂牛河，土多黃金。貞觀六年，遣使者朝貢，賜遣之。

伊吾城者，漢宜禾都尉所治。商胡雜居，勝兵千，附鐵勒。人驍悍，土良沃。隋末內屬，置伊吾郡。天下亂，復臣突厥。貞觀四年，城酋來朝。頡利滅，舉七城降，列其地爲西伊州。

師子，居西南海中，延袤二千餘里，有稜伽山，多奇寶，以寶置洲上，商舶償直輒取去。

後鄰國人稍往居之。能馴養師子，因以名國。總章三年，遣使者來朝。天寶初，王尸羅迷迦再遣使獻大珠、鈿金、寶瓔、象齒、白氎。

波斯，居達遏水西，距京師萬五千里而贏，東與吐火羅、康接，北鄰突厥可薩部，西南皆瀕海，西北贏四千里，拂菻也。人數十萬。其先波斯匿王，大月氏別裔，王因以姓，又爲國號。治二城，有大城十餘。俗尊右下左，祠天地日月水火。祠夕，以麝揉蘇，澤耏顏鼻耳。西域諸胡受其法，以祠祆。拜必交股。俗徒跣，丈夫祝髮，衣不剖襟，青白爲巾帔，緣以錦。婦辮髮著後。戰乘象，一象士百人，負則盡殺。斷罪不爲文書，決於廷。叛者鐵灼其舌，瘡白爲直，黑爲曲。刑有髡、鉗、刖、劓，小罪耏，或系木于頸，以時月而置。劫盜囚終老，偷者輸銀錢。凡死，棄于山，服閱月除。氣常歊熱，地夷漫，知耕種畜牧。有鷲鳥，能啗羊。多善犬、騾、大驢。產珊瑚，高不三尺。

隋末，西突厥葉護可汗討殘其國，殺王庫薩和，其子施利立，葉護使部帥監統。施利死，遂不肯臣。立庫薩和女爲王，突厥又殺之。施利之子單羯方奔拂菻，國人迎立之，是爲伊怛支。死，兄子伊嗣俟立。

貞觀十二年，遣使者沒似半朝貢，又獻活褥蛇，狀類鼠，色正青，長九寸，能捕穴鼠。伊嗣俟不君，爲大酋所逐，奔吐火羅，半道，大食擊殺之。子卑路斯入吐火羅以免。遣使者告難，高宗以遠不可師，謝遣，會大食解而去，吐火羅以兵納之。

龍朔初，又訴爲大食所侵，是時天子方遣使者到西域分置州縣，以疾陵城爲波斯都督府，即拜卑路斯爲都督。俄爲大食所滅，雖不能國，咸亨中猶入朝，授右武衛將軍，死。始，其子泥涅師爲質，調露元年，詔裴行儉將兵護還，將復王其國，以道遠，至安西碎葉，行儉還，泥涅師因客吐火羅二十年，部落益離散。景龍初，復來朝，授左威衛將軍。病死，西部獨存。開元、天寶間，遣使者十輩獻碼碯牀、火毛繡舞筵。乾元初，從大食襲廣州，焚倉庫廬舍，浮海走。大曆時復來獻。

又有陀拔斯單者，或曰陀拔薩憚。其國三面阻山，北瀕小海。居婆里城〔八〕，世爲波斯東大將。波斯滅，不肯臣大食。天寶五載，王忽魯汗遣使入朝，封爲歸信王。後八年，遣子自會羅來朝，拜右武衛員外中郎將，賜紫袍、金魚，留宿衛。爲黑衣大食所滅。

貞觀後，遠小國君遣使者來朝獻，有司未嘗參考本末者，今附之左方。曰火辭彌，與波斯接。貞觀十八年，與摩羅游使者偕朝。二十一年，有健達王獻佛土菜，莖五葉，赤華紫須。

龍朔元年，多福王難婆修彊宜說遣使者來朝。總章元年，有末陀提王，開元五年，有習阿薩般王安殺，並遣使者朝貢。七年，訶毗施王捺塞因吐火羅大酋羅摩獻師子、五色鸚鵡。天寶時來朝者，曰俱爛那，曰舍摩，曰威遠，曰蘇吉利發屋蘭，曰蘇利悉單，曰建城，曰新城，曰俱位，凡八國。

俱位，或曰商彌。治阿賒颶師多城，在大雪山、勃律河北。地寒，有五穀、蒲陶、若榴，多窟室。國人常助小勃律爲中國候。

新城之國，在石東北贏百里。有弩室羯城，亦曰新城，曰小石國城，後爲葛邏祿所并。

拂菻，古大秦也，居西海上，一曰海西國。去京師四萬里，在苫西，北直突厥可薩部，西瀕海，有遲散城，東南接波斯。地方萬里，城四百，勝兵百萬。十里一亭，三亭一置。臣役小國數十，以名通者曰澤散，曰驢分。澤散直東北，不得其道里。東度海二千里至驢分國。重石爲都城，廣八十里，東門高二十丈，釦以黃金。王宮有三襲門，皆飾異寶。中門中有金巨稱一，作金人立，其端屬十二丸，率時改一丸落。以瑟瑟爲殿柱，水精、琉璃爲梲，香木梁，黃金爲地，象牙闔。有貴臣十二共治國。王出，一人挈囊以從，有訟書投囊中，還省枉直。國有大災異，輒廢王更立賢者。王冠如鳥翼，綴珠。衣錦繡，前無襟。坐金薦榻，側有鳥如鵝，綠毛，上食有毒輒鳴。無陶瓦，屑白石塈屋，堅潤如玉。盛暑引水上，流氣爲風。男子翦髮，衣繡，右袒而帔，乘輜軿白蓋小車，出入建旌旗，擊鼓。婦人錦巾。家訾億萬者爲上官。

俗喜酒，嗜乾餅。多幻人，能發火于顔，手爲江湖，口幡毦舉，足墮珠玉。有善醫能開腦出蟲以愈目眚。土多金、銀、夜光璧、明月珠、大貝、車渠、碼碯、木難、孔翠、虎魄。織水羊毛爲布，曰海西布。海中有珊瑚洲，海人乘大舶，墮鐵網水底。珊瑚初生磐石上，白如菌，一歲而黄，三歲赤，枝格交錯，高三四尺。鐵發其根，繫網舶上，絞而出之，失時不取即腐。西海有市，貿易不相見，置直物旁，名鬼市。有獸名贙，大如狗，獷惡而力。北邑有羊，生土中，臍屬地，割必死，俗介馬而走，擊鼓以驚之，羔臍絕，即逐水草，不能羣。

貞觀十七年，王波多力遣使獻赤玻瓈、綠金精，下詔答賚。大食稍彊，遣大將軍摩拽伐之，拂菻約和，遂臣屬。乾封至大足，再朝獻。開元七年，因吐火羅大酋獻師子、羚羊。

自拂菻西南度磧二千里，有國曰磨鄰，曰老勃薩。其人黑而性悍。地瘴癘，無草木五穀，飼馬以槁魚，人食鶻莽。鶻莽，波斯棗也。不恥烝報，於夷狄最甚，號曰「尋」。其君臣七日一休，不出納交易，飲以窮夜。

大食，本波斯地。男子鼻高，黑而髯。女子白晳，出輒鄣面。日五拜天神。銀帶，佩銀刀，不飲酒舉樂。有禮堂容數百人，率七日，王高坐爲下說曰：「死敵者生天上，殺敵受福。」故俗勇于鬭。土饒礫不可耕，獵而食肉。刻石蜜爲廬如輿狀，歲獻貴人。蒲陶大者如雞卵。有千里馬，傳爲龍種。

隋大業中，有波斯國人牧于俱紛摩地那山，有獸言曰：「山西三穴，有利兵，黑石而白文，得之者王。」走視，如言。石文言當反，乃詭衆裒亡命於恆曷水，劫商旅，保西鄙自王，移黑石寶之。國人往討之，皆大敗還，於是遂彊。滅波斯，破拂菻，始有粟麥倉庾。南侵婆羅門，幷諸國，勝兵至四十萬。康、石皆往臣之。其地廣萬里，東距突騎施，西南屬海。海中有撥拔力種，無所附屬。不生五穀，食肉，刺牛血和乳飲之。俗無衣服，以羊皮自蔽。婦人明晳而麗。多象牙及阿末香，波斯賈人欲往市，必數千人納氎劖血誓，乃交易。兵多牙角，而有弓、矢、鎧、矟，士至二十萬，數爲大食所破略。

永徽二年，大食王豃密莫末膩始遣使者朝貢，自言王大食氏，有國三十四年，傳二世。開元初，復遣使獻馬、鈿帶，謁見不拜，有司將劾之，中書令張說謂殊俗慕義，不可寘于罪，玄宗赦之。使者又來，辭曰：「國人止拜天，見王無拜也。」有司切責，乃拜。十四年，遣使蘇黎滿獻方物，拜果毅，賜緋袍、帶。

或曰大食族中有孤列種，世酋長，號白衣大食。種有二姓，一曰盆尼末換，二曰奚深。有摩訶末者，勇而智，衆立爲王。闢地三千里，克夏臘城。傳十四世，至末換，殺兄伊疾自王，下怨其忍。有呼羅珊木鹿人並波悉林將討之，徇衆曰：「助我者，皆黑衣。」俄而衆數萬，即殺末換，求奚深種孫阿蒲羅拔爲王，更號黑衣大食。蒲羅死，弟阿蒲恭拂立。至德初，遣使者朝貢。代宗取其兵平兩京。阿蒲恭拂死，子迷地立。死，弟訶論立〔九〕。貞元時，與吐蕃相攻，吐蕃歲西師，故鮮盜邊。十四年，遣使者含嵯、烏雞、沙北三人朝，皆拜中郎將，賚遣之。傳言其國西南二千里山谷間，有木生花如人首，與語輒笑，則落。

東有末祿，小國也。治城郭，多木姓。以五月爲歲首，以畫缸相獻。有尋支瓜，大者十人食乃盡。蔬有顆葱、葛藍、軍達、茇薤。

大食之西有苫者，亦自國。北距突厥可薩部，地數千里。有五節度，勝兵萬人。土多禾。有大川，東流入亞俱羅。商賈往來相望云。

自大食西十五日行，得都盤，西距羅利支十五日行；南即大食，二十五日行；北勃達，一月行。

勃達之東距大食二月行；西抵岐蘭二十日行；南都盤，北大食，皆一月行。岐蘭之東南二十日行，得阿沒，或曰阿昧；東南距陀拔斯十五日行；南沙蘭，一月行；北距海二日行。居你訶温多城，宜馬羊，俗柔寬，故大食常游牧於此。沙蘭東距羅利支，北怛滿，皆二十日行；西即大食，二十五日行。羅利支東距都盤，北陀拔斯，皆十五日行；西沙蘭，二十日行；南大食，二十五日行。怛滿，或曰怛沒，東陀拔斯，南大食，皆一月行；北岐蘭，二十日行；西即大食，一月行。居烏滸河北平川中。獸多師子。西北與史接，以鐵關爲限。天寶六載，都盤等六國皆遣使者入朝，乃封都盤王謀思健摩訶延曰順化王，勃達王摩俱澀斯曰守義王，阿沒王俱那胡設曰恭信王，沙蘭王卑路斯威曰順禮王，羅利支王伊思俱習曰義寧王，怛滿王謝沒曰奉順王。

贊曰：西方之戎，古未嘗通中國，至漢始載烏孫諸國，後以名字見者寖多。唐興，以次脩貢，蓋百餘，皆冒萬里而至，亦已勤矣！然中國有報贈、册弔、程糧、傳驛之費，東至高麗，南至眞臘，西至波斯、吐蕃、堅昆，北至突厥、契丹、靺鞨，謂之「八蕃」，其外謂之「絕域」，視地遠近而給費。開元盛時，稅西域商胡以供四鎮，出北道者納賦輪臺。地廣則費倍，此盛王之鑒也。

校勘記

〔一〕武德十年始遣使來獻　舊書卷一九八康國傳亦云：「武德十年，屈朮支遣使獻名馬。」按武德無十年，冊府卷九七〇繫于武德九年。

〔二〕東安或曰小國　按北史卷九七康國傳有「小安國」。通鑑卷二〇〇載：顯慶四年九月，「詔以石、米、史、大安、小安……等國置州縣府百二十七」。胡注：「小安，一曰東安。」此稱「小國」，疑有脫誤。

〔三〕劫布呾那　「呾」，各本原作「咀」。據大唐西域記卷一改。

〔四〕呾蜜　「呾」，各本原作「咀」。據大唐西域記卷一改。

〔五〕波謎羅川　「謎」，各本原作「⿰言幽」，據大唐西域記卷一二改。

〔六〕東八百里屬烏萇　按本書卷二二一上西域傳云烏萇「東距勃律六百里」；本卷上文又云大勃律「與小勃律接，西鄰北天竺、烏萇」。則烏萇當在小勃律之西。

〔七〕呾叉始羅　「呾」，各本原作「咀」，據大唐西域記卷三改。

〔八〕婆里城　中西交通史料匯編第四冊八六頁「婆里城」注：「『婆里城』乃誤刊，其確音應作『娑里城』。元史地理志西北地附錄作『撒里牙』。」

〔九〕子迷地立死弟訶論立　唐會要卷一〇〇、冊府卷九六六、寰宇記卷一八六俱云：迷地死，子牟栖立；牟栖死，弟訶論（冊府無「訶」字）立。

唐書卷二百二十二上

列傳第一百四十七上

南蠻上

南詔上

南詔，或曰鶴拓，曰龍尾，曰苴咩，曰陽劍。本哀牢夷後，烏蠻別種也。夷語王爲「詔」。其先渠帥有六，自號「六詔」，曰蒙嶲詔、越析詔、浪穹詔、邆睒詔、施浪詔、蒙舍詔。兵埒，不能相君，蜀諸葛亮討定之。蒙舍詔在諸部南，故稱南詔。居永昌、姚州之間，鐵橋之南，東距爨，東南屬交趾，西摩伽陀，西北與吐蕃接，南女王，西南驃，北抵益州，東北際黔、巫。王都羊苴咩城，別都曰善闡府。

王坐東嚮，其臣有所陳，以狀言而不稱臣。王自稱曰元，猶朕也；謂其下曰昶，猶卿、爾也。官曰坦綽、曰布燮、曰久贊，謂之淸平官，所以決國事輕重，猶唐宰相也；曰酋望、曰正酋望、曰員外酋望、曰大軍將、曰員外，猶試官也。幕爽主兵，琮爽主戶籍，慈爽主禮，罰爽主刑，勸爽主官人，厥爽主工作，萬爽主財用，引爽主客，禾爽主商賈，皆淸平官、酋望、大軍將兼之。爽，猶言省也。督爽，總三省也。乞託主馬，祿託主牛，巨託主倉廩，亦淸平官、酋望、大軍將兼之。曰爽酋、曰彌勤、曰勤齊，掌賦稅。曰兵獳司，掌機密。大府主將曰演習，副曰演覽；中府主將曰繕裔，副曰繕覽；下府主將曰澹酋，副曰澹覽；小府主將曰幕撝，副曰幕覽。府有陀酋，若管記；有陀西，若判官。大抵如此。凡調發，下文書聚邑，必占其期。百家有總佐一，千家有治人官一，萬家有都督一。凡田五畝曰雙。上官授田四十雙，上戶三十雙，以是而差。壯者皆爲戰卒，有馬爲騎軍。人歲給韋衫袴。以邑落遠近分四軍，以旗幟別四方，面一將統千人，四軍置一將。凡敵入境，以所入面將禦之。王親兵曰朱弩佉苴。佉苴，韋帶也。擇鄉兵爲四軍羅苴子，戴朱鞮鍪，負犀革銅盾而跣，走險如飛。百人置羅苴子統一人。

望苴蠻者，在蘭蒼江西。男女勇捷，不鞍而騎，善用矛劍，短甲蔽胸腹，鞮鍪皆插貓牛尾，馳突若神。凡兵出，以望苴子前驅。以淸平子弟爲羽儀。王左右有羽儀長八人，淸平官見王不得佩劍，唯羽儀長佩之爲親信。有六曹長，曹長有功補大軍將。大軍將十二，與清平官等列，日議事王所，出治軍壁稱節度，次補清平官。有內算官，代王裁處；外算官，記王所處分，以付六曹。外則有六節度，曰：弄棟、永昌、銀生、劍川、柘東、麗水。有二都督：會川、通海。有十瞼，曰：雲南瞼、白厓瞼亦曰勃弄瞼、品澹瞼、遼川瞼、蒙舍瞼、大釐瞼亦曰史瞼、苴咩瞼亦曰陽瞼、蒙秦瞼、矣和瞼、趙川瞼。

祁鮮山之西多瘴歊，地平，草多不枯。自曲靖州至滇池，人水耕，食蠶以柘，蠶生閱二旬而繭，織錦縑精緻。大和、祁鮮而西，人不蠶，剖波羅樹實，狀若絮，紐縷而幅之〔一〕。覽瞼井產鹽最鮮白，惟王得食，取足輒滅竈。昆明城諸井皆產鹽，不征，羣蠻食之。永昌之西，野桑生石上，其林上屈兩向而下植，取以爲弓，不筋漆而利，名曰瞑弓。長川諸山，往往有金，或披沙得之。麗水多金麩。越睒之西，多薦草，產善馬，世稱越睒駿。始生若羔，歲中紐莎糜之，飲以米潘，七年可御，日馳數百里。

王出，建八旗，紫若青，白旂；雉翣二；有旄鉞，紫囊之；翠蓋。王母曰信麼，亦曰九麼。妃曰進武。信麼出，亦建八旗，絳旂。自曹長以降，繫金佉苴。尙絳紫。有功加錦，又有功加金波羅。金波羅，虎皮也。功小者，衿背不袖，次止于衿。婦人不粉黛，以蘇澤髮。貴者綾錦裙襦，上施錦一幅。以兩股辮爲鬟髻，耳綴珠貝、瑟瑟、虎魄。女、嫠婦與人亂，不禁，婚夕私相送。已嫁有姦者，皆抵死。俗以寅爲正，四時大抵與中國小差。膾魚寸，以胡瓜、椒、蔎和之，號鵝闕。吹瓢笙，笙四管，酒至客前，以笙推盞勸釂。以繒帛及貝市易。貝者大若指，十六枚爲一覓。師行，人齎糧斗五升，以二千五百人爲一營。其法，前傷者養治，後傷者斬。犂田以一牛三夫，前挽、中壓、後驅。然專于農，無貴賤皆耕。不繇役，人歲輸米二斗。一藝者給田，二收乃税。

王蒙氏，父子以名相屬。自舍龙以來，有譜次可考。舍龙生獨邏，亦曰細奴邏，高宗時遣使者入朝，賜錦袍。細奴邏生邏盛炎，邏盛炎生炎閣。武后時，盛炎身入朝，妻方娠，生盛邏皮，喜曰：「我又有子，雖死唐地足矣。」炎閣立，死開元時，弟盛邏皮立，生皮邏閣，授特進，封臺登郡王。炎閣未有子時，以閣羅鳳爲嗣，及生子，還其宗，而名承閣，遂不改。開元末，皮邏閣逐河蠻，取大和城，又襲大釐城守之，因城龍口，夷語山陂陀爲「和」，故謂「大和」，以處閣羅鳳。天子詔賜皮邏閣名歸義。當是時，五詔微，歸義獨彊，乃厚以利啖劍南節度使王昱，求合六詔爲一，制可。歸義已并羣蠻，遂破吐蕃，寖驕大。入朝，天子亦爲加禮。又以破洱蠻功，馳遣中人册爲雲南王，賜錦袍、金鈿帶七事。於是徙治大和城。天寶初，遣閣羅鳳子鳳迦異入宿衞，拜鴻臚卿，恩賜良異。

七載，歸義死，閣羅鳳立，襲王，以其子鳳迦異爲陽瓜州刺史。初，安寧城有五鹽井，人得煮鬻自給。玄宗詔特進何履光以兵定南詔境，取安寧城及井，復立馬援銅柱，乃還。

鮮于仲通領劍南節度使，卞忿少方略。故事，南詔嘗與妻子謁都督，過雲南，太守張虔陀私之，多所求丐，閤羅鳳不應。虔陀數詬靳之，陰表其罪，由是忿怨，反，發兵攻虔陀，殺之，取姚州及小夷州凡三十二。明年，仲通自將出戎、巂州，分二道進次曲州、靖州。閤羅鳳遣使者謝罪，願還所虜，得自新，且城姚州；如不聽，則歸命吐蕃，恐雲南非唐有。仲通怒，囚使者，進薄白厓城，大敗引還。閤羅鳳斂戰胔，築京觀，遂北臣吐蕃，吐蕃以爲弟，夷謂弟「鍾」，故稱「贊普鍾」，給金印，號「東帝」。揭碑國門，明不得已而叛，嘗曰：「我上世世奉中國，累封賞，後嗣容歸之。若唐使者至，可指碑澡祓吾罪也。」會楊國忠以劍南節度當國，乃調天下兵凡十萬，使侍御史李宓討之，輦餉者尚不在。涉海而疫死相踵於道，宓敗于大和城，死者十八。亦會安祿山反，閤羅鳳因之取巂州會同軍，據淸溪關，以破越析，梟于贈，西而降尋傳、驃諸國。

尋傳蠻者，俗無絲纊，跣履榛棘不苦也。射豪猪，生食其肉。戰，以竹籠頭如兜鍪。其西有裸蠻，亦曰野蠻，漫散山中，無君長，作檻舍以居。男少女多，無田農，以木皮蔽形，婦或十或五共養一男子。廣德初，鳳迦異築柘東城，諸葛亮石刻故在，文曰：「碑卽仆，蠻爲漢奴。」夷畏誓，常以石搘捂。

大曆十四年，閤羅鳳卒，以鳳迦異前死，立其孫異牟尋以嗣〔三〕。異牟尋有智數，善撫衆，略知書。母李，獨錦蠻女也。獨錦蠻亦烏蠻種，在秦藏川南。天寶中，命其長爲蹄州刺史。世與南詔婚聘。

異牟尋立，悉衆二十萬入寇，與吐蕃幷力。一趨茂州，踰文川，擾灌口；一趨扶、文，掠方維、白壩；一侵黎、雅，叩邛郲關。令其下曰：「爲我取蜀爲東府，工伎悉送邏娑城，歲賦一縑。」於是進陷城聚，人率走山。德宗發禁衞及幽州軍以援東川，與山南兵合，大敗異牟尋衆，斬首六千級，禽生捕傷甚衆，顛踣厓峭且十萬。異牟尋懼，更徙苴咩城，築袤十五里，吐蕃封爲日東王。

然吐蕃責賦重數，悉奪其險立營候，歲索兵助防，異牟尋稍苦之。故西瀘令鄭回者，唐官也，往嶲州破，爲所虜。閤羅鳳重其惇儒，號「蠻利」，俾教子弟，得箠搒，故國中無不憚。後以爲淸平官。說異牟尋曰：「中國有禮義，少求責，非若吐蕃惏刻無極也。今棄之復歸唐，無遠戍勞，利莫大此。」異牟尋善之，稍謀內附，然未敢發。亦會節度使韋皐撫諸蠻有威惠，諸蠻頗得異牟尋語，白于皐，時貞元四年也。皐乃遣諜者遺書，吐蕃疑之，因責大臣子爲質，異牟尋愈怨。後五年，乃決策遣使者三人異道同趣成都，遺皐帛書曰：

異牟尋世爲唐臣，曩緣張虔陀志在吞侮，中使者至，不爲澄雪，舉部惶窘，得生異計。鮮于仲通比年舉兵，故自新無繇。代祖棄背，吐蕃欺孤背約。神川都督論訥舌使浪人利羅式眩惑部姓，發兵無時，今十二年。此一忍也。天禍蕃廷，降釁蕭牆，太子弟兄流竄，近臣橫汙，皆尙結贊陰計，以行屠害，平日功臣，無一二在。訥舌等皆册封王，小國奏請，不令上達。此二忍也。又遣訥舌逼城于鄙，弊邑不堪。利羅式私取重賞，部落皆驚。此三忍也。又利羅式罵使者曰：「滅子之將，非我其誰？子所富當爲我有。」此四忍也。

今吐蕃委利羅式甲士六十侍衞，因知懷惡不謬。此一難忍也。吐蕃陰毒野心，輒懷搏噬。有如媮生，實汙辱先人，辜負部落。此二難忍也。往退渾王爲吐蕃所害，孤遺受欺；西山女王，見奪其位；拓拔首領，並蒙誅刈；僕固志忠，身亦喪亡。每慮一朝亦被此禍。此三難忍也。往朝廷降使招撫，情心無二，詔函信節，皆送蕃廷。雖知中夏至仁，業爲蕃臣，吞聲無訴。此四難忍也。

曾祖有寵先帝，後嗣率蒙襲王，人知禮樂，本唐風化。吐蕃詐紿百情，懷惡相戚。異牟尋願竭誠日新，歸款天子。請加戍劍南、西山、涇原等州，安西鎭守，揚兵四臨，委回鶻諸國，所在侵掠，使吐蕃勢分力散，不能爲彊，此西南隅不煩天兵，可以立功云。且贈皐黃金、丹砂。皐護送使者京師，使者奏異牟尋請歸天子，爲唐藩輔。獻金，示順革；丹，赤心也。德宗嘉之，賜以詔書，命皐遣諜往覘。

皐令其屬崔佐時至羊苴咩城。時吐蕃使者多在，陰戒佐時衣牂柯使者服以入。佐時曰：「我乃唐使者，安得從小夷服？」異牟尋夜迎之，設位陳燎，佐時卽宣天子意，異牟尋內畏吐蕃，顧左右失色，流涕再拜受命。使其子閤勸及淸平官與佐時盟點蒼山，載書四：一藏神祠石室，一沈西洱水，一置祖廟，一以進天子。乃發兵攻吐蕃使者殺之，刻金契以獻，遣曹長段南羅、趙迦寬隨佐時入朝。

初，吐蕃與回鶻戰，殺傷甚，乃調南詔萬人。異牟尋欲襲吐蕃，陽示寡弱，以五千人行，許之。卽自將數萬踵後，晝夜行，大破吐蕃於神川，遂斷鐵橋，溺死以萬計，俘其五王。乃遣弟湊羅棟、淸平官尹仇寬等二十七人入獻地圖、方物，請復號南詔。帝賜賚有加，拜仇寬左散騎常侍，封高溪郡王。

明年夏六月，册異牟尋爲南詔王。以祠部郎中袁滋持節領使，成都少尹龐頎副之，崔佐時爲判官；俱文珍爲宣慰使，劉幽巖爲判官。賜黃金印，文曰「貞元册南詔印」。滋至大和城，異牟尋遣兄蒙細羅勿等以良馬六十迎之，金鋑玉珂，兵振鐸夾路陳。異牟尋金甲，蒙虎皮，執雙鐸鞘。執矛千人衞，大象十二引于前，騎軍、徒軍以次列。詰旦，授册，異牟尋率官屬北面立，宣慰使東向，册使南向，乃讀詔册。相者引異牟尋去位，跽受册印，稽首再拜；又受賜服備物，退曰：「開元、天寶中，曾祖及祖皆蒙册襲王，自此五十年。貞元皇帝洗痕錄功，復賜爵命，子子孫孫永爲唐臣。」因大會其下，享使者，出銀平脫馬頭盤二，謂滋曰：「此天寶時先君以鴻臚少卿宿衞，皇帝所賜也。」有笛工、歌女，皆垂白，示滋曰：「此先君歸國時，皇帝賜胡部、龜茲音聲二列，今喪亡略盡，唯二人故在。」酒行，異牟尋坐，奉觴滋前，滋受觴曰：「南詔當深思祖考成業，抱忠竭誠，永爲西南藩屏，使後嗣有以不絕也。」異牟尋拜曰：「敢不承使者所命。」滋還，復遣淸平官尹輔酋等七人謝天子，獻鐸鞘、浪劍、鬱刃、生金、瑟瑟、牛黃、虎珀、氎、紡絲、象、犀、越賧統倫馬。鐸鞘者，狀如殘刃，有孔傍達，出麗水，飾以金，所擊無不洞，夷人尤寶，月以血祭之。鬱刃，鑄時以毒藥幷冶，取迎躍如星者，凡十年乃成，淬以馬血，以金犀飾鐔首，傷人卽死。浪人所鑄，故亦名浪劍，王所佩者，傳七世矣。異牟尋攻吐蕃，復取昆明城以食鹽池。又破施蠻、順蠻，並虜其王，置白厓城；因定磨些蠻，隸昆山西爨故地；破茫蠻，掠弄棟蠻、漢裳蠻，以實雲南東北。

施蠻者，在鐵橋西北，居大施賧、斂尋賧。男子衣繒布；女分髮直額，爲一髻垂後，跣而衣皮。

順蠻本與施蠻雜居劍、共諸川。咩羅皮、鐸羅望既失邆川、浪穹，奪劍、共地，由是徙鐵橋，在劍賧西北四百里，號劍羌。

磨蠻、些蠻與施、順二蠻皆烏蠻種，居鐵橋、大婆、小婆、三探覽、昆池等川。土多牛羊，俗不頮澤，男女衣皮，俗好飲酒歌舞。

茫蠻本關南種〔三〕，茫，其君號也，或呼茫詔。永昌之南有茫天連、茫吐薅、大睒、茫昌、茫鮓、茫施，大抵皆其種。樓居，無城郭。或漆齒，或金齒。衣青布短袴，露骭，以繒布繚腰，出其餘垂後爲飾。婦人披五色娑羅籠。象纔如牛，養以耕。

弄棟蠻，白蠻種也。其部本居弄棟縣鄙地，昔爲褒州，有首領爲刺史，誤殺其參軍，挈族北走，後散居磨些江側，故劍、共諸川亦有之。

漢裳蠻，本漢人部種，在鐵橋。惟以朝霞纏頭，餘尚同漢服。

十五年，異牟尋謀擊吐蕃，以遼川、寧北等城當寇路，乃峭山深塹修戰備，帝許出兵助力。又請以大臣子弟質於皐，皐辭，固請，乃盡舍成都，咸遣就學。且言：「昆明、巂州與吐蕃接，不先加兵，爲虜所脅，反爲我患。」請皐圖之。時唐兵比歲屯京西、朔方，大峙糧，欲南北並攻取故地。然南方轉饟稽期，兵不悉集。是夏，虜麥不熟，疫癘仍興，贊普死，新君立。皐揣虜未敢動，乃勸異牟尋：「緩舉萬全，愈於速而無功。今境上兵十倍往歲，且行營皆在巂州，扼西瀘吐蕃路，昆明、弄棟可以無虞。」異牟尋請期它年。

吐蕃大臣以歲在辰，兵宜出，謀襲南詔，閱衆治道，將以十月圍巂州，軍屯昆明凡八萬，皆命一歲糧。贊普以舅攮都羅爲都統，遣尙乞力、欺徐濫鑠屯西貢川。異牟尋與皐相聞，皐命部將武免率弩士三千赴之，亢榮朝以萬人屯黎州，韋良金以二萬五千人屯嶲州，約南詔有急，皆進軍，過俄準添城者，南詔供饋。吐蕃引衆五萬自曩貢川分二軍攻雲南，一軍自諾濟城攻嶲州。異牟尋畏東蠻、磨些難測，懼爲吐蕃鄉導，欲先擊之。皐報：「嶲州實往來道，扞蔽數州，虜百計窺之，故嚴兵以守，屯壁相望，糧械處處有之，東蠻庸敢懷貳乎？」異牟尋乃檄東、磨些諸蠻內糧城中，不者悉燒之。吐蕃顒城將楊萬波約降，事洩，吐蕃以兵五千守，皐將擊破之。萬波與籠官拔顒城以來，徙其人二千于宿川。皐將扶忠義又取末恭城，俘係牛羊千計。贊普大將既煎讓律以兵距十貢川一舍而屯，國師馬定德率種落出降。西貢節度監軍野多輸煎者，贊普乞立贊養子，當從先贊普殉，亦詣忠義降。於是虜氣衰，軍不振。欺徐濫鑠至鐵橋，南詔毒其水，人多死，乃徙納川，壁而待。是年，虜霜雪早，兵無功還，期以明年。吐蕃苦唐、詔掎角，亦不敢圖南詔。皐令免按兵嶲州，節級鎮守，雖南詔境亦所在屯戍。吐蕃懲野戰數北，乃屯三瀘水，遣論妄熱誘瀕瀘諸蠻，復城悉攝。悉攝，吐蕃險要也。蠻酋潸導南詔與皐部將杜毗羅狙擊。十七年春，夜絕瀘破虜屯，斬五百級。虜保鹿危山，毗羅伏以待，又戰，虜大奔。於時，康、黑衣大食等兵及吐蕃大酋皆降，獲甲二萬首。又合鬼主破虜于瀘西。

吐蕃君長共計，不得嶲州，患未艾，常爲兩頭蠻挾唐爲輕重，謂南詔也。會虜荐饑，方葬贊普，調斂煩。至是，大料兵，率三戶出一卒，虜法爲大調集。又聞唐兵三萬入南詔，乃大懼，兵戍納川、故洪、諸濟、臘、聿賚五城，欲悉師出西山、劍山，收嶲州以絕南詔。皋即上言：「京右諸屯宜明斥候，蚤斂田，邠、隴焚萊，可困虜入。」皋遣將邢毗以兵萬人屯南、北路，趙昱萬人戍黎、雅州。異牟尋謂皋曰：「虜聲取嶲州，實窺雲南，請武免督軍進羊苴咩。若虜不出者，請以來年二月深入。」時虜兵三萬攻鹽州，帝以虜多詐，疑繼以大軍，詔皋深鈔賊鄙，分虜勢。皋表「賊精鎧多置南屯，今向鹽、夏非全軍，欲掠河曲党項畜產耳」。俄聞虜破麟州，皋督諸將分道出，或自西山，或由平夷，或下隴陀和、石門，或徑神川、納川，與南詔會。是時，回鶻、太原、邠寧、涇原軍獵其北，劍南東川、山南兵震其東，鳳翔軍當其西；蜀、南詔深入，克城七，焚堡百五十所，斬首萬級，獲鎧械十五萬。圍昆明、維州不能克，乃班師。振武、靈武兵破虜二萬，涇原、鳳翔軍敗虜原州，惟南詔攻其腹心，俘獲最多。帝遣中人尹偕尉異牟尋，而吐蕃盛屯昆明、神川、納川自守。異牟尋比年獻方物，天子禮之。

校勘記

〔一〕剖波羅樹實狀若絮紐縷而幅之　宋續博物志卷七云：「驃國諸蠻並不養蠶，收娑羅木子，破其殼，中如柳絮，紐織爲幅服之，謂之娑羅籠段。」新唐書南詔傳箋證謂「婆羅」爲「娑羅」之訛。

〔二〕大曆十四年閤羅鳳卒以鳳迦異前死立其孫異牟尋以嗣　各本原無「卒」字。按通鑑卷二二六載：大曆十四年，「南詔王閤羅鳳卒，子鳳迦異前死，孫異牟尋立」。「閤羅鳳」下顯脫「卒」字，據補。

〔三〕茫蠻本闕南種　蠻書卷四、御覽卷七八九「闕」均作「開」。

唐書卷二百二十二中

列傳第一百四十七中

南蠻中

南詔下　蒙巂詔　越析詔　浪穹詔　邆睒詔　施浪詔

元和三年，異牟尋死，詔太常卿武少儀持節弔祭。子尋閤勸立，或謂夢湊，自稱「驃信」，夷語君也。改賜元和印章。明年死，子勸龍晟立，淫肆不道，上下怨疾。十一年，爲弄棟節度王嵯巔所殺，立其弟勸利。詔少府少監李銑爲册立弔祭使。勸利德嵯巔，賜氏蒙，封「大容」，蠻謂兄爲「容」。長慶三年，始賜印。是歲死，弟豐祐立。豐祐趫敢，善用其下，慕中國，不肯連父名。穆宗使京兆少尹韋審規持節臨册。豐祐遣洪成酋、趙龍些、楊定奇入謝天子。

於是，西川節度使杜元穎治無狀，障候弛沓相蒙，時大和三年也。嵯巔乃悉衆掩邛、戎、嶲三州，陷之。入成都，止西郛十日，慰賚居人，市不擾肆。將還，乃掠子女、工技數萬引而南，人懼自殺者不勝計。救兵逐，嵯巔身自殿，至大度河，謂華人曰：「此吾南境〔一〕，爾去國，當哭。」衆號慟，赴水死者十三。南詔自是工文織，與中國埒。明年，上表請罪。比年使者來朝，開成、會昌間再至。

大中時，李琢爲安南經略使，苛墨自私，以斗鹽易一牛，夷人不堪，結南詔將段酋遷陷安南都護府，號「白衣沒命軍」。南詔發朱弩佉苴三千助守。然朝貢猶歲至，從者多。杜悰自西川入朝，表無多內蠻傔，豐祐怒，卽慢言索質子。會宣宗崩，使者告哀。是時，豐祐亦死，坦綽酋龍立，恚朝廷不弔卹；又詔書乃賜故王，以草具進使者而遣。遂僭稱皇帝，建元建極，自號大禮國。懿宗以其名近玄宗嫌諱，絕朝貢。乃陷播州。安南都護李鄠屯武州，咸通元年，爲蠻所攻，棄州走，天子斥鄠，以王寬代之。明年，攻邕管，經略使李弘源兵少不能拒，奔巒州〔二〕。南詔亦引去。詔殿中監段文楚爲經略使，數改條約，衆不悅，以胡懷玉代之。南詔知邊人困甚，剽掠無有，不入寇。杜悰當國，爲帝謀，遣使者弔祭示恩信，并詔驃信以名嫌，册命未可舉，必易名乃得封。帝乃命左司郎中孟穆持節往，會南詔陷嶲州，穆不行。

安南桃林人者，居林西原，七綰洞首領李由獨主之，歲歲戍邊。李琢之在安南也，奏罷防冬兵六千人，謂由獨可當一隊，遏蠻之入。蠻酋以女妻由獨子，七綰洞畢附蠻，王寬不能制。三年，以湖南觀察使蔡襲代之，發諸道兵二萬屯守，南詔憺畏不敢出。

會詔左庶子蔡京經制嶺南，忌襲功，有所欲，沮壞之，乃言：「南方自無虞，武夫倖功，多聚兵耗餽運，請還戍兵惜財用。」襲執不可，願留五千兵，累表不報。卽極陳南詔伺隙久，有十必死狀。朝廷昏肆，不省也。京還奏，得意甚，復詔爲宣慰安撫使。卽建析廣州爲嶺南東道，邕州爲西道，以龔、象、藤、巖爲隸州。乃拜京西道節度使。京褊忮貪克，峻條令，爲炮熏刳斮法，下愁毒，爲軍中所逐，走藤州，矯制作攻討使印，召鄉兵比道軍攻邕州，不克，衆潰，貶死崖州。以桂管觀察使鄭愚代節度。

南詔攻交州，進略安南，襲請救，發湖、荆、桂兵五千屯邕州，嶺南韋宙奏：「南詔必襲邕管，不先防近而圖遠，恐擣虛絕糧道，且深入。」乃詔襲按軍海門，詔鄭愚分兵禦之。襲請濟師，以山南東道兵千人赴之。南詔酋將楊思僭〔三〕、麻光高以兵六千薄城而屯。四年正月，攻益急，襲録異牟尋盟言繫矢上射入其營，不答。俄而城陷，襲闔宗死者七十人，幕府樊綽取襲印走度江。荆南兵入東郛苦戰，斬南詔二千級。是夜，蠻遂屠城。有詔諸軍保嶺南，更以秦州經略使高駢爲安南都護。帝見輸發頻，罷遊幸，不奏樂，宰相杜悰以爲非是，止之。

南詔稍逼邕州，鄭愚自陳非將帥才，願更擇人。會康承訓自義成來朝，乃授嶺南西道節度使，發荆、襄、洪、鄂兵萬人從之。承訓辭兵寡，乃大興諸道兵五萬往。六月，置行交州於海門，進爲都護府，調山東兵萬人益戍，以容管經略使張茵鎭之。因命經略安南，茵逗留不敢進。安南之陷，將吏遺人多客伏溪洞，詔所在招還救卹之，免安南賦入二年。

韋宙請分兵屯容、藤拔蠻勢。五年，南詔回掠巂州以搖西南，西川節度使蕭鄴率屬蠻鬼主邀南詔大度河，敗之。明年，復來攻。會刺史喩士珍貪獪，陰掠兩林東蠻口縛賣之，以易蠻金，故開門降，南詔盡殺戍卒，而士珍遂臣于蠻。安南久屯，兩河銳士死瘴毒者十七，宰相楊收議罷北軍，以江西爲鎭南軍，募彊弩二萬建節度，且地便近，易調發。詔可。夏侯孜亦以張茵懦，不足事，悉以兵授高駢。駢以選士五千度江，敗林邑兵於邕州，擊南詔龍州屯，蠻酋燒貲畜走。酋龍遣楊緝思助酋遷共守安南，以范昵些爲安南都統，趙諾眉爲扶邪都統。七年六月，駢次交州，戰數勝，士酣鬭，斬其將張詮，李溠龍舉衆萬人降，拔波風三壁。緝思出戰，敗，還走城，士乘之，超堞入，斬酋遷、昵些、諾眉，上首三萬級，安南平。

初，酋龍遣淸平官董成等十九人詣成都，節度使李福將廷見之，成辭曰：「皇帝奉天命改正朔，請以敵國禮見。」福不許。導譯五返，日旰士倦，議不決。福怒，命武士捽辱之，械繫于館。俄而劉潼代福節度，卽挺其繫，表縱還。有詔召成等至京師，見別殿，賜物良厚，慰遣還國。

明年，酋龍使楊酋慶等來謝釋四。初，李師望建言：「成都經撫蠻事，曠日不能決，請析邛、蜀、嘉、眉、黎、雅、巂七州爲定邊軍，建節度制機事，近且速。」天子謂然，卽詔師望爲節度使，治邛州。邛距成都才五舍，巂州最南，去邛乃千里，緩急首尾不相副，而師望利專制，諱不言。裒積無厭，私賄以百萬計。又欲激蠻怒，幸有功，乃殺酋慶等。旣而戍士怒，將醢師望以逞，會召還，以竇滂代之。滂沓冒尤不法，誅責苛纖甚師望。時蠻役未興，而定邊已困。

酋龍怨殺其使，十年，乃入寇。以軍綴靑溪關，密引衆伐木開道，徑雪坡，盛夏，卒凍死者二千人。出沐源，闚嘉州，破屬蠻，遂次沐源。滂遣兗海兵五百往戰，一軍覆。酋龍乃身自將，督衆五萬侵巂州，攻靑溪關。屯將杜再榮絕大度河走，諸屯皆退保北涯。蠻攻黎州，詭服漢衣，濟江襲犍爲，破之。裴回陵、榮間，焚廬舍，掠糧畜。薄嘉州，刺史楊忞與南詔夾江而軍，士攢射，蠻不得進，陰自上游濟，背擊王師，殺忠武將顏慶師，忞走，嘉州陷。明年正月，攻杜再榮，滂自勒兵戰。酋龍遣使者十輩請和，滂信之，語未半，蠻桴爭岸，譟而進，滂不知所爲，將自殺，武寧將苗全緒止之，殊死戰，蠻稍卻，滂乃遁，全緒殿而行。黎州陷，人走匿山谷，蠻掠金帛不勝負。入自邛崍關，圍雅州，遂擊邛州。是冬，滂棄州，壁導江，儲貲峙械皆亡矣。

酋龍進攻成都，次眉州，坦綽杜元忠日夜教酋龍取全蜀。於是西川節度使盧耽遣其副王僨、中人張思廣約和，蠻彊之使南面拜，然卒不見酋龍而還。蠻次新津，耽復遣副譚奉祀好言申約，蠻留之。耽畏援軍未集，卽飛請天子降大使通好，以紓其深入。懿宗馳遣太僕卿支詳爲和蠻使。

蠻本無謀，不能乘機會鼓行亟驅，但虵結蠅營，狃鹵剽小利，處處留屯，故蜀孺老得扶攜悉入成都。閭里皆滿，戶所占地不得過一牀，雨則冒箕盎自庇。城中井爲竭，則共飲摩訶池，至爭捽溺死者，或笮沙取滴飲之。死不能具棺，卽共坎瘞。故瀘州刺史楊慶復爲耽治攻具、藺石，置牢城兵，八將主之，樹笓格，夜列炬照城，守具雄新。又選悍士三千，號「突將」，爲長刀、巨槌斧，分左右番休，日隸于軍，士心侈欲鬬。而酋龍自雙流徐行，內欲報董成之辱，因紿耽請上介至軍議事。耽遣節度副使柳槃往見杜元忠議和，元忠妄言：「帝見耽，請具車蓋葆翣。」槃未能決，還。蠻以三百騎負幄幕來，大言曰：「供帳隋蜀王聽事，爲驃信行在。」耽不許，乃馳去。

蠻稍前，傅外郛。於是游弈使王晝督援兵三千屯毗橋；竇滂亦以其軍自導江來，將與大軍掎角，然戰不甚力，小不勝卽保廣漢。自以失定邊，覬成都陷，得薄其罪。會有詔斥徙，軍遂無功。

耽部將李自孝者，與刺史喻士珍善。士珍臣蠻，自孝陰與賊通，乃說耽城下蒔葦稻，瀦水頽城，舉府不之覺。蠻攻城，自孝守陴，樹麾以自表，麾所指，蠻輒攻之，爲下所覺，耽殺自孝以徇。

城左有民樓肆，蠻俯射城中，耽募勇士燒之，器械俱盡。二月，蠻以雲梁、鵝車四面攻，士叫譟，鵝車未至，陴者以巨索鉤係，投膏炬，車焚，箱間蠻卒盡死。耽遣李巋、張察率突將戰城下，俘斬二千級。蠻徹民鄣落爲蓬籠如車軬，下設枕木，推而前，不及城丈，匿蠻其內以穴墉。楊忞以罌貯糞瀋潑蠻，蠻不能處；注以鐵液，蓬籠皆火。然南詔負衆，益治器械，斧兵晝夜有聲，將擊錦樓，衆失色。耽遣將出，三面苦戰，蠻引卻。蠻利夜晦，輒薄城，聞呼嘯，衆齊奮。城上施鐵籠千炬，賊來不得隱，屯夫終夜哄，蠻不能侵。

支詳遣諜與約好，且謂耽毋多殺以速蠻和。是時，傳言救師至，城中合譟開門，士爭出迎軍，南詔搏戰不解。日入，判官程克裕以北門兵二千乘之，蠻乃走。耽猶遺之書，謝不得已交兵，且請和。士脫鎧迎支詳，詳陳所齎，植二旗，署曰「賜雲南幣物」。謂蠻使者曰：「天子詔雲南和解，而兵薄成都，奈何？請退舍撤警以脩好。」或勸詳：「蠻多詐，毋入死地。」詳不行。蠻復圍成都，夜穿西北隅，犂旦乃覺，卽頹茭火于壖，蠻皆死穴中。以鐵絙曳雲輣仆之，燎作，少選盡，益固守。

是時，帝遣東川節度使顏慶復爲大度河制置、劍南應接使，兵次新都，博野將曾元裕敗蠻兵，斬二千級。南詔騎數萬晨壓官軍以騁，大將宋威以忠武兵戰，斬首五千，獲馬四百尾。南詔退屯星宿山，威進戍沱江。酋龍遣酋望至支詳所請和，詳曰：「今列城固守，北軍望功，歸語而主，審自度。」耽遣銳將趣蠻壁燒攻具，殺二千人，爲南詔所躡，郤而潰。蠻聞鳳翔、山南軍且來，乃迎戰毗橋，不勝，趨沱江，爲伏士所擊，又敗。城中出突將，夜火蠻營，酋龍、坦綽身督戰。後三日，王師奪昇遷梁，蠻大敗，夜燒亭傳，乘火所向，雨矢射王師。威疏軍行，嚮矢所發叢射之。兩軍不能決，各解去。酋龍知不敵，夜徹營南奔，至雙流，江無梁，計窮，將赴水死，或止之曰：「今北軍與成都兵合，若來追，我無類矣。不如僞和以紓急；不然，死未晚。」乃來請。三日梁成而濟，卽斷梁，按隊緩驅。黎州刺史嚴師本收散卒保邛州，酋龍懼，圍二日去。蠻俘華民，必劓耳鼻已，縱之，既而居人刻木爲耳鼻者什八。

慶復之來，衆以其弟慶師死于蠻，必甘心。及成都不破，以己功輕，乃按軍廣溪〔四〕，縱殘寇，人人切齒。初，成都無隍塹，乃敎耽濬隍，廣三丈，作戰棚于埤，列左右屯營，營別五區，區卒五十，蒔皂莢夾壕，後三年合拱。又爲大擔連弩。自是南詔憚之。

酋龍年少嗜殺戮，親戚異己者皆斬，兵出無寧歲，諸國更讎忿，屢覆衆，國耗虛。蜀之役，男子十五以下悉發，婦耕以餉軍。

十四年，坦綽復寇蜀，絙舟大度河以濟，爲刺史黃景復擊却之。衆循河而南，夜桴上流兵，夾攻瀕水諸屯，景復敗，走還黎州，蠻躡追，爲景復所敗。會蠻踵來，還攻大度河，仆旗息鼓，請曰：「坦綽欲上書天子白冤事。」戍兵信之，不戰。橋成而濟，黎州陷，遂攻雅州，擊定邊軍，卒潰入邛州。成都大震，人亡入玉壘關，士乘城。坦綽遣使者王保城等四十人齎驃信書遺節度使牛叢，欲假道入朝，請憩蜀王故殿，叢欲許之，楊慶諫曰〔五〕：「蠻無信，彼禮屈辭甘，詐我也。請斬其使，留二人還書。」叢因責之曰：「詔王之祖，六詔最小夷也。天子錄其勤，合六詔爲一，俾附庸成都，名之以國，許子弟入太學，使習華風，今乃自絕王命。且雀蛇犬馬，猶能報德，王乃不如蟲鳥乎？比成都以武備未脩，故令爾突我疆場。然毗橋、沱江之敗，積胔附城，不四年復來。今吾有十萬衆，捨其半未用。以千人爲軍，十軍爲部，驍將主之。凡部有彊弩二百，鏄斧輔之；勁弓二百，越銀刀輔之；長戈二百，掇刀輔之；短矛二百，連鎚輔之。又軍四面，面有鐵騎五百。悉收芻薪、米粟、牛馬、犬豕，淸野待爾。吾又能以旁騎略爾樵采。我日出以一部與爾戰，部別二番，日中而代；日昃一部至，以夜屯，月明則戰，黑則休，夜半而代。凡我兵五日一殺敵，爾乃晝夜戰，不十日，懵且死矣。州縣繕甲厲兵，掎角相從，皆蠻之深讎，雖女子能櫱齕薄賊，況彊夫烈士哉！爾祖嘗奴事西蕃，爲爾仇家，今顧臣之，何恩讎之戾邪？蜀王故殿，先世之寶宮，非邊夷所宜舍，神怒人憤，鰾信且死！」叢猶火郊民室廬觀閣，嚴兵爲固守計。坦綽至新津而還，回寇黔中，經略使秦匡謀懼，奔荆南。會僖宗立，遣金吾將軍韓重持節往使。俄攻黎州，景復擊走之。乾符元年，劫略嶲、雅間，破黎州，入邛崍關，掠成都，成都閉三日，蠻乃去。

詔徙天平軍高駢領西川節度使，乃奏：「蠻小醜，勢易制。而蜀道險，館饟窮覂。今左神策所發長武、河東兵多，用度繁廣。且彼皆扼制羌戎，不可以弛備。」詔乃罷長武等兵。駢至不淹月，閱精騎五千，逐蠻至大度河，奪鎧馬，執酋長五十斬之，收邛崍關，復取黎州，南詔遁還。駢召景復責大度河之敗，斬以徇。戍望星、清溪等關。南詔懼，遣使者詣駢結好，而踵出兵寇邊，駢斬其使。初，安南經略判官杜驤爲蠻所俘，其妻，宗室女也，故酋龍使奉書丐和。駢答曰：「我且將百萬衆至龍尾城問爾罪。」酋龍大震。自南詔叛，天子數遣使至其境，酋龍不肯拜，使者遂絕。駢以其俗尙浮屠法，故遣浮屠景仙攝使往，酋龍與其下迎謁且拜，乃定盟而還。遣淸平官酋望趙宗政、質子三十入朝乞盟，請爲兄弟若舅甥。詔拜景仙鴻臚卿、檢校左散騎常侍。駢結吐蕃尙延心、嗢末魯耨月等爲間，築戎州馬湖、沐源川、大度河三城，列屯拒險，料壯卒爲平夷軍，南詔氣奪。酋龍恚，發疽死，僞謚景莊皇帝。子法嗣，改元貞明、承智、大同，自號大封人。

法年少，好畋獵酣逸，衣絳紫錦罽，鏤金帶。國事顓決大臣。乾符四年，遣陀西段瑳寶詣邕州節度使辛讜請脩好〔六〕，詔使者答報。未幾，寇西川，駢奏請與和親，右諫議大夫柳韜、吏部侍郎崔澹醜其事，上言：「遠蠻畔逆，乃因浮屠誘致，入議和親，垂笑後世。駢職上將，謀乖謬，不可從。」遂寢。蠻使者再入朝議和親，而駢徙荆南，持前請不置。宰相鄭畋、盧攜爭不決，皆賜罷。

辛讜遣幕府徐雲虔攝使者往覘。到善闡府，見騎數十，曳長矛，擁絳服少年，朱繒約髮。典客伽陀酋孫慶曰：「此驃信也。」問天子起居，下馬揖客，取使者佩刀視之，自解左右鉏以示。乃除地剸三丈版，命左右馳射。每一人射，法騋馬逐以爲樂，數十發止。引客就幄，倀子捧瓶盂，四女子侍樂飲，夜乃罷。又遣問客春秋大義，送使者還。

是時，駢徙節鎮海，劾澹等沮議，帝蒙弱不能曉，下詔尉解。西川節度使崔安潛上言：「蠻蓄鳥獸心，不識禮義，安可以賤隸尚貴主，失國家大體？澹等議可用。臣請募義征子，率十戶一保，願發山東銳兵六千戍諸州，比五年，蠻可爲奴。」久之，帝手詔問安潛和親事，答曰：「雲南姚州譬一縣，中國何資於彼而遣重使，加厚禮？彼且妄謂朝廷畏怯無能爲，脫有它請，陛下何以待之？且天宗近屬，不可下小蠻夷。臣比移書，不言舅甥，黜所僭也。有如蠻使者不復至，當遣諜人伺其隙，可以得志。」

南詔知蜀彊，故襲安南，陷之，都護曾袞奔邕府，戍兵潰。會西川節度使陳敬瑄申和親議，時盧攜復輔政，與豆盧瑑皆厚駢，乃譎說帝曰：「陛下初卽位，遣韓重使南詔，將官屬留蜀期年，費不貲，蠻不肯迎。及駢節度西川，招嗢末，繕甲訓兵，蠻夷震動，遣趙宗政入獻，見天子，附驃信再拜；雲虔之使，驃信答拜。其於禮不爲少。宣宗皇帝收三州七關，平江、嶺以南，至大中十四年，內庫貲積如山，戶部延資充滿，故宰相敏中領西川，庫錢至三百萬緡，諸道亦然。咸通以來，蠻始叛命，再入安南、邕管，一破黔州，四盜西川，遂圍盧耽，召兵東方，戍海門，天下騷動，十有五年，賦輸不內京師者過半，中藏空虛，士死瘴癘，燎骨傳灰，人不念家，亡命爲盜，可爲痛心！前年留宗政等，南方無虞，及遣還，彼猶冀望。蒙法立三年，比兵不出要防，其蓄力以間我虞。今朝廷府庫匱，甲兵少，牛叢有北兵七萬，首尾奔衝不能救，況安南客戍單寡，涉冬寇禍可虞。誠命使者臨報，縱未稱臣，且伐其謀，外以縻服蠻夷，內得蜀休息也。」帝謂然，乃以宗室女爲安化長公主許婚。拜嗣曹王龜年宗正少卿，爲雲南使，大理司直徐雲虔副之；內常侍劉光裕爲雲南內使，霍承錫副之。及還，具言驃信誠款，以爲敬瑄功，故進檢校司空，賜一子官。

法遣宰相趙隆眉、楊奇混、段義宗朝行在，迎公主，高駢自揚州上言：「三人者，南詔心腹也，宜止而鴆之，蠻可圖也。」帝從之。隆眉等皆死，自是謀臣盡矣，蠻益衰。中和元年，復遣使者來迎主，獻珍怪氈罽百牀，帝以方議公主車服爲解。後二年，又遣布燮楊奇肱來迎，詔檢校國子祭酒張譙爲禮會五禮使，徐雲虔副之，宗正少卿嗣虢王約爲婚使。未行，而黃巢平，帝東還，乃歸其使。

法死，僞謚聖明文武皇帝。子舜化立，建元中興。遣使款黎州脩好，昭宗不答。後中國亂，不復通。

先是，有時傍、矣川羅識二族〔七〕，通號「八詔」。時傍母，歸義女也。其女復妻閤羅鳳。初，咩羅皮之敗，時傍入居澄川州，誘上浪千餘，勢稍張，爲閤羅所猜，徙置白厓城。後與矣川羅識詣神川都督求自立爲詔，謀洩被殺，矣川羅識奔神川，都督送之羅些城。

蒙巂詔，最大。其王巂輔首死，無子，弟佉陽照立。佉陽照死，子照原立，喪明，子原羅質南詔。歸義欲并國，故歸其子原羅，衆果立之。居數月，使人殺照原，逐原羅，遂有其地。

越析詔，或謂磨些詔，居故越析州，西距囊葱山一日行。貞元中，有豪酋張尋求烝其王波衝妻，因殺波衝。劍南節度使召尋求至姚州，殺之，部落無長，以地歸南詔。波衝兄子于贈持王所寶鐸鞘東北度瀘，邑于龍佉河，纔百里，號雙舍。使部酋楊墮居河東北。歸義樹壁侵于贈，不克。閤羅鳳自請往擊楊墮，破之，于贈投瀘死。得鐸鞘，故王出軍必雙執之。

浪穹詔，其王豐時死，子羅鐸立。羅鐸死，子鐸羅望立，爲浪穹州刺史，與南詔戰，不勝，挈其部保劍川，更稱劍浪。死，子望偏立。望偏死，子偏羅矣立。偏羅矣死，子羅君立。貞元中，南詔擊破劍川，虜羅君，徙永昌。凡浪穹、遼賧、施浪，揔謂之浪人，亦稱「三浪」。

遼賧詔，其王豐咩，初據遼賧，爲御史李知古所殺。子咩羅皮自爲遼川州刺史，治大釐城。歸義襲敗之，復入遼賧，與浪穹、施浪合拒歸義。既戰，大敗，歸義奪遼賧，咩羅皮走保野共川。死，子皮羅鄧立。皮羅鄧死，子鄧羅顚立。鄧羅顚死，子顚文託立。南詔破劍川，虜之，徙永昌。

施浪詔，其王施望欠居矣苴和城。有施各皮者，亦八詔之裔，據石和城。閤羅鳳攻虜之，而施望欠孤立，故與咩羅皮合攻歸義，不勝。歸義以兵脅降其部，施望欠以族走永昌，獻其女遺南詔丐和〔八〕，歸義許之，度蘭江死。弟望千走吐蕃，吐蕃立爲詔，納之劍川，衆數萬。望千死，子千旁羅顛立。南詔破劍川，千旁羅顛走瀘北。三浪悉滅，唯千旁羅顛及矣川羅識子孫在吐蕃。

贊曰：唐之治不能過兩漢，而地廣於三代，勞民費財，禍所繇生。晉獻公殺嫡，賊二公子，號爲闇君。明皇一日殺三庶人，昏蔽甚矣。嗚呼！父子不相信，而遠治閤羅鳳之罪，士死十萬，當時冤之。懿宗任相不明，藩鎮屢畔，南詔內侮，屯戍思亂，龐勛乘之，倡戈橫行。雖凶渠殲夷，兵連不解，唐遂以亡。易曰：「喪牛于易。」有國者知戒西北之虞，而不知患生於無備。漢亡於董卓，而兵兆於冀州；唐亡於黃巢，而禍基於桂林。易之意深矣！

校勘記

〔一〕此吾南境　通鑑卷二四四作「此南吾境」。

〔二〕巒州　各本原作「蠻州」。通鑑卷二五〇作「巒州」。按舊書卷四一地理志，巒州爲邕管十州之一。

據改。

〔三〕楊思僭　通鑑卷二五〇「僭」作「縉」。通鑑考異云：「楊思僭，蠻書中兩處有之，皆作楊思縉，蓋草書誤爲『僭』耳。」

〔四〕乃按軍廣溪　通鑑卷二五二作「勒歸漢州」。按元和志卷三二，唐漢州爲漢廣漢郡地。本卷上文云「小不勝卽保廣漢」，與通鑑正合。疑「溪」乃「漢」之訛。

〔五〕楊慶　通鑑卷二五二作「楊慶復」。又本卷上文稱「故瀘州刺史楊慶復」，與通鑑文亦合。則當以「楊慶復」爲是。

〔六〕段琓寶　通鑑卷二五三作「段瑳寶」。

〔七〕矣川羅識　各本同。蠻書卷三作「劍川矣羅識」。

〔八〕獻其女遺南詔丐和　蠻書卷三云：「望欠計無所出，有女名遺南，以色稱。卻遣使求致遺南於歸義，許之。」是「遺南」爲女名，「詔」字疑衍。

唐書卷二百二十二下

列傳第一百四十七下

南蠻下

環王　盤盤　扶南　眞臘　訶陵　投和　瞻博　室利佛逝
名蔑　單單　驃　兩爨蠻　南平獠　西原蠻

環王，本林邑也，一曰占不勞，亦曰占婆。直交州南，海行三千里。地東西三百里而贏，南北千里。西距眞臘霧温山，南抵奔浪陀州。其南大浦，有五銅柱，山形若倚蓋，西重巖，東涯海，漢馬援所植也。又有西屠夷，蓋援還，留不去者，才十戶，隋末孳衍至三百，皆姓馬，俗以其寓，故號「馬留人」，與林邑分唐南境。其地冬温，多霧雨，產虎魄、猩猩獸、結遼鳥。以二月爲歲首，稻歲再熟，取檳榔瀋爲酒，椰葉爲席。俗凶悍，果戰鬬，以麝塗身，日再塗再渠，拜謁則合爪頓顙。有文字，喜浮屠道，冶金銀像，大或十圍。呼王爲陽蒲逋，王妻爲陀陽阿熊，太子爲阿長逋，宰相爲婆漫地。王所居曰占城，別居曰齊國、曰蓬皮勢。王衣白氎，古貝斜絡臂，飾金琲爲纓，鬈髮，戴金華冠如章甫。妻服朝霞，古貝短裙，冠纓如王。王衞兵五千，戰乘象，藤爲鎧，竹爲弓矢，率象千、馬四百，分前後。不設刑，有罪者使象踐之；或送不勞山，畀自死。

隋仁壽中，遣將軍劉芳伐之，其王范梵志挺走，以其地爲三郡，置守令。道阻不得通，梵志裒遺衆，別建國邑。武德中，再遣使獻方物，高祖爲設九部樂饗之。貞觀時，王頭黎獻馴象、鏐鎖、五色帶、朝霞布、火珠，與婆利、羅刹二國使者偕來。林邑其言不恭，羣臣請問罪，太宗曰：「昔苻堅欲吞晉，衆百萬，一戰而亡。隋取高麗，歲調發，人與爲怨，乃死匹夫手。朕敢妄議發兵邪？」赦不問。又獻五色鸚鵡、白鸚鵡，數訴寒，有詔還之。頭黎死，子鎭龍立，獻通天犀、雜寶。十九年，摩訶慢多伽獨弒鎭龍，滅其宗，范姓絕，國人立頭黎壻婆羅門爲王，大臣共廢之，更立頭黎女爲王。諸葛地者，頭黎之姑子，父得罪，奔眞臘。女之王不能定國，大臣共迎諸葛地爲王，妻以女。永徽至天寶，凡三入獻。至德後，更號環王。元和初不朝獻，安南都護張舟執其僞驩、愛州都統，斬三萬級，虜王子五十九，獲戰象、舠、鎧。

婆利者，直環王東南，自交州汎海，歷赤土、丹丹諸國乃至。地大洲，多馬，亦號馬禮。袤長數千里。多火珠，大者如鷄卵，圓白，照數尺，日中以艾藉珠，輒火出。產瑇瑁、文螺；石坩，初取柔可治，既鏤刻即堅。有舍利鳥，通人言。俗黑身，朱髮而拳，鷹爪獸牙，穿耳傅璫，以古貝橫一幅繚于腰。古貝，草也，緝其花爲布，粗曰貝，精曰氎。俗以夜爲市，自掩其面。王姓刹利邪伽，名護路那婆，世居位。繚班絲貝，綴珠爲飾。坐金榻，左右持白拂、孔雀翣。出以象駕車，羽蓋珠箔，鳴金、擊鼓、吹蠡爲樂。

其東即羅刹也，與婆利同俗。隋煬帝遣常駿使赤土，遂通中國。

赤土西南入海，得婆羅。總章二年，其王旃達鉢遣使者與環王使者偕朝。

環王南有殊柰者，汎交趾海三月乃至，與婆羅同俗。貞觀二年，使者上方物。九年，甘棠使者入朝，國居海南。十二年，僧高、武令、迦乍、鳩密四國使者朝貢。僧高直水眞臘西北，與環王同俗。其後鳩密王尸利鳩摩又與富那王尸利提婆跋摩等遣使來貢。僧高等國，永徽後爲眞臘所并。

盤盤，在南海曲，北距環王，限少海，與狼牙脩接，自交州海行四十日乃至。王曰楊粟翨〔一〕。其民瀕水居，比木爲柵，石爲矢鏃。王坐金龍大榻，諸大人見王，交手抱肩以跽。其臣曰勃郎索濫，曰崑崙帝也，曰崑崙勃和，曰崑崙勃諦索甘，亦曰古龍。古龍者，崑崙聲近耳。在外曰那延，猶中國刺史也。有佛、道士祠，僧食肉，不飲酒，道士謂爲貪，不食酒肉。貞觀中，再遣使朝。

其東南有哥羅，一曰箇羅，亦曰哥羅富沙羅。王姓矢利波羅，名米失鉢羅。累石爲城，樓闕宮室茨以草。州二十四。其兵有弓矢矟殳，以孔雀羽飾纛。每戰，以百象爲一隊，一象百人，鞍若檻，四人執弓矟在中。賦率輸銀二銖。無絲紵，惟古貝。畜多牛少馬。非有官不束髮。凡嫁娶，納檳榔爲禮，多至二百盤。婦已嫁，從夫姓。樂有琵琶、橫笛、銅鈸、鐵鼓、蠡。死者焚之，取燼貯金罌沈之海。

東南有拘蔞蜜，海行一月至。南距婆利，行十日至。東距不述，行五日至。西北距文單，行六日至。與赤土、墮和羅同俗。永徽中，獻五色鸚鵡。

扶南，在日南之南七千里，地卑窪，與環王同俗，有城郭宮室。王姓古龍。居重觀，柵城，楉葉以覆屋。王出乘象。其人黑身、鬈髮，倮行，俗不爲寇盜。田一歲種，三歲穫。國出剛金，狀類紫石英，生水底石上，人沒水取之，可以刻玉，扣以羖角，乃泮。人喜鬭鷄及猪。以金、珠、香爲稅。治特牧城，俄爲眞臘所并，益南徙那弗那城。武德、貞觀時，再入朝，又獻白頭人二。

白頭者，直扶南西，人皆素首，膚理如脂，居山穴，四面峭絕，人莫得至，與參半國接。

眞臘，一曰吉蔑，本扶南屬國。去京師二萬七百里。東距車渠，西屬驃，南瀕海，北與道明接，東北抵驩州。其王刹利伊金那，貞觀初并扶南有其地。戶皆東嚮，坐上東。客至，屑檳榔、龍腦、香蛤以進。不飲酒，比之淫。與妻飲房中，避尊屬。有戰象五千，良者飼以肉。世與參半、驃通好，與環王乾陀洹數相攻。自武德至聖曆，凡四來朝。神龍後分爲二半：北多山阜，號陸眞臘半；南際海，饒陂澤，號水眞臘半。水眞臘，地八百里，王居婆羅提拔城。陸眞臘或曰文單，曰婆鏤，地七百里，王號「笪屈」。開元、天寶時，王子率其屬二十六來朝，拜果毅都尉。大曆中，副王婆彌及妻來朝，獻馴象十一；擢婆彌試殿中監，賜名賓漢。是時，德宗初卽位，珍禽奇獸悉縱之，蠻夷所獻馴象畜苑中，元會充廷者凡三十二，悉放荆山之陽。及元和中，水眞臘亦遣使入貢。

文單西北屬國曰參半，武德八年使者來。

道明者，亦屬國，無衣服，見衣服者共笑之。無鹽鐵，以竹弩射鳥獸自給。

訶陵，亦曰社婆，曰闍婆，在南海中。東距婆利，西墮婆登，南瀕海，北眞臘。木爲城，雖大屋亦覆以栟櫚。象牙爲牀若席。出瑇瑁、黄白金、犀、象，國最富。有穴自湧鹽。以柳花、椰子爲酒，飮之輒醉，宿昔壞。有文字，知星曆。食無匕筯。有毒女，與接輒苦瘡，人死尸不腐。王居闍婆城。其祖吉延東遷於婆露伽斯城，旁小國二十八，莫不臣服。其官有三十二大夫，而大坐敢兄爲最貴。山上有郎卑野州，王常登以望海。夏至立八尺表，景在表南二尺四寸。貞觀中，與墮和羅、墮婆登皆遣使者入貢，太宗以璽詔優答。墮和羅丐良馬，帝與之。至上元間，國人推女子爲王，號「悉莫」，威令整肅，道不舉遺。大食君聞之，齎金一囊置其郊，行者輒避，如是三年。太子過，以足躪金，悉莫怒，將斬之，羣臣固請。悉莫曰：「而罪實本於足，可斷趾。」羣臣復爲請，乃斬指以徇。大食聞而畏之，不敢加兵。大曆中，訶陵使者三至。元和八年，獻僧祇奴四、五色鸚鵡、頻伽鳥等。憲宗拜内四門府左果毅，使者讓其弟〔三〕，帝嘉美，並官之。訖大和，再朝貢。咸通中，遣使獻女樂。

墮和羅，亦曰獨和羅，南距盤盤，北迦邏舍弗，西屬海，東眞臘。自廣州行五月乃至。國多美犀，世謂墮和羅犀。有二屬國，曰曇陵、陀洹。

曇陵在海洲中。陀洹，一曰耨陀洹，在環王西南海中，與墮和羅接，自交州行九十日乃至。王姓察失利，名婆那，字婆末。無蠶桑，有稻、麥、麻、豆。畜有白象、牛、羊、豬。俗喜樓居，謂爲干欄。以白氎、朝霞布爲衣。親喪，在室不食，燔屍已，則剔髮浴于池，然後食。貞觀時，並遣使者再入朝，又獻婆律膏；白鸚鵡，首有十紅毛，齊于翅。因丐馬、銅鍾，帝與之。

墮婆登在環王南，行二月乃至。東訶陵，西迷黎車，北屬海。俗與訶陵同。種稻，月一熟。有文字，以貝多葉寫之。死者實金于口，以釧貫其體，加婆律膏、龍腦衆香，積薪燔之。

投和，在眞臘南，自廣州西南海行百日乃至。王姓投和羅，名脯邪迄遙。官有朝請將軍、功曹、主簿、贊理、贊府，分領國事。分州、郡、縣三等。州有參軍，郡有金威將軍，縣有城、有局，長官得選僚屬自助。民居率樓閣，畫壁。王宿衞百人，衣朝霞，耳金鐶，金綖被頸，寶飾革履。頻盜者死，次穿耳及頰而劗其髮，盜鑄者截手。無賦稅，民以地多少自輸。王以農商自業。銀作錢，類榆莢。民乘象及馬，無鞍靮，繩穿頰御之。親喪，斷髮爲孝，焚尸斂灰于罌，沈之水。貞觀中，遣使以黃金函內表，並獻方物。

瞻博，或曰瞻婆。北距兢伽河。多野象羣行。顯慶中，與婆岸、千支弗〔三〕、舍跋若、磨臘四國並遣使者入朝。

千支在西南海中，本南天竺屬國，亦曰半支跋，若唐言五山也，北距多摩萇。

又有哥羅舍分、脩羅分、甘畢三國貢方物。甘畢在南海上，東距環王；王名旃陀越摩，有勝兵五千。哥羅舍分者，在南海南，東墮和羅。脩羅分者，在海北，東距眞臘。其風俗大略相類，有君長，皆柵郛。二國勝兵二萬，甘畢才五千。

又有多摩萇，東距婆鳳，西多隆，南千支弗，北訶陵。地東西一月行，南北二十五日行。其王名骨利，詭云得大卵，剖之，獲女子，美色，以爲妻。俗無姓，婚姻不別同姓。王坐常東向。勝兵二萬，有弓刀甲矟，無馬。果有波那婆、宅護遮菴摩、石榴。其國經薩盧、都訶盧、君那盧、林邑諸國，乃得交州。顯慶中貢方物。

室利佛逝，一曰尸利佛誓。過軍徒弄山二千里，地東西千里，南北四千里而遠。有城十四，以二國分總。西曰郎婆露斯。多金、汞砂、龍腦。夏至立八尺表，影在表南二尺五寸。國多男子。有橐它，豹文而犀角，以乘且耕，名曰它牛豹。又有獸類野豕，角如山羊，名曰雩，肉味美，以饋膳。其王號「曷蜜多」。咸亨至開元間，數遣使者朝，表爲邊吏侵掠，有詔廣州慰撫。又獻侏儒、僧祇女各二及歌舞，官使者爲折衝，以其王爲左威衞大將軍，賜紫袍、金鈿帶。後遣子入獻，詔宴于曲江，宰相會，册封賓義王，授右金吾衞大將軍，還之。

名蔑，東接眞陀桓，西但游，南屬海，北波剌。其地一月行，有州三十。以十二月爲歲首。王衣朝霞、氈。賦二十取一。交易皆用金準直。其人短小，兄弟共娶一妻，婦總髮爲角，辨夫之多少。王號「斯多題」。龍朔初，使者來貢。

單單，在振州東南，多羅磨之西，亦有州縣。木多白檀。王姓刹利，名尸陵伽，日視事。有八大臣，號八坐。王以香塗身，冠雜寶瓔，近行乘車，遠乘象。戰必吹蠡、擊鼓。盜無輕重皆死。乾封、總章時，獻方物。

羅越者，北距海五千里，西南哥谷羅。商賈往來所湊集，俗與墮羅鉢底同。歲乘船至廣州，州必以聞。

驃，古朱波也，自號突羅朱，闍婆國人曰徒里拙。在永昌南二千里，去京師萬四千里。

東陸眞臘，西接東天竺，西南墮和羅，南屬海，北南詔。地長三千里，廣五千里，東北袤長，屬羊苴咩城。

凡屬國十八：曰迦羅婆提，曰摩禮烏特，曰迦梨迦，曰半地，曰彌臣，曰坤朗，曰偈奴，曰羅聿，曰佛代，曰渠論，曰婆梨，曰偈陀，曰多歸，曰摩曳，餘即舍衞、瞻婆、闍婆也。

凡鎭城九：曰道林王，曰悉利移，曰三陀，曰彌諾道立，曰突旻，曰帝偈，曰達梨謀，曰乾唐，曰末浦。

凡部落二百九十八，以名見者三十二：曰萬公，曰充惹，曰羅君潛，曰彌綽，曰道雙，曰道甕，曰道勿，曰夜半，曰不惡奪，曰莫音，曰伽龍睒，曰阿梨吉，曰阿梨闍，曰阿梨忙，曰達磨，曰求潘，曰僧塔，曰提梨郎，曰望騰，曰擔泊，曰禄烏，曰乏毛，曰僧迦，曰提追，曰阿末邏，曰逝越，曰騰陵，曰歐咩，曰磚羅婆提，曰禄羽，曰陋蠻，曰磨地勃。

繇彌臣至坤朗，又有小崑崙部，王名芒悉越，俗與彌臣同。繇坤朗至禄羽，有大崑崙王國，王名思利泊婆難多珊那。川原大於彌臣。繇崑崙小王所居，半日行至磨地勃柵，海行五月至佛代國。有江，支流三百六十。其王名思利些彌他。有川名思利毗離芮。土多異香。北有市，諸國估舶所湊，越海卽闍婆也。十五日行，踰二大山，一曰正迷，一曰射鞮，有國，其王名思利摩訶羅闍，俗與佛代同。經多茸補邏川至闍婆，八日行至婆賄伽盧，國土熱，衢路植椰子、檳榔，仰不見日。王居以金爲甓，廚覆銀瓦，爨香木，堂飾明珠。有二池，以金爲隄，舟檝皆飾金寶。

驃王姓困沒長，名摩羅惹，其相名曰摩訶思那。王出，輿以金繩牀，遠則乘象。嬪史數百人。青甓爲圓城，周百六十里，有十二門，四隅作浮圖，民皆居中，鉛錫爲瓦，荔支爲材。俗惡殺。拜以手抱臂稽顙爲恭。明天文，喜佛法。有百寺，琉璃爲甓，錯以金銀，丹彩紫鑛塗地，覆以錦罽，王居亦如之。民七歲祝髮止寺，至二十有不達其法，復爲民。衣用白氎、朝霞，以蠶帛傷生不敢衣。戴金花冠、翠冒，絡以雜珠。王宮設金銀二鍾，寇至，焚香擊之，以占吉凶。有巨白象，高百尺，訟者焚香跽象前，自思是非而退。有災疫，王亦焚香對象跽，自咎。無桎梏，有罪者束五竹捶背，重者五、輕者三，殺人則死。土宜菽、粟、稻、粱，蔗大若脛，無麻、麥。以金銀爲錢，形如半月，號登伽佗，亦曰足彈陀。無膏油，以蠟雜香代炷。與諸蠻市，以江猪、白氎、琉璃罌缶相易。婦人當頂作高髻，飾銀珠琲，衣青娑裙，披羅段；行持扇，貴家者傍至五六。近城有沙山不毛，地亦與波斯、婆羅門接，距西舍利城二十日行。西舍利者，中天竺也。南詔以兵彊地接，常羈制之。

貞元中，王雍羌聞南詔歸唐，有內附心，異牟尋遣使楊加明詣劍南西川節度使韋皋請獻夷中歌曲，且令驃國進樂人。於是皐作南詔奉聖樂，用正律黃鍾之均。宮、徵一變，象西南順也；角、羽終變，象戎夷革心也。舞六成，工六十四人，贊引二人，序曲二十八疊，舞「南詔奉聖樂」字。舞人十六，執羽翟，以四爲列。舞「南」字，歌聖主無爲化；舞「詔」字，歌南詔朝天樂；舞「奉」字，歌海宇脩文化；舞「聖」字，歌雨露覃無外；舞「樂」字，歌闢土丁零塞。皆一章三疊而成。

舞者初定，執羽，簫、鼓等奏散序一疊，次奏第二疊，四行，贊引以序入。將終，雷鼓作於四隅，舞者皆拜，金聲作而起，執羽稽首，以象朝覲。每拜跪，節以鉦鼓。次奏拍序一疊，舞者分左右蹈舞，每四拍，揖羽稽首，拍終，舞者拜，復奏一疊，蹈舞抃揖，以合「南」字。字成徧終，舞者北面跪歌，導以絲竹。歌已，俯伏，鉦作，復揖舞。餘字皆如之，唯「聖」字詞末皆恭揖，以明奉聖。每一字，曲三疊，名爲五成。次急奏一疊，四十八人分行罄折，象將臣禦邊也。字舞畢，舞者十六人爲四列，又舞闢四門之舞。遽舞入徧兩疊，與鼓吹合節，進舞三，退舞三，以象三才、三統。舞終，皆稽首逡巡。又一人舞億萬壽之舞，歌天南滇越俗四章，歌舞七疊六成而終。七者，火之成數，象天子南面生成之恩。六者，坤數，象西南向化。

凡樂三十，工百九十六人，分四部：一、龜茲部，二、大鼓部，三、胡部，四、軍樂部。龜茲部，有羯鼓、揩鼓、腰鼓、鷄婁鼓、短笛、大小觱篥、拍板，皆八；長短簫、橫笛、方響、大銅鈸、貝，皆四。凡工八十八人，分四列，屬舞筵四隅，以合節鼓。大鼓部，以四爲列，凡二十四，居龜茲部前。胡部，有箏、大小箜篌、五絃琵琶、笙、橫笛、短笛、拍板，皆八；大小觱篥，皆四。工七十二人，分四列，屬舞筵之隅，以導歌詠。軍樂部，金鐃、金鐸，皆二；掆鼓、金鉦，皆四。鉦、鼓，金飾蓋，垂流蘇。工十二人，服南詔服，立闢四門舞筵四隅，節拜合樂。又十六人，畫半臂，執掆鼓，四人爲列。舞人服南詔衣、絳裙襦、黑頭囊、金佉苴、畫皮韡，首飾袜額，冠金寶花鬘，襦上復加畫半臂。執羽翟舞，俯伏，以象朝拜；裙襦畫鳥獸草木，文以八綵雜華，以象庶物咸遂；羽葆四垂，以象天無不覆；正方布位，以象地無不載；分四列，以象四氣；舞爲五字，以象五行；秉羽翟，以象文德；節鼓，以象號令遠布；振以鐸，明采詩之義；用龜茲等樂，以象遠夷悅服。鉦鼓則古者振旅獻捷之樂也。黃鍾，君聲，配運爲土，明土德常盛。黃鍾得乾初九，自爲其宮，則林鍾四律以正聲應之，象大君南面提天統於上，乾道明也。林鍾得坤初六，其位西南，西南感至化於下，坤體順也。太蔟得乾九二，是爲人統，天地正而三才通，故次應以太蔟。三才既通，南呂復以羽聲應之。南呂，酉，西方金也；羽，北方水也。金、水悅而應乎時，以象西戎、北狄悅服。然後姑洗以角音終之。姑，故也；洗，濯也。以象南詔背吐蕃歸化，洗過日新。

皋以五宮異用，獨唱殊音，復述五均譜，分金石之節奏：

一曰黃鍾，宮之宮，軍士歌奉聖樂者用之。舞人服南詔衣，秉翟俯伏拜抃，合「南詔奉聖樂」五字，倡詞五，舞人乃易南方朝天之服，絳色，七節襦袖，節有青褾排衿，以象鳥翼。樂用龜茲、胡部，金鉦、掆鼓、鐃、貝、大鼓。

二曰太蔟，商之宮，女子歌奉聖樂者用之。合以管絃。若奏庭下，則獨舞一曲。樂用龜茲，鼓、笛各四部，與胡部等合作。琵琶、笙、箜篌，皆八；大小觱篥、箏、絃、五絃琵琶、長笛、短笛、方響，各四。居龜茲部前。次貝一人，大鼓十二分左右，餘皆坐奏。

三曰姑洗，角之宮，應古律林鍾爲徵宮，女子歌奉聖樂者用之。舞者六十四人，飾羅綵襦袖，間以八采，曳雲花履，首飾雙鳳、八卦、綵雲、花鬘，執羽爲拜抃之節。以林鍾當地統，象歲功備、萬物成也。雙鳳，明律呂之和也。八卦，明還相爲用也。綵雲，象氣也。花鬘，象冠也。合「奉聖樂」三字，唱詞三，表天下懷聖也。小女子字舞，則碧色襦袖，象角音主木；首飾巽卦，應姑洗之氣；以六人略後，象六合一心也。樂用龜茲、胡部，其鉦、掆、鐃、鐸，皆覆以綵蓋，飾以花趺，上陳錦綺，垂流蘇。按瑞圖曰：「王者有道，則儀鳳在鼓。」故羽葆鼓栖以鳳凰，鉦棲孔雀，鐃、鐸集以翔鷺，鉦、掆頂足又飾南方鳥獸，明澤及飛走翔伏。鉦、掆、鐃、鐸，皆二人執擊之。貝及大鼓工伎之數，與軍士奉聖樂同，而加鼓、笛四部。

四曰林鍾，徵之宮，斂拍單聲，奏奉聖樂，丈夫一人獨舞，樂用龜茲，鼓、笛每色四人。方響二，置龜茲部前。二隅有金鉦，中植金鐸二、貝二、鈴鈸二、大鼓十二分左右。

五曰南呂，羽之宮，應古律黃鍾爲君之宮。樂用古黃鍾方響一，大琵琶、五絃琵琶、大箜篌倍，黃鍾觱篥、小觱篥、竽、笙、壎、篪、搊箏、軋箏、黃鍾簫、笛倍。笛、節鼓、拍板等工皆一人，坐奏之。絲竹緩作，一人獨唱，歌工復通唱軍士奉聖樂詞。

雍羌亦遣弟悉利移城主舒難陀獻其國樂，至成都，韋皋復譜次其聲。以其舞容、樂器異常，乃圖畫以獻。工器二十有二，其音八：金、貝、絲、竹、匏、革、牙、角。金二、貝一、絲七、竹二、匏二、革二、牙一、角二。鈴鈸四，制如龜茲部，周圓三寸，貫以韋，擊磕應節。鐵板二，長三寸五分，博二寸五分，面平，背有柄，係以韋，與鈴鈸皆飾條紛，以花氎縷爲蘂。螺貝四，大者可受一升，飾條紛。有鳳首箜篌二：其一長二尺，腹廣七寸，鳳首及項長二尺五寸，面飾虺皮，絃一十有四，項有軫，鳳首外向；其一頂有條，軫有鼉首。箏二：其一形如鼉，長四尺，有四足，虛腹，以鼉皮飾背，面及仰肩如琴，廣七寸，腹闊八寸，尾長尺餘，卷上虛中，施關以張九絃，左右一十八柱；其一面飾彩花，傅以虺皮爲別。有龍首琵琶一，如龜茲製，而項長二尺六寸餘，腹廣六寸，二龍相向爲首；有軫柱各三，絃隨其數，兩軫在項，一在頸，其覆形如師子。有雲頭琵琶一，形如前，面飾虺皮，四面有牙釘，以雲爲首，軫上有花象品字，三絃，覆手皆飾虺皮，刻捍撥爲舞崑崙狀而彩飾之。有大匏琴二，覆以半匏，皆彩畫之，上加銅甌。以竹爲琴，作虺文橫其上，長三尺餘，頭曲如拱，長二寸，以條繫腹，穿甌及匏本，可受二升。大絃應太蔟，次絃應姑洗。有獨絃匏琴，以班竹爲之，不加飾，刻木爲虺首；張絃無軫，以絃繫頂，有四柱如龜茲琵琶，絃應太蔟。有小匏琴二，形如大匏琴，長二尺；大絃應南呂，次應應鍾。有横笛二：一長尺餘，取其合律，去節無爪，以蠟實首，上加師子頭，以牙爲之，穴六以應黄鍾商，備五音七聲；又一，管唯加象首，律度與荀勗笛譜同，又與清商部鍾聲合。有兩頭笛二，長二尺八寸，中隔一節，節左右開衝氣穴，兩端皆分洞體爲笛量。左端應太蔟，管末三穴：一姑洗，二蕤賓，三夷則。右端應林鍾，管末三穴：一南呂，二應鍾，三大呂。下托指一穴，應清太蔟。兩洞體七穴，共備黄鍾、林鍾兩均。有大匏笙二，皆十六管，左右各八，形如鳳翼，大管長四尺八寸五分，餘管參差相次，製如笙管，形亦類鳳翼，竹爲簧，穿匏達本。上古八音，皆以木漆代之，用金爲簧，無匏音，唯驃國得古製。又有小匏笙二，製如大笙，律應林鍾商。有三面鼓二，形如酒缸，高二尺，首廣下鋭，上博七寸，底博四寸，腹廣不過首，冒以虺皮，束三爲一，碧絛約之，下當地則不冒，四面畫驃國工伎執笙鼓以爲飾。有小鼓四，製如腰鼓，長五寸，首廣三寸五分，冒以虺皮，牙釘彩飾，無柄，搖之爲樂節，引贊者皆執之。有牙笙，穿匏達本，漆之，上植二象牙代管，雙簧皆應姑洗。有三角笙，亦穿匏達本，漆之，上植三牛角，一簧應姑洗，餘應南呂，角鋭在下，穿匏達本，柄觜皆直。有兩角笙，亦穿匏達本，上植二牛角，簧應姑洗，匏以彩飾。

凡曲名十有二：一曰佛印，驃云沒馱彌，國人及天竺歌以事王也。二曰讚娑羅花，驃云嚨莽第，國人以花爲衣服，能淨其身也。三曰白鴿，驃云苔都，美其飛止遂情也。四曰白鶴游，驃云蘇謾底哩，謂翔則摩空，行則徐步也。五曰鬭羊勝，驃云來乃。昔有人見二羊鬭海岸，彊者則見，弱者入山，時人謂之「來乃」。來乃者，勝勢也。六曰龍首獨琴，驃云彌思彌，此一絃而五音備，象王一德以畜萬邦也。七曰禪定，驃云掣覽詩，謂離俗寂靜也。七曲唱舞，皆律應黃鍾商。八曰甘蔗王，驃云遏思略，謂佛教民如蔗之甘，皆悅其味也。九曰孔雀王，驃云桃臺，謂毛采光華也。十曰野鵝，謂飛止必雙，徒侶畢會也。十一曰宴樂，驃云嚨聰網摩，謂時康宴會嘉也。十二曰滌煩，亦曰笙舞，驃云扈那，謂時滌煩暋，以此適情也。五曲律應黃鍾兩均：一黃鍾商伊越調，一林鍾商小植調。樂工皆崑崙，衣絳氎，朝霞爲蔽膝，謂之裓襔。兩肩加朝霞，絡腋。足臂有金寶鐶釧。冠金冠，左右珥璫，條貫花鬘，珥雙簪，散以毳。初奏樂，有贊者一人先導樂意，其舞容隨曲。用人或二、或六、或四、或八、至十，皆珠冒，拜首稽首以終節。其樂五譯而至，德宗授舒難陀太僕卿，遣還。開州刺史唐次述驃國獻樂頌以獻。大和六年，南詔掠其民三千，徙之柘東。

兩爨蠻。自曲州、靖州西南昆川、曲軛、晉寧、喩獻、安寧距龍和城，通謂之西爨白蠻；自彌鹿、升麻二川，南至步頭，謂之東爨烏蠻。西爨自云本安邑人，七世祖晉南寧太守，中國亂，遂王蠻中。梁元帝時，南寧州刺史徐文盛召詣荆州，有爨瓚者，據其地，延袤二千餘里。土多駿馬、犀、象、明珠。既死，子震翫分統其衆。隋開皇初，遣使朝貢，命韋世沖以兵戍之，置恭州、協州、昆州。未幾叛，史萬歲擊之，至西洱河、滇池而還。震翫懼而入朝，文帝誅之，諸子沒爲奴。高祖卽位，以其子弘達爲昆州刺史，奉父喪歸。而益州刺史段綸遣俞大施至南寧，治共範川，誘諸部皆納款貢方物。太宗遣將擊西爨，開青蛉、弄棟爲縣。

爨蠻之西，有徒莫祗蠻、儉望蠻，貞觀二十三年內屬，以其地爲傍、望、覽、丘、求五州，隸郎州都督府。白水蠻，地與青蛉、弄棟接，亦隸郎州〔四〕。弄棟西有大勃弄、小勃弄二川蠻，其西與黃瓜、葉榆、西洱河接，其衆完富與蜀埒，無酋長，喜相讎怨。

永徽初，大勃弄楊承顚私署將帥，寇麻州，都督任懷玉招之，不聽，高宗以左領軍將軍趙孝祖爲郎州道行軍總管，與懷玉討之。至羅仵侯山，其酋禿磨蒲與大鬼主都干以衆塞菁口，孝祖大破之。夷人尙鬼，謂主祭者爲鬼主，每歲戶出一牛或一羊，就其家祭之。送鬼迎鬼必有兵，因以復仇云。孝祖按軍，多棄城，遂北至周近水，大酋儉彌于、鬼主董朴瀕水爲栅，以輕騎逆戰，孝祖擊斬彌于、禿磨蒲，鬼主十餘級，會大雪，皸凍死者略盡。孝祖上言：「小勃弄、大勃弄常誘弄棟叛，今因破白水，請遂西討。」詔可。孝祖軍入，夷人皆走險，小勃弄酋長歿盛屯白旗城，率萬騎戰，敗，斬之。進至大勃弄，楊承顛嬰城守，孝祖招之，不從，麾軍進，執承顛，餘屯大者數萬、小數千，皆破降之，西南夷遂定。罷郎州都督，更置戎州都督。爨弘達既死，以爨歸王爲南寧州都督，居石城，襲殺東爨首領蓋聘及子蓋啓，徙共範川。

有兩爨大鬼主崇道者，與弟日進、日用居安寧城左，聞章仇兼瓊開步頭路，築安寧城，羣蠻震騷，共殺築城使者。玄宗詔蒙歸義討之，師次波州，歸王及崇道兄弟千餘人泥首謝罪，赦之。俄而崇道殺日進及歸王。歸王妻阿姹，烏蠻女也，走父部，乞兵相仇，於是諸爨亂。阿姹遣使詣歸義求殺夫者，書聞，詔以其子守隅爲南寧州都督，歸義以女妻之，又以一女妻崇道子輔朝。然崇道、守隅相攻討不置，阿姹訴歸義，爲興師，營昆川，崇道走黎州，遂虜其族，殺輔朝，收其女，崇道俄亦被殺，諸爨稍離弱。

閣羅鳳立，召守隅幷妻歸河睒，不通中國。阿姹自主其部落，歲入朝，恩賞蕃厚。閣羅鳳遣昆川城使楊牟利以兵脅西爨，徙戶二十餘萬於永昌城。東爨以言語不通，多散依林谷，得不徙。自曲靖州、石城、升麻、昆川南北至龍和，皆殘于兵。日進等子孫居永昌城。烏蠻種復振，徙居西爨故地，與峯州爲鄰。貞元中，置都督府，領羈縻州十八。

烏蠻與南詔世昏姻，其種分七部落：一曰阿芋路，居曲州、靖州故地；二曰阿猛；三曰夔山；四曰暴蠻；五曰盧鹿蠻，二部落分保竹子嶺；六曰磨彌斂；七曰勿鄧。土多牛馬，無布帛，男子髽髻，女人被髮，皆衣牛羊皮。俗尚巫鬼，無拜跪之節。其語四譯乃與中國通。大部落有大鬼主，百家則置小鬼主。

勿鄧地方千里，有邛部六姓，一姓白蠻也，五姓烏蠻也。又有初裹五姓，皆烏蠻也，居邛部、臺登之間。婦人衣黑繒，其長曳地。又有東欽蠻二姓，皆白蠻也，居北谷。婦人衣白繒，長不過膝。又有粟蠻二姓、雷蠻三姓、夢蠻三姓，散處黎、巂、戎數州之鄙，皆隸勿鄧。勿鄧南七十里，有兩林部落，有十低三姓、阿屯三姓、虧望三姓隸焉。其南有豐琶部落，阿諾二姓隸焉。兩林地雖陿，而諸部推爲長，號都大鬼主。

勿鄧、豐琶、兩林皆謂之東蠻，天寶中，皆受封爵。及南詔陷巂州，遂羈屬吐蕃。貞元中，復通款，以勿鄧大鬼主苴嵩兼邛部團練使，封長川郡公。及死，子苴驃離幼，以苴夢衝爲大鬼主，數爲吐蕃侵獵。兩林都大鬼主苴那時遺韋皋書，乞兵攻吐蕃，皋遣將劉朝彩出銅山道，吳鳴鶴出清溪關道，鄧英俊出定蕃栅道，進逼臺登城。吐蕃退壁西貢川，據高爲營。苴那時戰甚力，分兵大破吐蕃青海、臘城二節度軍於北谷，青海大兵馬使乞藏遮遮、臘城兵馬使悉多楊朱、節度論東柴、大將論結突梨等皆戰死，執籠官四十五人，鎧仗一萬，牛馬稱是。進拔于葱栅。乞藏遮遮，尙結贊子也，以尸還。其下曩貢節度蘇論百餘人行哭，使一人立尸左，一人問之曰：「瘡痛乎？」曰「然。」卽傅藥。曰「食乎？」曰「然。」卽進膳。曰「衣乎？」曰「然。」卽命裘。又問「歸乎？」曰「然。」以馬載尸而去。詔封苴那時爲順政郡王，苴夢衝爲懷化郡王，豐琶部落大鬼主驃傍爲和義郡王，給印章、袍帶。三王皆入朝，宴麟德殿，賞賚加等，歲給其部祿鹽衣綵，黎、巂二州吏就賜之。以山阻多爲盜侵，亡失所賜，皋令二州爲築館，有賜，約酋長自至，授賜而遣之。然苴夢衝內附吐蕃，斷南詔使路，皋遣巂州總管蘇嵬以兵三百召夢衝至琵琶川，聲其罪斬之，披其族爲六部，以樣棄主之。及苴驃離長，乃命爲大鬼主。驃傍年少驍敢，數出兵攻吐蕃，吐蕃間道焚其居室、部落，亡所賜印章，皋爲請，復得印。

爨蠻西有昆明蠻，一曰昆彌，以西洱河爲境，卽葉榆河也。距京師九千里。土歊濕，宜秔稻。人辮首、左袵，與突厥同。隨水草畜牧，夏處高山，冬入深谷。尙戰死，惡病亡，勝兵數萬。武德中，巂州治中吉偉使南寧，因至其國，諭使使朝貢，求內屬，發兵戍守，自是歲與牂柯使偕來。龍朔三年，矩州刺史謝法成招慰比樓等七千戶內附。總章三年，置祿州、湯望州。咸亨三年，昆明十四姓率戶二萬內附，析其地爲殷州、揔州、敦州，以安輯之。殷州居戎州西北，𢡟州居西南，敦州居南，遠不過五百餘里，近三百里。其後又置盤、𪊲等四十一州，皆以首領爲刺史。

昆明東九百里，卽牂柯國也。兵數出，侵地數千里。元和八年，上表請盡歸牂柯故地。開成元年，鬼主阿珮內屬。會昌中，封其別帥爲羅殿王，世襲爵。其後又封別帥爲滇王，皆牂柯蠻也。東距辰州二千四百里，其南千五百里卽交州也。無城郭，土熱多霖雨，稻粟再熟。無徭役，戰乃屯聚。刻木爲契，盜者倍三而償，殺人者出牛馬三十。俗與東謝同。首領亦姓謝氏，至龍羽有兵三萬。武德三年，遣使者朝，以其地爲牂州，拜龍羽刺史，封夜郎郡公。其北百五十里，有別部曰充州蠻〔五〕，勝兵二萬，亦來朝貢，以地爲充州。

開元中，牂柯酋長元齊死，孫嘉藝襲官，封其後，乃以趙氏爲酋長。二十五年，趙君道來朝。其裔有趙國珍，天寶中戰有功。閤羅鳳叛，宰相楊國忠兼劍南節度使，以國珍有方略，授黔中都督，屢敗南詔，護五溪十餘年，天下方亂，其部獨寧。終工部尙書。貞元中，官其酋長趙主俗，亦以褒朝貢不絕。至十八年，五遣使朝。元和二年，詔黔南觀察使常以本道將爲押領牂柯、昆明等使，自是數遣使，或朝正月，訖開成不絕。故事，戎夷朝貢，將至都，中官驛勞於郊，旣及館，恩禮尤渥。

西爨之南，有東謝蠻，居黔州西三百里，南距守宮獠，西連夷子，地方千里。宜五穀，爲畬田，歲一易之。衆處山，巢居，汲流以飲。無賦稅，刻木爲契。見貴人執鞭而拜。賞有功者以牛馬、銅鼓。犯小罪則杖，大事殺之，盜物者倍償。昏姻以牛酒爲聘。女歸夫家，夫慚澀避之，旬日乃出。會聚，擊銅鼓，吹角。俗椎髻，韜以絳，垂于後。坐必蹲踞，常帶刀劍。男子服衫襖、大口袴，以帶斜馮右肩，以螺殼、虎豹、猨狖、犬羊皮爲飾。有謝氏，世爲酋長，部落尊畏之。其族不育女，自以姓高不可以嫁人。貞觀三年，其酋元深入朝，冠烏熊皮若注旄，以金銀絡額，被毛帔，韋行縢，著履。中書侍郎顏師古因是上言：「昔周武王時，遠國入朝，太史次爲王會篇，今蠻夷入朝，如元深冠服不同，可寫爲王會圖。」詔可。帝以地爲應州，卽拜元深刺史，隸黔州都督府。又有南謝首領謝彊亦來朝，以其地爲莊州，授彊刺史。建中三年，大酋長檢校蠻州長史、資陽郡公宋鼎與諸謝朝賀，德宗以其國小，不許，訴於黔中觀察使王礎，以州接牂柯，願隨牂柯朝賀，礎奏：「牂、蠻二州，戶繁力彊，爲鄰蕃所憚，請許三年一朝。」詔從之。

元和中，辰、漵蠻酋張伯靖嫉本道督斂苛刻，聚衆叛，侵播、費二州，黔中經略使崔能、荊南節度使嚴綬、湖南觀察使柳公綽討之，三歲不能定。伯靖上表請隸荊南，乃降。崔能內恨之，更請調荆南、湖南、桂管軍爲援，約西原十洞兵皆出，可以成功。公卿議者皆以爲便，宰相李吉甫曰：「伯靖挾怨而叛，壓以大兵而招之，可不戰自定。」乃命能兵毋出，獨詔嚴綬招伯靖率家屬詣江陵降，授右威衞翊府中郎將。

東謝南有西趙蠻，東距夷子，西屬昆明，南西洱河也。山穴阻深，莫知道里。南北十八日行，東西二十三日行，戶萬餘，俗與東謝同，趙氏世爲酋長。夷子渠帥姓季氏，與西趙皆南蠻別種，勝兵各萬人。自古未嘗通中國，黔州豪帥田康諷之，故貞觀中皆遣使入朝。西趙首領趙酋摩率所部萬餘戶內附，以其地爲明州，授酋摩刺史。

松外蠻尙數十百部，大者五六百戶，小者二三百。凡數十姓，趙、楊、李、董爲貴族，皆擅山川，不能相君長。有城郭、文字，頗知陰陽歷數。自夜郎、滇池以西，皆莊蹻之裔。有稻、麥、粟、豆、絲、麻、薤、蒜、桃、李。以十二月爲歲首。布幅廣七寸。正月蠶生，二月熟。男子氈革爲帔，女衣絁布裙衫，髻盤如髽。飯用竹箸摶而噉之，烏杯貯羹如鷄彝。徒跣，有舟無車。死則坎地，殯舍左，屋之，三年乃葬，以蠡蚌封棺。父母喪，斬衰布衣不澡者四五年，近者二三年。爲人所殺者，子以麻括髮，墨面，衣不緝。居喪，昏嫁不廢，亦弗避同姓。

婿不親迎。富室娶妻，納金銀牛羊酒，女所齎亦如之。有罪者，樹一長木，擊鼓集衆其下。彊盜殺之，富者貰死，燒屋奪其田；盜者倍九而償贓。姦淫，則彊族輸金銀請和而棄其妻，處女、嫠婦不坐。凡相殺必報，力不能則其部助攻之。祭祀，殺牛馬，親聯畢會，助以牛酒，多至數百人。貞觀中，巂州都督劉伯英上疏：「松外諸蠻，率暫附亟叛，請擊之，西洱河天竺道可通也。」居數歲，太宗以右武候將軍梁建方發蜀十二州兵進討，酋帥雙舍拒戰，敗走，殺獲十餘萬，羣蠻震駭，走保山谷。建方諭降者七十餘部，戶十萬九千，署首領蒙、和爲縣令，餘衆感悅。

西洱河蠻，亦曰河蠻，道繇郎州走三千里，建方遣奇兵自巂州道千五百里掩之，其帥楊盛大駭，欲遁去，使者好語約降，乃遣首領十人納款軍門，建方振旅還。二十二年，西洱河大首領楊同外、東洱河大首領楊斂、松外首領蒙羽皆入朝，授官秩。顯慶元年，西洱河大首領楊棟附顯、和蠻大首領王羅祁、郎昆梨盤四州大首領王伽衝率部落四千人歸附，入朝貢方物。其後茂州西南築安戎城，絕吐蕃通蠻之道，生羌爲吐蕃鄉導，攻拔之，增兵以守，西洱河諸蠻皆臣吐蕃。開元中，首領始入朝，授刺史。會南詔蒙歸義拔大和城，乃北徙，更羈制於浪穹詔。浪穹詔已破，又徙雲南柘城。

黎州，領羈縻奉上等州二十六。開元十七年，又領羈縻夏梁、卜貴等州三十一。南路有廓清道部落主三人，婆鹽鬼主十人。又有阿逼蠻分十四部落：一曰大龍池，二曰小龍池，三曰控，四曰苴質，五曰烏披，六曰苴賃，七曰鷩篥水，八曰戎列，九曰婆狄，十曰石地，十一曰羅公，十二曰誺，十三曰離旻，十四曰里漢。

黎、邛二州之東，又有凌蠻。西有三王蠻，蓋莋都夷白馬氏之遺種。楊、劉、郝三姓世爲長，襲封王，謂之「三王」部落。疊甓而居，號鵰舍。歲稟節度府帛三千匹，以詗南詔，而南詔亦密賂之，覘成都虛實。每節度使至，酋長來謁，節度使多奏威惠所懷，以罔天子也。前謁必請於都押衙，且聽命，都押衙不令者，輒諷其叛，常倚三王部落求姑息，至唐末益甚。

雅州西有通吐蕃道三：曰夏陽，曰夔松，曰始陽，皆諸蠻錯居。凡部落四十六：距州三百餘里之外有百坡、當品、嚴城、中川、鉗矣、昌逼、鉗井七部落，四百餘里之外有羅巖、當馬、三井、東鋒、名耶、鉗恭、畫重、羅林、籠羊、林波、林燒、龍逢、索古、敢川、驚川、禍眉、不燭十七部落，五百餘里之外有諸祚、三恭、布嵐、欠馬、論川、讓川、遠南、卑盧、夔龍、曜川、金川、東嘉梁、西嘉梁十三部落，六百餘里之外有椎梅、作重、禍林、金林、邏蓬五部落，皆羈縻州也。以首領襲刺史。

巂州新安城傍有六姓蠻：一曰蒙蠻，二曰夷蠻，三曰訛蠻，四曰狼蠻，餘勿鄧及白蠻也。戎州管內有馴、騁、浪三州大鬼主董嘉慶，累世內附，以忠謹稱，封歸義郡王。貞元中，狼蠻亦請內附，補首領浪沙爲刺史，然卒不出，劍南西川節度使韋皋檄嘉慶兼押狼蠻。又有魯望等部落，徙居戎州馬鞍山，皋以其遠邊徼，戶給米二斛、鹽五斤。北又有浪稽蠻、羅哥谷蠻。東有婆秋蠻、烏皮蠻。南有離東蠻、鍋銼蠻。西有磨些蠻，與南詔、越析相姻婭。自浪稽以下，古滇王、哀牢雜種，其地與吐蕃接。亦有姐羌，古白馬氏之裔。

劍山當吐蕃大路，屬石門、柳彊三鎭，置戍、守捉，以招討使領五部落：一曰彌羌，二曰鑠羌，三曰胡叢，其餘東欽、磨些也。又有夷望、鼓路、西望、安樂、湯谷、佛蠻、虧野、阿鹽、阿鶚、鉚蠻、林井、阿異十二鬼主皆隸巂州。又有奉國、苴伽十一部落，春秋受賞於巂州，然挾吐蕃爲輕重。每節度使至，諸部獻馬，酋長衣虎皮，餘皆紅帑束髮，錦纈襖、半臂。既見，請匹錦、斗酒，折草招父祖魂以歸鄕里。及還，裹錦植馬上而去。又有顯養、東魯諸蠻，永徽三年與胡叢皆叛。高宗以右驍衞將軍曹繼叔爲巂州道行軍總管，戰斜山，拔十餘城，斬首七百，獲馬、犛牛萬五千。

姚州境有永昌蠻，居古永昌郡地。咸亨五年叛，高宗以太子右衞副率梁積壽爲姚州道行軍總管討平之。武后天授中，遣御史裴懷古招懷。至長壽時，大首領董期率部落二萬內鷹。其西有撲子蠻，趫悍，以青娑羅爲通身袴，善用竹弓，入林射飛鼠無不中。無食器，以蕉葉藉之。人多長大，負排持矟而鬭。又有望蠻者，用木弓短箭，鏃傅毒藥，中者立死。婦人食乳酪，肥白，跣足；青布爲衫裳，聯貫珂貝珠絡之；髻垂于後，有夫者分兩髻。

羣蠻種類，多不可記。有黑齒、金齒、銀齒三種，見人以漆及鏤金銀飾齒，寢食則去之。直頂爲髻，青布爲通袴。有繡脚種，刻踝至腓爲文。有繡面種，生踰月，涅黛於面。有雕題種，身面涅黛。有穿鼻種，以金鐶徑尺貫其鼻，下垂過頤。君長以絲係鐶，人牽乃行。其次，以二花頭金釘貫鼻下出。又有長鬃種、棟鋒種，皆額前爲長髻，下過臍，行以物舉之，君長則二女在前共舉其髻乃行。

安南有生蠻林覩符部落，大曆中置德化州，戶一萬。又以潘歸國部落置龍武州，戶千五百。詔安南節度使綏定之。貞元七年，始以驩、峯二州爲都督府。驩在安南，限重海，與文單、占婆接。峯統羈縻州十八，與蜀爨蠻接。

南平獠，東距智州，南屬渝州，西接南州，北涪州，戶四千餘。多瘴癘。山有毒草、沙虱、蝮虵，人樓居，梯而上，名爲干欄。婦人橫布二幅，穿中貫其首，號曰通裙。美髮髻，垂於後。竹筒三寸，斜穿其耳，貴者飾以珠璫。俗女多男少，婦人任役。昏法，女先以貨求男，貧者無以嫁，則賣爲婢。男子左衽，露髮，徒跣。其王姓朱氏，號劍荔王。貞觀三年，遣使內款，以其地隸渝州。有飛頭獠者，頭欲飛，周項有痕如縷，妻子共守之，及夜如病，頭忽亡，比旦還。又有烏武獠，地多瘴毒，中者不能飲藥，故自鑿齒。

有甯氏，世爲南平渠帥。陳末，以其帥猛力爲寧越太守。陳亡，自以爲與陳叔寶同日而生，當代爲天子，乃不入朝。隋兵阻瘴，不能進。猛力死，子長眞襲刺史。及討林邑，長眞出兵攻其後，又率部落數千從征遼東，煬帝召爲鴻臚卿，授安撫大使，遣還。又以其族人甯宣爲合浦太守。隋亂，皆以地附蕭銑。長眞，部越兵攻丘和於交阯者也，武德初，以寧越、鬱林之地降，自是交、愛數州始通。高祖授長眞欽州都督。甯宣亦遣使請降，未報而卒，以其子純爲廉州刺史，族人道明爲南越州刺史。六年，長眞獻大珠，昆州刺史沈遜、融州刺史歐陽世普、象州刺史秦元覽亦獻筒布，高祖以道遠勞人，皆不受。道明與高州首領馮暄、談殿據南越州反，攻姜州，甯純以兵援之。八年，長眞陷封山縣，昌州刺史龐孝恭掎擊暄等走之。明年，道明爲州人所殺。未幾，長眞死，子據襲刺史。馮暄、談殿阻兵相掠，羣臣請擊之，太宗不許，遣員外散騎常侍韋叔諧、員外散騎侍郎李公淹持節宣諭，暄等與溪洞首領皆降，南方遂定。

大抵劍南諸獠，武德、貞觀間數寇暴州縣者不一。巴州山獠王多馨叛，梁州都督龐玉梟其首，又破餘黨符陽、白石二縣獠。其後眉州獠反，益州行臺郭行方大破之。未幾，又破洪、雅二州獠，俘男女五千口。是歲，益州獠亦反，都督竇軌請擊之，太宗報曰：「獠依山險，當拊以恩信。脅之以兵威，豈爲人父母意耶？」貞觀七年，東、西玉洞獠反，以右屯衞大將軍張士貴爲龔州道行軍總管平之。十二年，巫州獠叛，夔州都督齊善行擊破之，俘男女三千餘口。是歲，鈞州獠叛，桂州都督張寶德討平之。明州山獠又叛，交州都督李道彥擊走之。是歲，巴、洋、集、壁四州山獠叛，攻巴州，遣右武候將軍上官懷仁破之于壁州，虜男女萬餘，明年遂平。十四年，羅、竇諸獠叛，以廣州都督党仁弘爲竇州道行軍總管擊之，虜男女七千餘人。太宗再伐高麗，爲舡劍南，諸獠皆半役，雅、邛、眉三州獠不堪其擾，相率叛，詔發隴右、峽兵二萬，以茂州都督張士貴爲雅州道行軍總管，與右衞將軍梁建方平之。

高宗初，琰州獠叛，梓州都督謝萬歲〔六〕、充州刺史謝法興、黔州都督李孟嘗討之。萬歲、法興入洞招慰，遇害。顯慶三年，羅、竇生獠酋領多胡桑率衆內附。上元末，納州獠叛，寇故茂、都掌二縣，殺吏民，焚廨舍，詔黔州都督發兵擊之。大曆二年，桂州山獠叛，陷州，刺史李良遁去。貞元中，嘉州綏山縣婆籠川生獠首領甫枳兄弟誘生蠻爲亂，剽居人，西川節度使韋皋斬之，招其首領勇于等出降。或請增栅東凌界以守，皋不從，曰：「無戎而城，害所生也。」獠亦自是不擾境。

戎、瀘間有葛獠，居依山谷林菁，踰數百里。俗喜叛，州縣撫視不至，必合黨數千人，持排而戰。奉酋帥爲王，號曰「婆能」，出入前後植旗。大中末，昌、瀘二州刺史貪沓，以弱繒及羊彊獠市，米麥一斛，得直不及半，羣獠訴曰：「當爲賊取死耳！」刺史召二小吏榜之曰：「皆爾屬爲之，非吾過。」獠相視大笑，遂叛。立酋長始艾爲王，踰梓、潼，所過焚剽，刺史劉成師誘降其黨，斬首領七十餘人。餘衆遁至東川，節度使柳仲郢諭降之。始艾稽首請罪，仲郢貰遣之。

成都西北二千餘里有附國，蓋漢西南夷也。其東部有嘉良夷，無姓氏。地縱八百里，橫四千五百里。無城栅，居川谷，疊石爲巢，高十餘丈，以高下爲差，作狹戶，自內以通上。王酋帥以金飾首，胸垂金花，徑三寸。地高涼，多風少雨，宜小麥，多白雉。嘉良夷有水廣三十步，附國水廣五十步，皆南流，以韋爲舡。附國南有薄緣夷，西接女國。

三濮者，在雲南徼外千五百里。有文面濮，俗鏤面，以青涅之。赤口濮，裸身而折齒，劖其脣使赤。黑僰濮，山居如人，以幅布爲裙，貫頭而繫之。丈夫衣縠皮。多白蹄牛、虎魄。龍朔中，遣使與千支弗、磨臘同朝貢。

西原蠻，居廣、容之南，邕、桂之西。有甯氏者，相承爲豪。又有黃氏，居黃橙洞，其隸也。其地西接南詔。天寶初，黃氏彊，與韋氏、周氏、儂氏相脣齒，爲寇害，據十餘州。韋氏、周氏恥不肯附，黃氏攻之，逐于海濱。

至德初，首領黃乾曜、眞崇鬱與陸州〔七〕、武陽、朱蘭洞蠻皆叛，推武承斐、韋敬簡爲帥，僭號中越王，廖殿爲桂南王，莫淳爲拓南王，相支爲南越王，梁奉爲鎭南王，羅誠爲戎成王，莫潯爲南海王，合衆二十萬，緜地數千里，署置官吏，攻桂管十八州。所至焚廬舍，掠士女，更四歲不能平。乾元初，遣中使慰曉諸首領，賜詔書赦其罪，約降。於是西原、環、古等州首領方子彈、甘令暉、羅承韋、張九解、宋原五百餘人請出兵討承斐等，歲中戰二百，斬黃乾曜、眞崇鬱、廖殿、莫淳、梁奉、羅誠、莫潯七人。承斐等以餘衆面縛詣桂州降，盡釋其縛，差賜布帛縱之。其種落張侯、夏永與夷獠梁崇牽、覃問及西原酋長吳功曹復合兵內寇，陷道州，據城五十餘日。桂管經略使邢濟擊平之，執吳功曹等。餘衆復圍道州，刺史元結固守不能下，進攻永州，陷邵州，留數日而去。湖南團練使辛京杲遣將王國良戍武岡，嫉京杲貪暴，亦叛，有衆千人，侵掠州縣，發使招之，且服且叛。建中元年，城敍州以斷西原，國良乃降。

貞元十年，黃洞首領黃少卿者，攻邕管，圍經略使孫公器，請發嶺南兵窮討之，德宗不許，命中人招諭，不從，俄陷欽、橫、潯、貴四州。少卿子昌沔趫勇，前後陷十三州，氣益振。乃以唐州刺史陽旻爲容管招討經略使，引師掩賊，一日六七戰，皆破之，侵地悉復。元和初，邕州擒其別帥黃承慶。明年，少卿等歸款，拜歸順州刺史。弟少高爲有州刺史。未幾復叛。

又有黃少度、黃昌瓘二部，陷賓、巒二州，據之。十一年，攻欽、橫二州，邕管經略使韋悅破走之，取賓、巒二州。是歲，復屠巖州，桂管觀察使裴行立輕其軍弱，首請發兵盡誅叛者，徼幸有功，憲宗許之。行立兵出擊，彌更二歲，妄奏斬獲二萬，罔天子爲解。自是邕、容兩道殺傷疾疫死者十八以上。調費闕亡，繇行立、陽旻二人，當時莫不咎之。及安南兵亂，殺都護李象古，擢唐州刺史桂仲武爲都護，逗留不敢進，貶安州刺史，以行立代之。尋召還，卒。

長慶初，以容管經略使留後嚴公素爲經略使，復上表請討黃氏。兵部侍郎韓愈建言：「黃賊皆洞獠，無城郭，依山險各治生業，急則屯聚畏死。前日邕管經略使德不能綏懷，威不能臨制，侵詐係縛，以致憾恨。夷性易動而難安，劫州縣復私讎，貪小利不爲大患。自行立、陽旻建征討，生事詭賞，邕、容兩管，日以凋弊，殺傷疾患，十室九空。百姓怨嗟，如出一口，人神共嫉，二將繼死。今嚴公素非撫御之才，復尋往謬，誠恐嶺南未有寧時。昨合邕、容爲一道，邕與賊限一江，若經略使居之，兵鎮所處，物力雄完，則敵人不敢輕犯；容州則隔阻已甚，以經略使居之，則邕州兵少情見，易啓蠻心。請以經略使還邕州，容置刺史，便甚。又比發南兵，遠鄉羈旅，疾疫殺傷，續添續死，每發倍難。若募邕、容千人，以給行營，糧不增而兵便習，守則有威，攻則有利。自南討損傷，嶺南人希，賊之所處，洞壘荒僻。假如盡殺其人，得其地，在國計不爲有益。容貸羈縻，比之禽獸，來則捍禦，去則不追，未有虧損朝庭。願因改元大慶，普赦其罪，遣郎官、御史以天子意丁寧宣諭，必能讙叫聽命。爲選材用威信者，委以經略，處理得方，宜無侵叛事。」不納。

初，邕管既廢，人不謂宜。監察御史杜周士使安南，過邕州，刺史李元宗白狀，周士從事五管，積三十年矣，亦知其不便。嚴公素遣人盜其槁，周士憤死。公素劾元宗擅以羅陽縣還黃少度，元宗懼，引兵一百持印章依少度。穆宗遣監察御史敬僚按之。僚嘗爲容州從事，與公素昵，傅致元宗罪，以母老，流驩州，衆以爲不直。

黃賊更攻邕州，陷左江鎮；攻欽州，陷千金鎮。刺史楊嶼奔石南柵，邕州刺史崔結擊破之。明年，又寇欽州，殺將吏。是歲，黄昌瓘遣其黨陳少奇二十人歸款請降，敬宗納之。

黄氏、儂氏據州十八，經略使至，遣一人詣治所，稍不得意，輒侵掠諸州。横州當邕江官道，嶺南節度使常以兵五百戍守，不能制。大和中，經略使董昌齡遣子蘭討平峒穴，夷其種黨，諸蠻畏服。有違命者，必嚴罰之。十八州歲輸貢賦，道路清平。其後儂洞最彊，結南詔爲助。懿宗與南詔約和，二洞數構敗之。邕管節度使辛讜以從事徐雲虔使南詔結和，齎美貨啖二洞首領、太州刺史黄伯藴、屯洞首領儂金意、員州首領儂金勒等與之通歡。

員州又有首領儂金澄、儂仲武與金勒襲黄洞首領黄伯善，伯善伏兵瀼水，鷄鳴，候其半濟，擊殺金澄、仲武，唯金勒遁免。後欲興兵報仇，辛讜遣人持牛酒音樂解和，并遺其母衣服。母，賢者也，讓其子曰：「節度使持物與獠母，非結好也，以汝爲吾子。前日兵敗瀼水，士卒略盡，不自悔，復欲動衆，兵忿者必敗，吾將囚爲官老婢矣。」金勒感寤，爲罷兵。

贊曰：唐北禽頡利，西滅高昌、焉耆，東破高麗、百濟，威制夷狄，方策所未有也。交州，漢之故封，其外瀕海諸蠻，無廣土堅城可以居守，故中國兵未嘗至。及唐稍弱，西原、黄洞繼爲邊害，垂百餘年。及其亡也，以南詔。詩曰：「惠此中國，以綏四方。」不以夷狄先諸夏也。

校勘記

〔一〕王曰楊栗蹵　「栗」，各本同，御覽卷七八七、通典卷一八八、通考卷三三一均作「栗」。

〔二〕憲宗拜內四門府左果毅使者讓其弟　舊書卷一九七訶陵傳作「以其使李訶內爲果毅，訶內請迴授其弟。」

〔三〕千支弗　「千」，局本同，十行、汲、殿本作「干」。交廣印度兩道考下卷謂「此千支弗爲干支弗之訛，而指南印度昔之建志補羅。」

〔四〕亦隸郎州　各本原作「郎州亦隸」。按通鑑卷一九九有郎州白水蠻，胡注：「白水蠻與青蛉、弄棟接，隸郎州。」「郎州亦隸」係倒文，據改。

〔五〕有別部曰充州蠻　「充」，各本原作「兗」。按本書卷三八地理志，兗州屬河南道，地望不合；又卷四三下地理志諸蠻州有充州，隸黔州都督府，「武德三年以牂牱蠻別部置」。「兗州」當是「充州」之誤，今改。下同。

〔六〕梓州都督謝萬歲　通鑑卷一九九同。按本書卷四三下地理志，黔州都督府領牂州；又據卷四二地理志，梓州屬劍南道。通鑑胡注：「梓州，當作牂州。」

〔七〕眞崇鬱　下文作「眞鬱崇」，十行、衲、汲、殿本同，局本均作「眞崇鬱」。未知孰是。

唐書卷二百二十三上

列傳第一百四十八上

姦臣上

許敬宗　李義府　傅游藝　李林甫　陳希烈

許敬宗字延族，杭州新城人。父善心，仕隋爲給事中。敬宗幼善屬文，大業中舉秀才中第，調淮陽書佐，俄直謁者臺，奏通事舍人事。善心爲宇文化及所殺，敬宗哀請得不死，去依李密爲記室。武德初，補漣州別駕。太宗聞其名，召署文學館學士。貞觀中，除著作郎，兼脩國史，喜謂所親曰：「仕宦不爲著作，無以成門戶。」俄改中書舍人。文德皇后喪，羣臣衰服，率更令歐陽詢貌醜異，敬宗侮笑自如，貶洪州司馬。累轉給事中，復脩史，以勞封高陽縣男，檢校黃門侍郎。高宗在東宮，遷太子右庶子。高麗之役，太子監國定州，敬宗與高士廉典機劇。岑文本卒，帝驛召敬宗，以本官檢校中書侍郎。駐蹕山破賊，命草詔馬前，帝愛其藻警，由是專掌誥令。

初，太子承乾廢，官屬張玄素、令狐德棻、趙弘智、裴宣機、蕭鈞皆除名爲民，不復用。敬宗爲言玄素等以直言被嫌忌，今一槩被罪，疑洗宥有所未至。帝悟，多所甄復。高宗卽位，遷禮部尚書。敬宗饕沓，遂以女嫁蠻酋馮盎子，多私所聘。有司劾擧，下除鄭州刺史，俄復官，爲弘文館學士。

帝將立武昭儀，大臣切諫，而敬宗陰揣帝私，卽妄言曰：「田舍子賸穫十斛麥，尙欲更故婦。天子富有四海，立一后，謂之不可，何哉？」帝意遂定。王后廢，敬宗請削后家官爵，廢太子忠而立代王，遂兼太子賓客。帝得所欲，故詔敬宗待詔武德殿西闥。頃拜侍中，監脩國史，爵郡公。

帝嘗幸故長安城，按蹕裴回，視古區處，問侍臣：「秦、漢以來幾君都此？」敬宗曰：「秦居咸陽，漢惠帝始城之。其後苻堅、姚萇、宇文周居之。」帝復問：「漢武開昆明池實何年？」對曰：「元狩三年，將伐昆明，實爲此池以肄戰。」帝乃詔與弘文學士討古宮室故區，具條以聞。進中書令，仍守侍中。敬宗於立后有助力，知后鉗戾，能固主以久己權，乃陰連后謀逐韓瑗、來濟、褚遂良，殺梁王、長孫无忌、上官儀，朝廷重足事之，威寵熾灼，當時莫與比。改右相，辭疾，拜太子少師、同東西臺三品。年老，不任趨步，特詔與司空李勣朝朔日，聽乘小馬至內省。

帝東封泰山，以敬宗領使。次濮陽，帝問竇德玄：「此謂帝丘，何也？」德玄不對。敬宗儳曰：「臣能知之。昔帝顓頊始居此地，以王天下。其後夏后相因之，爲寒浞所滅。后緡方娠，逃出自竇，在此地也。後昆吾氏因之，而爲夏伯。昆吾既衰，湯滅之。其頌曰：『韋、顧既伐，昆吾、夏桀』是也。至春秋時，衞成公自楚丘徙居之，左氏稱『相奪予享』，以舊地也。由顓頊所居，故曰帝丘。臣聞有德者啓其國土，失道者則喪其疆宇，自古大都美國，居者不一姓，故有國家者不可不慎也。」帝曰：「書稱『浮于濟、漯』，今濟與漯斷不相屬，何故而然？」對曰：「夏禹道沇水東流爲濟，入于河。今自漯至温而入河，水自此洑地過河而南，出爲滎，又洑而至曹、濮，散出於地，合而東，汶水自南入之，所謂『泆爲滎，東出于陶丘北，又東會于汶』是也。古者五行皆有官，水官不失職，則能辨味與色。潛而出，合而更分，皆能識之。」帝曰：「天下洪流巨谷，不載祀典，濟甚細而在四瀆，何哉？」對曰：「瀆之言獨也。不因餘水，獨能赴海者也。且天有五星，運而爲四時；地有五嶽，流而爲四瀆；人有五事，用而爲四支。五，陽數也，四，陰數也，有奇偶、陰陽焉。陽者光曜，陰者晦昧，故辰隱而難見。濟潛流屢絕，狀雖微細，獨而尊也。」帝曰：「善。」敬宗退，矜曰：「大臣不可無學，向德玄不能對：「吾恥之。」德玄聞之，不屑曰：「人各有能，不彊所不知，吾所能也。」李勣曰：「敬宗多聞，美矣；寶之不彊，不亦善乎？」

初，高祖、太宗實錄，敬播所譔，信而詳。及敬宗身爲國史，竄改不平，專出己私。始虞世基與善心同遭賊害，封德彝常曰：「昔吾見世基死，世南匍匐請代；善心死，敬宗蹈舞求生。」世爲口實，敬宗銜憤。至立德彝傳，盛誣以惡。敬宗子娶尉遲敬德女孫，而女嫁錢九隴子。九隴，本高祖隸奴也，爲虛立門閥功狀，至與劉文靜等同傳。太宗賜長孫无忌威鳳賦，敬宗猥稱賜敬德。蠻酋龐孝泰率兵從討高麗，賊笑其懦，襲破之。敬宗受其金，乃稱「屢破賊，唐將言驍勇者唯蘇定方與孝泰，曹繼叔、劉伯英出其下遠甚」。然自貞觀後，論次諸書，自晉盡隋，及東殿新書、西域圖志、姓氏錄、新禮等數十種皆敬宗總知之，賞賚不勝紀。

敬宗營第舍華僭，至造連樓，使諸妓走馬其上，縱酒奏樂自娛。嬖其婢，因以繼室，假姓虞。子昂烝之，敬宗怒黜虞，奏斥昂嶺外，久乃表還。

咸亨初，以特進致仕，仍朝朔望，續其俸祿。卒，年八十一，帝爲舉哀，詔百官哭其第，册贈開府儀同三司、揚州大都督，陪葬昭陵。太常博士袁思古議：「敬宗棄子荒徼，女嫁蠻落，謚曰繆。」其孫彥伯訴思古有嫌，詔更議。博士王福時曰：「何曾忠而孝，以食日萬錢謚繆醜，況敬宗忠孝兩棄，飲食男女之累過之。」執不改。有詔尚書省雜議，更謚曰恭。

彥伯，昂子也，頗有文。敬宗晚年不復下筆，凡大典册悉彥伯爲之。嘗戲昂曰：「吾兒不及若兒。」答曰：「渠父不如昂父。」後又納婢譖，奏流彥伯嶺表，遇赦還，累官太子舍人。既與思古有憾，欲邀擊諸路，思古曰：「吾爲先子報仇耳。」彥伯慚而止。

垂拱中，詔敬宗配饗高宗廟廷。

李義府，瀛州饒陽人，其祖嘗爲射洪丞，因客永泰。貞觀中，李大亮巡察劍南，表義府才，對策中第，補門下省典儀。劉洎、馬周更薦之，太宗召見，轉監察御史，詔侍晉王。王爲太子，除舍人、崇賢館直學士，與司議郎來濟俱以文翰顯，時稱「來李」。獻承華箴，末云：「佞諛有類，邪巧多方。其萌不絕，其害必彰。」義府方諂事太子，而文致若讜直者，太子表之，優詔賜帛。

高宗立，遷中書舍人，兼脩國史，進弘文館學士。爲長孫无忌所惡，奏斥壁州司馬，詔未下，義府問計於舍人王德儉。德儉者，許敬宗甥，瘿而智，善揣事，因曰：「武昭儀方有寵，上欲立爲后，畏宰相議，未有以發之。君能建白，轉禍於福也。」義府卽代德儉直夜，叩閤上表，請廢后立昭儀。帝悅，召見與語，賜珠一斗，停司馬詔書，留復侍。武后已立，義府與敬宗、德儉及御史大夫崔義玄、中丞袁公瑜、大理正侯善業相推轂，濟其姦，誅棄骨鯁大臣，故后得肆志攘取威柄，天子斂衽矣。

義府貌柔恭，與人言，嬉怡微笑，而陰賊褊忌著于心，凡忤意者，皆中傷之，時號義府「笑中刀」。又以柔而害物，號曰「人貓」。

永徽六年，拜中書侍郎、同中書門下三品，封廣平縣男，又兼太子右庶子，爵爲侯。洛州女子淳于以姦繫大理，義府聞其美，屬丞畢正義出之，納以爲妾，卿段寶玄以狀聞。詔給事中劉仁軌、侍御史張倫鞫治，義府且窮，逼正義縊獄中以絕始謀。侍御史王義方廷劾，義府不引咎，三叱之，然後趨出。義方極陳其惡，帝陰德義府，故貸不問，爲抑義方，逐之。未幾進中書令，檢校御史大夫，加太子賓客，更封河間郡公，詔造私第。諸子雖褓負皆補清官。

初，杜正倫爲黃門侍郎，義府纔典儀。及同輔政，正倫恃先進不相下，密與中書侍郎李友益圖去義府，反爲所誣，交訟帝前。帝兩黜之，正倫爲橫州刺史，義府普州刺史，流友益峯州。明年，召爲吏部尚書、同中書門下三品。母喪免，奪喪爲司列太常伯、同東西臺三品。更葬其先永康陵側，役縣人牛車輸土築墳，助役者凡七縣，高陵令不勝勞而死。公卿爭賵遺。葬日，詔御史節哭。送車從騎相銜，帷帟奠帳自灞橋屬三原七十里不絕，轜輴芻偶，僭侈不法，人臣送葬之盛無與比者。殷王出閤，又兼府長史，稍遷右相。

義府已貴，乃言系出趙郡，與諸李敍昭穆，嗜進者往往尊爲父兄行。給事中李崇德引與同譜，既謫普州，亟削去，義府銜之，及復當國，傅致其罪，使自殺于獄。貞觀中，高士廉、韋挺、岑文本、令狐德棻脩氏族志，凡升降，天下允其議，於是州藏副本以爲長式。時許敬宗以不載武后本望，義府亦恥先世不見敍，更奏删正。委孔志約、楊仁卿、史玄道、呂才等定其書，以仕唐官至五品皆昇士流。於是兵卒以軍功進者，悉入書限，更號姓氏錄，搢紳共嗤靳之，號曰「勳格」。義府奏悉收前志燒絕之。自魏太和中定望族，七姓子孫迭爲婚姻，後雖益衰，猶相夸尚。義府爲子求婚不得，遂奏一切禁止。

既主選，無品鑒才，而谿壑之欲，惟賄是利，不復銓判，人人咨訕。又母、妻、諸子賣官市獄，門如沸湯。自永徽後，御史多制授，吏部雖有調注，至門下覆不留。義府乃自注御史、員外、通事舍人，有司不敢卻。帝嘗從容戒義府曰：「聞卿兒子女壻撓法多過失，朕爲卿掩覆，可少勗之。」義府內倚后，揣羣臣無敢白其罪者，不虞帝之知，乃勃然變色，徐曰：「誰爲陛下道此？」帝曰：「何用問我所從得邪！」義府謷然不謝，徐引去，帝由是不悅。

會術者杜元紀望義府第有獄氣，曰：「發積錢二千萬，可以厭勝。」義府信之，裒索殊急。

居母喪，朔望給告，卽羸服與元紀出野，馮高窺覘災眚，衆疑其有異謀。又遣子津召長孫延，謂曰：「吾爲子得一官。」居五日，延拜司津監，索謝錢七十萬。右金吾倉曹參軍楊行穎白其贓，詔司刑太常伯劉祥道與三司雜訊，李勣監按，有狀，詔除名，流巂州，子率府長史洽、千牛備身洋及壻少府主簿柳元貞並流廷州，司議郎津流振州，朝野至相賀。三子及壻尤凶肆，既敗，人以爲誅「四凶」。或作河間道元帥劉祥道破銅山大賊李義府露布，榜于衢。乾封元年大赦，獨流人不許還，義府憤恚死，年五十三。自其斥，天下憂且復用，比死，內外乃安。

上元初，赦妻子還洛陽。如意中，贈義府揚州大都督，崔義玄益州大都督，王德儉、袁公瑜魏、相二州刺史，各賜實封。睿宗立，詔停。少子湛，見李多祚傳。

傅游藝，衞州汲人。載初初，由合宮主簿再遷左補闕。武后奪政，卽上書詭說符瑞，勸后當革姓以明受命，后悅，擢給事中。閱三月，進同鳳閣鸞臺平章事，卽拜鸞臺侍郎。后乃黜唐稱周，廢唐宗廟，自稱皇帝，賜游藝姓武氏，以兄神童爲冬官尚書。游藝嘗夢登湛露殿，既寤，以語所親，有告其謀反者，下獄自殺，以五品禮葬之。

初，游藝探后旨，誣殺宗室，復請發六道使，後卒用其言。萬國俊等既出，天下被其酷。游藝起一歲，賜袍自青及紫，人號「四時仕宦」。然歲中即敗，前古少其比云。

李林甫，長平肅王叔良曾孫。初爲千牛直長，舅姜皎愛之。開元初，遷太子中允。源乾曜執政，與皎爲姻家，而乾曜子絜爲林甫求司門郎中，乾曜素薄之，曰：「郎官應得才望，哥奴豈郎中材邪？」哥奴，林甫小字也。即授以諭德，累擢國子司業。宇文融爲御史中丞，引與同列，稍歷刑、吏部侍郎。初，吏部置長名榜，定留放。寧王私謁十人，林甫曰：「願紬一人以示公。」遂榜其一，曰：「坐王所囑，故多集。」

時武惠妃寵傾後宮，子壽王、盛王尤愛。林甫因中人白妃，願護壽王爲萬歲計，妃德之。侍中裴光庭夫人，武三思女，嘗私林甫，而高力士本出三思家。及光庭卒，武請力士以林甫代爲相。力士未敢發，而帝因蕭嵩言，自用韓休；方具詔，武擿語林甫，使爲休請。休既相，重德林甫，而與嵩有隙，乃薦林甫有宰相才，妃陰助之，即拜黃門侍郎。尋爲禮部尚書、同中書門下三品，再進兵部尚書。

皇太子、鄂王、光王被譖，帝欲廢之，張九齡切諫，帝不悅。林甫惘然，私語中人曰：「天子家事，外人何與邪？」二十四年，帝在東都，欲還長安。裴耀卿等建言：「農人場圃未畢，須冬可還。」林甫陽蹇，獨在後，帝問故，對曰：「臣非疾也，願奏事。二都本帝王東西宮，車駕往幸，何所待時？假令妨農，獨赦所過租賦可也。」帝大悅，卽駕而西。始九齡繇文學進，守正持重，而林甫特以便佞，故得大任，每嫉九齡，陰害之。帝欲進朔方節度使牛仙客實封，九齡謂林甫：「封賞待名臣大功，邊將一上最，可遽議？要與公固爭。」林甫然許。及進見，九齡極論，而林甫抑嘿，退又漏其言。仙客明日見帝，泣且辭。帝滋欲賞仙客，九齡持不可，林甫爲人言：「天子用人，何不可者？」帝聞，善林甫不專也。由是益疏薄九齡，俄與耀卿俱罷政事，專任林甫，相仙客矣。初，三宰相就位，二人罄折趨，而林甫在中，軒驁無少讓，喜津津出眉宇間。觀者竊言：「一鵰挾兩兔。」少選，詔書出，耀卿、九齡以左右丞相罷，林甫嘻笑曰：「尙左右丞相邪？」目恚而送乃止，公卿爲戰栗。於是林甫進兼中書令。帝卒用其言，殺三子，天下冤之。大理卿徐嶠妄言：「大理獄殺氣盛，鳥雀不敢棲。今刑部斷死，歲纔五十八，而烏鵲巢獄戶，幾至刑措。」羣臣賀帝，而帝推功大臣，封林甫晉國公，仙客豳國公。

及帝將立太子，林甫探帝意，數稱道壽王，語祕不傳，而帝意自屬忠王，壽王不得立。太子既定，林甫恨謀不行，且畏禍，乃陽善韋堅。堅，太子妃兄也。使任要職，將覆其家，以搖東宮。乃構堅獄，而太子絕妃自明，林甫計黜。杜良娣之父有鄰與婿柳勣不相中，勣浮險，欲助林甫，乃上有鄰變事，捕送詔獄賜死。逮引裴敦復、李邕等，皆林甫素忌惡者，株連殺之。太子亦出良娣爲庶人。未幾，擿濟陽別駕魏林，使誣河西節度使王忠嗣欲擁兵佐太子，帝不信，然忠嗣猶斥去。林甫數曰：「太子宜知謀。」帝曰：「吾兒在內，安得與外人相聞，此妄耳！」林甫數危太子，未得志，一日從容曰：「古者立儲君必先賢德，非有大勳力於宗稷，則莫若元子。」帝久之曰：「慶王往年獵，爲豽傷面甚。」答曰：「破面不愈於破國乎？」帝頗惑，曰：「朕徐思之。」然太子自以謹孝聞，內外無恚言，故飛語不得入，帝無所發其猜。

林甫善刺上意，時帝春秋高，聽斷稍怠，厭繩檢，重接對大臣，及得林甫，任之不疑。林甫善養君欲，自是帝深居燕適，沈蠱衽席，主德衰矣。林甫每奏請，必先餉遺左右，審伺微旨，以固恩信，至饔夫御婢皆所款厚，故天子動靜必具得之。性陰密，忍誅殺，不見喜怒。面柔令，初若可親，既崖穽深阻，卒不可得也。公卿不由其門而進，必被罪徙；附離者，雖小人且爲引重。同時相若九齡、李適之皆遭逐；至楊愼矜、張瑄、盧幼臨、柳升等緣坐數百人，並相繼誅。以王鉷、吉溫、羅希奭爲爪牙，數興大獄，衣冠爲累息。適之子霅嘗盛具召賓客，畏林甫，乃終日無一人往者。林甫有堂如偃月，號月堂。每欲排構大臣，卽居之，思所以中傷者。若喜而出，卽其家碎矣。子岫爲將作監，見權勢熏灼，惕然懼，常從游後園，見輦重者，跪涕曰：「大人居位久，枳棘滿前，一旦禍至，欲比若人可得乎？」林甫不樂曰：「勢已然，可奈何？」

時帝詔天下士有一藝者得詣闕就選，林甫恐士對詔或斥己，卽建言：「士皆草茅，未知禁忌，徒以狂言亂聖聽，請悉委尙書省長官試問。」使御史中丞監總，而無一中程者。林甫因賀上，以爲野無留才。俄兼隴右、河西節度使。改右相，罷節度，加累開府儀同三司，實封戶三百。

咸寧太守趙奉璋得林甫隱惡二十條，將言之。林甫諷御史捕繫奉璋，劾妖言，抵死，著作郎韋子春坐厚善貶。帝嘗大陳樂勤政樓，旣罷，兵部侍郎盧絢按轡絕道去，帝愛其醞藉，稱美之。明日林甫召絢子曰：「尊府素望，上欲任以交、廣，若憚行，且當請老。」絢懼，從之，因出爲華州刺史，俄授太子員外詹事，絢繇是廢。於時有以材譽聞者，林甫護前，皆能得於天子抑遠之，故在位恩寵莫比。凡御府所貢遠方珍鮮，使者傳賜相望。帝食有所甘美，必賜之。嘗詔百僚閱歲貢於尙書省，旣而舉貢物悉賜林甫，輦致其家。從幸華淸宮，給御馬、武士百人、女樂二部。薛王別墅勝麗甲京師，以賜林甫，它邸第、田園、水磑皆便好上腴。車馬衣服侈靡，尤好聲伎。侍姬盈房，男女五十人。故事，宰相皆元功盛德，不務權威，出入騎從簡寡，士庶不甚引避。林甫自見結怨者衆，憂刺客竊發，其出入，廣騶騎，先驅百步，傳呼何衞，金吾爲淸道，公卿辟易趨走。所居重關複壁，絡版甃石，一夕再徙，家人亦莫知也。或帝不朝，羣司要官悉走其門，臺省爲空。左相陳希烈雖坐府，卒無人入謁。

林甫無學術，發言陋鄙，聞者竊笑。善苑咸、郭愼微，使主書記。然練文法，其用人非諂附者一以格令持之，故小小綱目不甚亂，而人憚其威權。久之，又兼安西大都護、朔方節度使。俄兼單于副大都護，以朔方副使李獻忠反，讓還節度。

始厚王鉷，爲盡力，及鉷敗，詔宰相治狀，林甫大懼，不敢面鉷，獄具署名，亦無所申救。因以楊國忠代爲御史大夫，林甫薄國忠材孱，無所畏，又以貴妃故善之。及是權益盛，貴震天下，始交惡若仇敵。然國忠方兼劍南節度使，而南蠻入寇，林甫因建遣之鎭，欲離間之。國忠入辭，帝曰：「處置且訖，亟還，指日待卿。」林甫聞之憂懣。是時已屬疾，稍侵。會帝幸溫湯，詔以馬輿從，御醫珍膳繼至，詔旨存問，中官護起居。病劇，巫者視疾云：「見天子當少間。」帝欲視之，左右諫止。乃詔林甫出廷中，帝登降聖閣，擧絳巾招之，林甫不能興，左右代拜。俄而國忠至自蜀，謁林甫牀下，垂涕託後事，因不食卒。諸子護還京發喪，贈太尉、揚州大都督。

林甫居相位凡十九年，固寵市權，蔽欺天子耳目，諫官皆持祿養資，無敢正言者。補闕杜璡再上書言政事，斥爲下邽令。因以語動其餘曰：「明主在上，羣臣將順不暇，亦何所論？

君等獨不見立仗馬乎，終日無聲，而飫三品芻豆；一鳴，則黜之矣。後雖欲不鳴，得乎？」由是諫爭路絕。

貞觀以來，任蕃將者如阿史那社尒、契苾何力皆以忠力奮，然猶不爲上將，皆大臣總制之，故上有餘權以制於下。先天、開元中，大臣若薛訥、郭元振、張嘉貞、王晙、張說、蕭嵩、杜暹、李適之等，自節度使入相天子。林甫疾儒臣以方略積邊勞，且大任，欲杜其本，以久己權，卽說帝曰：「以陛下雄材，國家富彊，而夷狄未滅者，繇文吏爲將，憚矢石，不身先。不如用蕃將，彼生而雄，養馬上，長行陣，天性然也。若陛下感而用之，使必死，夷狄不足圖也。」帝然之，因以安思順代林甫領節度，而擢安祿山、高仙芝、哥舒翰等專爲大將。林甫利其虜也，無入相之資，故祿山得專三道勁兵，處十四年不徙，天子安林甫策，不疑也，卒稱兵蕩覆天下，王室遂微。

初，林甫夢人晳而髯，將逼己。寤而物色，得裴寬類所夢，曰：「寬欲代我。」因李適之黨逐之。其後楊國忠代林甫，貌類寬云。國忠素銜林甫，及未葬，陰諷祿山暴其短。祿山使阿布思降將入朝，告林甫與思約爲父子，有異謀。事下有司，其壻楊齊宣懼，妄言林甫厭祝上，國忠劾其姦。帝怒，詔林甫淫祀厭勝，結叛虜，圖危宗社，悉奪官爵，斲棺剔取含珠金紫，更以小櫬，用庶人禮葬之；諸子司儲郎中崿、太常少卿嶼及岫等悉徙嶺南、黔中，各給奴婢三人，籍其家；諸壻若張博濟、鄭平、杜位、元撝，屬子復道、光，皆貶官。

博濟亦憸薄自肆，爲戶部郎中，部有考堂，天下歲會計處，博濟廢爲員外郎中聽事，壯偉華敞，供擬豐侈至千品，別取都水監地爲考堂，擅費諸州籍帳錢不貲，有司不敢言。

帝之幸蜀也，給事中裴士淹以辯學得幸。時肅宗在鳳翔，每命宰相，輒啓聞。及房琯爲將，帝曰：「此非破賊才也。若姚元崇在，賊不足滅。」至宋璟，曰：「彼賣直以取名耳。」因歷評十餘人，皆當。至林甫，曰：「是子妬賢疾能，舉無比者。」士淹因曰：「陛下誠知之，何任之久邪？」帝默不應。

至德中，兩京平，大赦，唯祿山支黨及林甫、楊國忠、王鉷子孫不原。天寶時，嘗鏤玉爲玄元皇帝及玄宗、肅宗像於太淸宮，復琢林甫、陳希烈像列左右序。代宗時，或言：「林甫陰險，嘗不利先帝，宗廟幾危，奈何留像至今？」有詔瘞宮中。廣明初，盧攜爲太淸宮使，發地得其像，輦送京兆毀之云。

陳希烈者，宋州人。博學，尤深黃老，工文章。開元中，帝儲思經義，自褚无量、元行沖卒，而希烈與康子元、馮朝隱進講禁中，其應答詔問，敷盡微隱，皆希烈爲之章句。累遷中書舍人，十九年爲集賢院學士，進工部侍郎，知院事。帝有所譔述，希烈必助成之，遷門下侍郎。

天寶元年，有神降丹鳳門，以爲老子告錫靈符，希烈因是上言：「臣侍演南華眞經至七篇，陛下顧曰：『此言養生，朕既悟其術，而德充符詎無非常應哉？』臣稽首對：『陛下德充於內，符應於外，必有絕瑞表之。』今靈符降錫，與帝意合，宜示史官，著顯祥，摛照無窮。」其媕佞類如此。俄兼崇玄館大學士，封臨潁侯。

林甫顓朝，苟用可專制者，引與共政。以希烈柔易，且帝眷之厚，乃薦之。五載，進同中書門下平章事，遷左丞相兼兵部尙書，許國公，又兼祕書省圖書使，寵與林甫侔。林甫居位久，其陰詭雖足自固，亦希烈左右焉。楊國忠執政，素忌之，希烈引避，國忠卽薦韋見素代相，罷爲太子太師。希烈失職，內忽忽無所賴。及祿山盜京師，遂與達奚珣等偕相賊。後論罪當斬，肅宗以上皇素所遇，賜死于家。

唐書卷二百二十三下

列傳第一百四十八下

姦臣下

盧杞　崔胤　崔昭緯　柳璨 蔣玄暉　張廷範　氏叔琮　朱友恭

盧杞字子良。父弈，見忠義傳。杞有口才，體陋甚，鬼貌藍色，不恥惡衣菲食，人未悟其不情，咸謂有祖風節。藉蔭爲清道率府兵曹參軍，僕固懷恩辟朔方府掌書記，病免。補鴻臚丞，出爲忠州刺史。上謁節度府衞伯玉，伯玉不喜，乃謝歸。稍遷吏部郎中，爲虢州刺史。奏言虢有官豕三千爲民患，德宗曰：「徙之沙苑。」杞曰：「同州亦陛下百姓，臣謂食之便。」帝曰：「守虢而憂它州，宰相材也。」詔以豕賜貧民，遂有意柄任矣。俄召爲御史中丞，論奏無不合。踰年遷大夫，不閱旬，擢門下侍郎、同中書門下平章事。

既得志，險賊寖露，賢者娼，能者忌，小忤己，不傳死地不止。將大樹威，脅衆市權爲自固者。楊炎與杞俱輔政，炎鄙杞才下，不悅，未半歲，譖罷炎。時大理卿嚴郢與炎有隙，即擢郢御史大夫以自助，炎卒逐死。張鎰材裕忠懿，帝所倚愛，未有以間。會隴右用兵，杞乃見帝，僞請行，帝不可，即薦鎰守鳳翔。既又惡郢。時幽州朱滔與泚有違言，誣其軍司馬蔡廷玉間閱，請殺之。俄而滔反，帝欲斥之以悅滔，下御史鄭詹按狀，貶柳州司戶參軍，敕吏護送。廷玉疑送滔所，因自沈于河。杞奏，恐泚疑爲詔所殺，願下詹三司雜治，幷劾大夫郢。初，詹善張鎰，每伺杞間，獨詣鎰，杞知之。它日伺詹來，即徑至鎰便坐，詹趨避，杞遽及機事，鎰不得已，曰：「鄭侍御在。」杞陽驚曰：「向所言，非外所得聞。」至是幷按，有詔詹杖死，流郢費州。杜佑判度支，帝尤寵禮，杞短毀百緒，訖貶蘇州刺史。李希烈反，杞素惡顏眞卿挺正敢言，即令宣慰其軍，卒爲賊害。故宰相李揆有雅望，畏復用，遣爲吐蕃會盟使，卒于行。李洧以徐州降，有所經略，使人誤先白鎰，杞怒，沮解之，不使有功。其狙害隱毒，天下無不痛憤，以杞得君，故不敢言。

是時兵屯河南、北，挐不解，財用日急。於是度支條軍所仰給，月費緡百餘萬，而藏錢纔支三月。杞乃以戶部侍郎趙贊判度支，其黨韋都賓等建言：「商賈儲錢千萬，聽自業；過千萬者，貸其贏以濟軍。軍罷，約取償于官。」帝許之。京兆暴責其期，校吏頸大搜廛里，疑占列不盡，則笞掠之，人不勝冤，自殞溝瀆者相望，京師囂然不閲日。然悉田宅奴婢之直，緡止八十萬。又僦匱、質舍、居貿粟者，四貣其一，僅至二百萬。而長安爲閉肆，民皆遮宰相祈訴，杞無以諭，驅而去。帝知民愁怨，而所得不足給師，罷之。贊術窮，於是間架、除陌之暴縱矣。其法：屋二架爲間，差稅之，上者二千，中千，下五百，吏執籌入第室計之，隱不盡，率二架抵罪，告者以錢五萬畀之。凡公私貿易，舊法率千錢算二十，請加五十，主儈注所售，入其算有司；其自相市，爲私籍自言，隱不盡，率千錢沒二萬，告者以萬錢畀之。由是主儈得操其私以爲姦，公上所入常不得半，而恨誹之聲滿天下。及涇師亂，呼於市曰：「不奪而商人僦質矣，不稅而間架、除陌矣！」其倡和造作以召怨挻亂，皆杞爲之。

帝出奉天，杞與關播從。後數日，崔寧自賊中來，以播遷事指杞，杞卽誣寧反，帝殺之。靈武杜希全率鹽、夏二州士六千來赴，帝議所從道，杞請道漠谷。渾瑊曰：「不然，彼多險，且爲賊乘，不如道乾陵北，踰雞子堆而屯，與爲掎角，賊可破矣。」帝從杞議，賊果拒隘，兵不得入，奔還邠州。

李懷光自河北還，數破賊，泚解去。或謂王翃、趙贊曰：「聞懷光嘗斥宰相不能謀，度支賦斂重，而京兆刻損軍賜，宜誅之以謝天下。方懷光有功，上必聽用其言，公等殆矣！」二人以白杞，杞懼，卽譎帝曰：「懷光勳在宗社，賊憚之破膽，今因其威，可一舉而定。若許來朝，則犒賜留連，賊得哀整殘餘爲完守計，圖之實難，不如席勝使平京師，破竹之勢也。」帝然之。詔懷光無朝，進屯便橋。懷光自以千里勤難，有大功，爲姦臣沮間，不一見天子，內怏怏無所發，遂謀反，因暴言杞等罪惡。士議譁沸，皆指目杞，帝始寤，貶爲新州司馬。

始，帝卽位，以崔祐甫爲相，專以道德導主意，故建中初綱紀張設，赫然有貞觀風。及杞相，乃諷帝以刑名繩天下，亂敗踵及。其陰害矯譎，雖國屯主辱，猶謷然肆爲之。後雖斥，然帝念之不衰。及興元赦令，俄徙吉州長史。杞乃曰：「上必復用我。」貞元元年，詔拜饒州刺史。給事中袁高當行詔書，不肯草，白宰相曰：「杞反易天常，使萬乘播遷，幸赦不誅，又委大州，失天下望。」宰相不悅，乃召它舍人作制，高固執不得下。於是諫臣趙需、裴佶、宇文炫、盧景亮、張薦等衆對，極言杞罪四海共棄，今復用之，忠臣寒膺，良士痛骨，必且階禍。其言懇到。帝語宰相曰：「授杞小州可乎？」李勉曰：「陛下與大州亦無難，如四方之謗何？」乃詔爲澧州別駕。後散騎常侍李泌見，帝曰：「高等論杞事，朕可之矣！」泌頓首賀曰：「比日外謂陛下漢之桓、靈，今乃知堯、舜主也。」帝喜。杞遂死澧州。

初，尙父郭子儀病甚，百官造省，不屏姬侍。及杞至，則屏之，隱几而待。家人怪問其故，子儀曰：「彼外陋內險，左右見必笑，使後得權，吾族無類矣！」

崔胤字垂休，宰相愼由子也。擢進士第，累遷中書舍人、御史中丞。喜陰計，附離權彊，其外自處若簡重，而中險譎可畏。崔昭緯屢薦之，由戶部侍郎同中書門下平章事。方王珙兄弟爭河中，以胤爲節度使，不得赴，半歲，復以中書侍郎留輔政。及昭緯以罪誅，罷爲武安節度使，陸扆當國。時王室不競，南、北司各樹黨結藩鎭，內相凌脅。胤素厚朱全忠，委心結之。全忠爲言胤有功，不宜處外，故還相而逐扆。

光化初，昭宗至自華，務安反側，而胤陰爲全忠地，俾擅兵四討。帝醜其行，罷爲吏部尙書，復倚扆以相。會淸海無帥，因拜胤淸海節度使。始，昭緯死，皆王摶等白發其姦，胤坐是賜罷，內銜憾。既與摶同宰相，胤議悉去中官，摶不助，請徐圖之。及是不欲外除，即漏其語於全忠，令露劾摶交敕使共危國，罪當誅。胤次湖南，召還守司空、門下侍郎、平章事，兼領度支、鹽鐵、戶部使，而賜摶死，幷誅中尉宋道弼、景務脩，繇是權震天下，雖宦官亦累息。至是，四拜宰相，世謂「崔四入」。

劉季述幽帝東內，奉德王監國，畏全忠彊，雖深怨胤，不敢殺，止罷政事。胤趣全忠以師西，問所以幽帝狀，全忠乃使張存敬攻河中，掠晉、絳。神策軍大將孫德昭常忿閹尹廢辱天子，胤令判官石戩與游，乘間伺察。德昭飲酣必泣，胤揣得其情，乃使戩說曰：「自季述廢天子，天下之人未嘗忘，武夫義臣搏手憤惋。今謀反者特季述、仲先耳，它人劫於威，無與也。君能乘此誅二豎，復天子，取功名乎？即不早計，將有先之者。」德昭感寤，乃告以胤謀，德昭許諾，胤斬帶爲誓。俄而季述、仲先誅，以功進司徒，不就，復輔政，幷還使領。帝德之，延見或不名，以字呼之，寵遇無比。

天復元年，全忠已取河中，進逼同、華。中尉韓全誨以胤與全忠善，恐導之翦除君側，乃白罷政事，未及免，倉卒挾帝幸鳳翔。胤怨帝見廢，不肯從，召全忠以兵迎天子，令太子太師盧渥率羣臣迎全忠。始，全忠至華，遣幕府裴鑄奏事，帝不得已，聽來朝。至是胤爲之謀，乃以兵迫行在。帝下詔趣還鎭，因詔遣渥等俱西。全忠上表具言：「向書詔皆出宰相，乃今知非陛下意，爲所詿誤。師業入關，請得與李茂貞約釋憾以迎乘輿。」茂貞劾奏：「胤畜死士，用度支使榷利，令親信陳班與京兆府募兵保所居坊。天子出次，遣使者五輩往召，安臥不動，一奉表陳謝。」時帝見全忠表，亦大恚，因下詔顯責之，以工部尙書罷知政事，胤出居華州。

初，天復後宦官尤屈事胤，事無不咨。每議政禁中，至繼以燭，請盡誅中官，以宮人掌內司事。韓全誨等密知之，共於帝前求哀。乃詔胤後當密封，無口陳。中官益恐，滋欲得其謀，乃求知書美人宗柔等內左右以刺陰事，胤計稍露，宦者或相泣無憀，不自安，劫幸之謀固矣。

居華時，爲全忠數畫醜計。全忠引兵還屯河中，胤迎謁渭橋，奉觴爲全忠壽，自歌以醻酒。會茂貞殺全誨等，與全忠約和。帝急召之，墨詔者四、朱札三，皆辭疾。及帝出鳳翔，幸全忠軍，乃迎謁於道，復拜平章事，進位司徒，兼判六軍諸衞事，詔徙家舍右軍，賜帷帳器用十車。胤遂奏：「高祖、太宗無內侍典軍，天寶後宦人寖盛，德宗分羽林衞爲左右神策軍，令宦者主之，以二千人爲率。其後參掌機密，至內務百司悉歸中人，共相彌縫爲不法，朝廷微弱，禍始于此。請罷左右神策、內諸司使、諸道監軍。」於是中外宦官悉誅，天子傳導詔命，祇用宮人寵顏等。

帝之在鳳翔，以盧光啓、蘇檢爲相，胤皆逐殺之，分斥從幸近臣陸扆等三十餘人，惟裴贄孤立可制，留與偕秉政。帝動靜一決於胤，無敢言者。胤議以皇子爲元帥，全忠副之，示褒崇其功。全忠內利輝王沖幼，故胤藉以請。帝曰：「濮王長，若何？」還禁中，召翰林學士韓偓以謀。偓陰佐胤，卒不能卻。全忠還東，到長樂，羣臣班辭，胤獨至霸橋置酒，乙夜乃還。帝卽召問：「全忠安否？」與飲，命宮人爲舞劍曲，戊夜乃出，賜二宮人，固讓乃許。是時天子孤危，威令盡去，胤之劫持類如此。進侍中、魏國公。

自鳳翔還，揣全忠將篡奪，顧己宰相，恐一日及禍，欲握兵自固，謬謂全忠曰：「京師迫茂貞，不可無備，須募軍以守。今左右龍武、羽林、神策，播幸之餘，無見兵。請軍置四步將，將二百五十人；一騎將，將百人。使番休遞侍。」以京兆尹鄭元規爲六軍諸衞副使，陳班爲威遠軍使，募卒於市。全忠知其意，陽相然許。胤乃毀浮圖，取銅鐵爲兵仗。全忠陰令汴人數百應募，以其子友倫入宿衞。會爲毬戲，墜馬死，全忠疑胤陰計，大怒。時傳胤將挾帝幸荆、襄，而全忠方謀脅乘輿都洛，懼其異議，密表胤專權亂國，請誅之。卽罷爲太子少傅。全忠令其子友諒以兵圍開化坊第，殺胤，汴士皆突出，市人爭投瓦礫擊其尸，年五十一，元規、陳班等皆死，實天復四年正月。

胤罷凡三日死，死十日，全忠脅帝遷洛，發長安居人悉東，徹屋木自渭循河下，老幼係路，啼號不絕，皆大駡曰：「國賊崔胤導全忠賣社稷，使我及此！」先是，全忠雖據河南，顧彊諸侯相持，未敢決移國。及胤間內隙，與相結，得梯其禍，取朝權以成彊大，終亡天下，胤身屠宗滅。世言愼由晚無子，遇異浮屠，以術求，乃生胤，字緇郎。及爲相，其季父安潛咍曰：「吾父兄刻苦以持門戶，終爲緇郎壞之！」

崔昭緯字蘊曜，其先淸河人。及進士第。至昭宗時，仕寖顯，以戶部侍郎同中書門下平章事，居位凡八年，累進尙書右僕射。性險刻，密結中人，外連彊諸侯，內制天子以固其權。

令族人鋋事王行瑜邠寧幕府。每它宰相建議，或詔令有不便於己，必使鋋密告行瑜，使上書訾訐，己則陰阿助之。方是時，帝室微，人主若贅斿然。始，帝委杜讓能調兵食以討鳳翔，昭緯方倚李茂貞、行瑜爲重，陰得其計，則走告之，激使稱兵向闕，遂殺讓能。後又導三鎭兵殺韋昭度等。帝性剛明，不堪忍，會誅行瑜，乃罷昭緯爲右僕射。復請朱全忠薦己，又厚賂諸王，爲所奏，貶梧州司馬，下詔條其五罪，賜死。行次江陵，使者至，斬之。鋋亦誅。

柳璨字炤之，公綽族孫也。爲人鄙野，其家不以諸柳齒。少孤貧，好學，晝採薪給費，夜然葉照書，彊記，多所通涉。譏訶劉子玄史通，著析微，時或稱之。顏蕘判史館，引爲直學士，由是益知名。遷左拾遺。昭宗好文，待李磎最厚，磎死，內常求似磎者。或薦璨才高，試文，帝稱善，擢翰林學士。

崔胤死，昭宗密許璨宰相，外無知者。日暮自禁中出，騶士傳呼宰相，人皆大驚。明日，帝謂學士承旨張文蔚曰：「璨材可用，今擢爲相，應授何官？」對曰：「用賢不計資。」帝曰：「諫議大夫可乎？」曰：「唯唯。」遂以諫議大夫同中書門下平章事。起布衣，至是不四歲，其暴貴近世所未有。裴樞、獨孤損、崔遠皆宿望舊臣，與同位，頗輕之，璨內以爲怨。朱全忠圖篡殺，宿衞士皆汴人，璨一厚結之，與蔣玄暉、張廷範尤相得。既挾全忠，故朝權皆歸之。進中書侍郎、判戶部，封河東縣男。

天祐二年，長星出太微、文昌間，占者曰：「君臣皆不利，宜多殺以塞天變。」玄暉、廷範乃與璨謀殺大臣宿有望者，璨手疏所仇媢若獨孤損等三十餘人，皆誅死，天下以爲寃。全忠聞之，不善也。其後急於九錫，宣徽北院使王殷者構璨等，言其有貳，故禮不至。玄暉懼，自往辨解。全忠怒罵曰：「爾與柳璨輩沮我，不由九錫，作天子不得邪？」璨懼，卽脅哀帝曰：「人望歸元帥矣，陛下宜揖讓以授終。」璨請自行，進拜司空，爲册禮使，卽日進道。及玄暉死，而全忠恚璨背己，貶登州刺史，俄除名爲民，流崖州，尋斬之。臨刑悔咤曰：「負國賊柳璨，死宜矣！」弟瑀、瑊皆榜死。

玄暉者，少賤，不得其系著。事朱全忠爲腹心。昭宗東遷，玄暉爲樞密使。帝駐陝州，術家言星緯不常，且有大變，宜須冬幸洛。帝度全忠必篡，命衞官高瓌持帛詔賜王建，告以脅遷，且言：「全忠以兵二萬治洛陽，將盡去我左右，君宜與茂貞、克用、行密同盟，傳檄襄、魏、幽、鎭，使各以軍迎我還京師。」又詔全忠：「后方娠，須十月乃東。」全忠知帝有謀，遣寇彥卿趣迫，天子不得已，遂行。抵穀水，全忠盡殺左右黃門、內園小兒五百人，悉以汴兵爲衞。初，全忠至鳳翔，侵邠州，節度使楊崇本降，質其家。崇本妻美，全忠與亂，故崇本怒。至是遣使者會克用、茂貞，南告趙匡凝及建，同舉兵問劫遷狀，全忠大懼。

帝自出關，畏不測，常默坐流涕。玄暉與張廷範內詗，必以告全忠。全忠恨帝無傳禪意，乃謀弒以絕人望，因令其屬李振諭玄暉。玄暉與龍武統軍朱友恭、氏叔琮夜選勇士百人叩行在，言有急奏，請見帝。宮門開，門留十士以守。至椒蘭院中，夫人裴貞一啓關，殺之，乃趨殿下。玄暉曰：「上安在？」昭儀李漸榮曰：「院使毋傷宅家，寧殺我！」士持劍入，帝聞，遽單衣走，環柱，遂弒之。漸榮以身蔽帝，亦死。復執后，后求哀。玄暉以全忠所弒者帝也，乃釋后。明日，宰相請對，日晏不出，玄暉矯遺詔，言帝夜與昭儀博，爲貞一、漸榮所弒，出二人首。全忠自河中來朝，振曰：「晉文帝殺高貴鄉公，歸罪成濟。今宜誅友恭等，解天下謗。」全忠趨西內臨，對嗣天子自言弒逆非本謀，皆友恭等罪，因泣下，請討罪人。是時洛城旱，米斗直錢六百，軍有掠糴者，都人怨，故因以悅衆，執友恭、叔琮斬之。全忠邀九錫，玄暉自持詔趨汴言之。還洛不淹日，全忠矯詔收付有司車裂之，貶爲兇逆百姓，焚尸都門外。

廷範者，以優人爲全忠所愛，扈東遷爲御營使，進金吾衞將軍、河南尹。全忠欲以爲太常卿，宰相裴樞持不可，繇是樞罷去。柳璨希旨下詔，責中外不得妄言流品清濁，卒用廷範太常卿。會天子將郊，以爲脩樂縣使，又與蘇楷等駁昭宗謚。全忠恚九錫緩也，王殷譖其與璨等祀天祈延唐祚，及玄暉死、璨誅，卽貶廷範萊州司戶參軍，轘于河南市。

叔琮亦汴州人，中和末隸感化軍，以騎士奮，性沈壯有膽力。從全忠擊黃巢陳、許間，名右諸將，得爲親校。與時溥、朱宣戰，以多累表檢校尙書右僕射，爲宿州刺史。攻趙匡凝於襄陽，不克。又與李克用戰洹水，遷曹州刺史。天復初，拔澤、潞，擊太原，授晉慈觀察使。全忠屯鳳翔，克用襲絳州，攻臨汾，叔琮以二壯士類沙陀者牧馬于原，與克用軍偕行，伺隙各禽一虜還。克用大驚，疑有伏，遂退屯蒲。會朱友寧以兵三萬來援，叔琮曰：「賊遁矣，無以立功。」乃潛師夜獵游騎，殺數百，進破其壘，俘斬萬級，收馬三千，遂長驅取汾州，轉戰薄太原而還。遷檢校司空，再進爲保大軍節度使。

全忠欲遷帝於洛，表爲右龍武統軍，與弑帝，故全忠請貶白州司戶參軍，斬之。叔琮將死，呼曰：「朱温賣我以取容天下，神理謂何？」

友恭者，本李彥威也。壽州人，客汴州。殖財任俠，全忠愛而子畜之，領長劍都，積功，表爲檢校尚書左僕射。乾寧中，授汝州刺史，檢校司空。楊行密侵鄂州，友恭將兵萬餘援杜洪，至江州，還攻黃州，入之，獲行密將，俘斬萬計。又襲安州，殺守將。遷潁州刺史、感化軍節度留後。帝東遷，爲左龍武統軍，貶崖州司戶參軍。臨刑曰：「溫殺我，當亦滅族！」又語張廷範曰：「公行及此」云。

贊曰：木將壞，蟲實生之；國將亡，妖實產之。故三宰嘯凶牝奪辰，林甫將蕃黃屋奔，鬼質敗謀興元蹙，崔、柳倒持李宗覆。嗚呼，有國家者，可不戒哉！

唐書卷二百二十四上

列傳第一百四十九上

叛臣上

僕固懷恩　周智光　梁崇義　李懷光　陳少游　李錡

僕固懷恩，鐵勒部人。貞觀二十年，鐵勒九姓大首領率衆降，分置瀚海、燕然、金微、幽陵等九都督府，別爲蕃州，以僕骨歌濫拔延爲右武衞大將軍、金微都督，訛爲僕固氏，生乙李啜，乙李啜生懷恩，世襲都督。

懷恩善戰鬬，曉識戎情，部分謹嚴。安祿山反，從朔方節度使郭子儀討賊雲中，破之；敗薛忠義于背度山，殺七千騎，禽忠義子，下馬邑。進會李光弼，戰常山、趙郡、沙河、嘉山，走史思明。肅宗即位，與子儀赴靈武。時同羅部落叛，祿山北掠朔方，子儀率懷恩迎擊，懷恩子玢戰敗降虜，已而自拔歸，懷恩怒，叱斬之，將士股栗，皆殊死戰，遂破其衆，收馬、槖它、器械甚衆。帝又詔與燉煌王承寀使回紇請師，回紇聽命。至德二載，從子儀下馮翊、河東，走賊將崔乾祐，襲潼關，破之。賊將安守忠、李歸仁苦戰二日，王師敗績。懷恩至渭水，無舟，抱馬鬣以逸，收散卒還河東。子儀赴鳳翔，歸仁以勁兵邀戰三原，子儀使懷恩與王升、陳回光、渾釋之、李國貞五將軍伏白渠下，賊至遇伏，敗而走。又戰清渠，不利，引還。

時回紇使葉護、帝得以四千騎濟師，南蠻、大食等兵亦踵至。帝乃詔廣平王爲元帥，使懷恩統回紇兵，從王戰香積寺北。賊以一軍伏營左，懷恩馳掩之，馘斬無遺者，賊氣沮。既合戰，以回紇夾攻賊，戰酣，脫甲援矛直擣陣，殺十餘人，衆驚靡，亦會李嗣業鏖鬬尤力，賊大崩敗。會日暮，懷恩見王曰：「賊必棄城走，願假壯騎二百，縛安守忠、李歸仁等致麾下。」王曰：「將軍戰疲，且休矣，迨明，與將軍圖之。」對曰：「守忠等皆天下驍賊，驟勝而敗，此天與我也，奈何縱之？使復得衆，必爲我患，雖悔無逮。」王不從，固請，通夕四五反。遲明，諜者至，守忠等果遁去。又從王破賊於新店。以復兩京有殊功，詔加開府儀同三司、鴻臚卿，封豐國公，賜封二百戶。

從郭子儀破安太清，下懷、衞二州，攻相州，戰愁思岡，常爲先鋒，勇冠軍中。乾元二年，拜朔方行營節度使，進封大寧郡王。

懷恩爲人雄重寡言，應對舒緩，然剛決犯上；始居偏裨，意有不合，雖主將必折詬。其麾下皆蕃、漢勁卒，恃功多不法，子儀政寬，能優容之。及李光弼代子儀，懷恩仍爲副。光弼守河陽，攻懷州，降安太清。又子瑒，亦善鬭，以儀同三司將兵，每深入多殺，賊憚其勇，號猛將。太清妻有色，瑒劫致于幕，光弼命歸之，不聽，以卒環守。復馳騎趣之，射殺七人，奪妻還太清。懷恩怒曰：「公乃爲賊殺官卒邪？」光弼持法嚴，少假貸。初，會軍氾水，朔方將張用濟後至，斬纛下。懷恩心憚光弼，自用濟誅，常邑邑不樂。及光弼與史思明戰邙山，不用令，以覆王師。帝思其功，召入爲工部尚書，寵以殊禮。代宗立，拜隴右節度使，未行，改朔方行營節度，以副子儀。

初，肅宗以寧國公主下嫁毗伽闕可汗，又爲少子請婚，故以懷恩女妻之。少子立，號登里可汗，而懷恩女爲可敦。寶應元年，帝召兵於回紇，而登里可汗已爲史朝義所誘，引衆十萬盜塞，關中大震。帝遣殿中監藥子昂勞之，可汗因請見懷恩及其母，有詔報可。懷恩避嫌不往，帝賜鐵券，手詔固遣，乃行。與可汗會太原，可汗大悅，遂請和，助討朝義，即引兵屯陝州，待師期。

於是雍王以元帥爲中軍，拜懷恩同中書門下平章事爲之副，乃與左殺爲先鋒。時諸節度皆以兵會，次黃水〔二〕，賊堅壁自固。懷恩陣西原，多張旗幟，使突騎與回紇稍南出繚賊左，舉旗爲應，破賊壁，死者數萬。朝義擁精騎十萬來援，埋根決戰，短兵接，殺獲相當。魚朝恩令射生五百攢矢注射，賊多死，而陣堅不可犯。馬璘怒，單騎援旗直進，奪兩盾，賊辟易，大軍乘以入，衆囂不止，朝義敗，斬首萬六千級，禽四千餘人，降者三萬。轉戰石榴園、老子祠，賊再敗，自相奔蹂死，塡尙書谷幾滿，朝義輕騎走。懷恩進收東都、河陽，封府庫，無所私。釋賊所署許叔冀、王伷等，衆皆按堵。留回紇屯河陽，使瑒及北庭兵馬將高輔成以萬騎逐北，懷恩常壓賊而次。至鄭州，再戰再捷，賊帥張獻誠以汴州降，下滑州。朝義至衞州，與其黨田承嗣、李進超、李達盧合，有衆四萬，據河以戰。瑒濟師登岸薄之，賊黨奔潰。進次昌樂，朝義逸，僞帥達盧降，薛嵩、李寶臣舉相、衞、深、定等九州獻款。朝義至貝州，得其黨薛忠義，引衆三萬拒瑒於臨淸。賊氣盛，瑒勒兵挫其鋒，令高彥崇、渾日進、李光逸設三伏以待，賊半度，伏發，擊之，朝義走。會回紇以輕騎至，瑒卷甲馳之，大戰下博，賊背水陣，師奔擊，賊大崩，積尸蔽流而下。朝義退守莫州。於是都知兵馬使薛兼訓、郝廷玉、兗鄆節度使辛雲京會師城下，朝義與田承嗣數挑戰，不勝，臨陣斬僞黨敬榮。朝義懼，率殘衆奔幽州。王師追躡，朝義走平州，自經死，河北平。懷恩與諸將皆罷兵，以功遷尙書左僕射兼中書令、河北副元帥、朔方節度使，加封戶四百。

初，帝有詔但取朝義，其它一切赦之。故薛嵩、張忠志、李懷仙、田承嗣見懷恩皆叩頭，願效力行伍。懷恩自見功高，且賊平則勢輕，不能固寵，乃悉請裂河北分大鎮以授之，潛結其心以爲助，嵩等卒據以爲患云。

未幾，加太子少師，增戶五百，第一區，與一子五品官。詔護回紇歸國，道太原，辛雲京內忌懷恩，又以其與回紇親，疑可汗見襲，閉關不敢犒軍。懷恩既父子新立功，舉河朔若拾遺，名出諸將遠甚，而爲雲京所拒，大怒，表上其狀。頓軍汾州，使裨將李光逸以兵守祁，李懷光據晉州，張如岳據沁州，高暉等十餘人自從。會監軍駱奉先自雲京所歸，雲京已厚結其懽，因言懷恩與可汗約反狀明白。奉先過懷恩，升堂拜母，母讓曰：「若與我兒約兄弟，今何自親雲京？然前事勿論，自今宜如初。」酒酣，懷恩舞，奉先厚納以幣。懷恩未及酬，奉先亟辭去，懷恩即遣左右匿其馬，奉先疑圖己，乘夜遁歸，懷恩驚，追與其馬。奉先還，具奏懷恩反狀，懷恩亦請誅雲京、奉先，詔兩解之。懷恩之過潞，李抱玉贈以幣馬，懷恩答之。俄抱玉表懷恩私有所結。

廣德初，進拜太保，與一子三品、一子四品官，增封戶五百。瑒與一子五品官，封戶百。仍賜鐵券，以名藏太廟，畫象凌煙閣。又以瑒檢校兵部尚書、朔方行營節度使。然懷恩怏怏，又性彊固，不肯爲讒毀屈，無以自解，乃上書陳情曰：「臣世本夷人，少蒙上皇驅策。祿山之亂，臣以偏裨決死靜難，杖天威神，克滅彊胡。思明繼逆，先帝委臣以兵，誓雪國讎，攻城野戰，身先士卒，兄弟死於陣，子姪沒於軍，九族之內，十不一在，而存者創痍滿身。陛下龍潛時，親總師旅，臣事麾下，悉臣之愚。是時數以微功，已爲李輔國讒間，幾至毀家。陛下卽位，知臣負謗，遂開獨見之明，杜衆多之口，拔臣於汧、隴，任臣以朔方，游魂反幹，朽骨再肉。前日回紇入塞，士人未曉，京輔震驚，陛下詔臣至太原勞問，許臣一切處置，因得與可汗計議，分道用兵，收復東都，掃蕩燕、薊。時可汗在洛，爲魚朝恩猜阻，已失歡心。及臣護送回紇，雲京閉城不出，潛使攘竊，蕃夷怨怒，彌縫百端，乃得返國。臣還汾州，休息士馬，雲京亦不使一介相聞，畏臣劾奏，故構爲飛謗，以起異端。陛下不垂明察，欲使忠直之臣，陷讒邪之黨，臣所爲拊心泣血者也。然臣之罪有六，無所逃死：往者同羅背逆，以騷河曲，兵連不解，臣不顧老母，從先帝於行在，募兵討賊，同羅奔殄，是臣不忠於國，罪一也；斬子玢以令士衆，捨天性之愛，是臣不忠於國，罪二也；二女遠嫁，爲國和親，合從殄滅，是臣不忠於國，罪三也；又與子瑒躬履行陣，志寧邦家，是臣不忠於國，罪四也；河北新附，諸鎭皆握彊兵，臣之撫綏，反側時定，是臣不忠於國，罪五也；協和回紇，戡定中原，二陵復土，使陛下勤孝兩全，是臣不忠於國，罪六也。」又言：「來瑱之誅，不暴其罪，天下爲疑。四方奏請，陛下皆云與驃騎議之，可否不出宰相。」詞言慢很，帝一不爲慊，且欲其悔過，故推心待之。詔宰相裴遵慶臨諭詔旨，因察其去就。

遵慶至，懷恩抱其足，泣且訴。遵慶道帝所以不疑，卽勸入朝，懷恩許諾。副將范志誠諫，以爲「嫌隙成矣，奈何入不測之朝，獨不見來瑱、李光弼乎？二臣功高不賞，瑱已及誅。」懷恩乃止。欲使一子入宿衞，志誠固止。御史大夫王翊使回紇還，懷恩慮洩其交通狀，因留不遣。卽使瑒攻雲京，雲京敗，進攻楡次。

初，帝幸陜，顏眞卿請奉詔召懷恩。至是，帝使往，辭曰：「臣往請行，時也，今無及矣！」帝問故，對曰：「頃陛下避狄于陜，臣見懷恩，責以春秋義，不奔問官守，故懷恩來朝，以助討賊，則其辭順。今陛下卽宮京邑，懷恩進不勤王，退不釋衆，其辭曲，必不來矣！」「然則奈何？」曰：「今言懷恩反者，獨辛雲京、李抱玉、駱奉先、魚朝恩四人耳，自餘盛言其枉。然懷恩將士，皆郭子儀舊部曲，陛下若以子儀代之，喩以逆順，必相率而歸。」從之。

子儀至河中，瑒攻楡次，未拔，追兵于祁，責其緩，鞭之，衆怒。是夕，偏將焦暉、白玉等斬其首，獻闕下。懷恩聞，以告母，母曰：「我戒汝勿反，國家酬汝不淺，今衆變，禍且及我，奈何？」懷恩再拜出，母提刀逐之曰：「吾爲國殺此賊，取其心以謝軍中。」懷恩走，乃與部曲三百北度河，走靈武，稍稍引亡命，軍復振。帝念舊勳，不加罪，詔輦其母歸京師，厚卹之，以壽終。又下詔拜懷恩太保兼中書令、大寧郡王，罷餘官。

懷恩固惡不能改，遂誘吐蕃十萬入塞，豐州守將戰死。進掠涇、邠，祭來瑱墓。度涇水，邠寧節度使白孝德禦之，覆其陣，懷恩泣曰：「曩皆爲我子，反爲人致死於我。」入侵奉天，子儀拒退之。永泰元年，帝集天下兵防秋。懷恩誘合諸蕃號二十萬入寇，吐蕃自北道逼醴泉，掠奉天；任敷、鄭廷、郝德自東道寇奉先，以窺同州；羌、渾、奴剌自西道略盩厔，趣鳳翔。京師震駭。詔子儀屯涇陽，渾日進、白元光屯奉天，李光進屯雲陽，馬璘、郝廷玉屯便橋，董秦屯東渭橋，駱奉先、李日越屯盩厔，李抱玉屯鳳翔，周智光屯同州，杜冕屯坊州，帝御六軍屯苑中，下詔親征。懷恩至鳴沙，病甚，還死靈武，部曲焚其尸以葬。部將張韶、徐璜玉不能定其軍，皆前死。范志誠統衆寇涇陽。時諸屯堅壁，大雨，溪坱流潰，賊不得進。吐蕃旣持久，又與回紇爭長，更相疑，莫適先進，因焚廬舍，驅男女數萬去。周智光邀戰澄城，破之，收馬牛軍資萬計。回紇乃詣子儀降，請擊吐蕃自效。子儀分兵隨之，破其衆於涇州。任敷走，羌、渾詣李抱玉降。

始，懷恩立功，門內死王事者四十六人。及拒命，士不弛甲凡三年。帝隱忍，數下詔，未嘗聲其反。及死，爲之惻然曰：「懷恩不反，爲左右所誤耳！」俄而從子名臣以千騎降。大曆四年，册懷恩幼女爲崇徽公主，嫁回紇云。

周智光，少賤，失其先系，以騎射從軍，起行間爲裨將。魚朝恩鎭陝州，與相昵款，數稱薦之，累遷同、華二州節度使。

永泰元年，吐蕃、回紇、党項羌、渾、奴剌衆十餘萬寇奉天，智光邀戰澄城，破之，獲駝馬軍貲萬計，逐北至鄜州。素與杜冕仇嫌，時冕屯坊州，家在鄜，智光入殺刺史張麟，害冕宗屬八十人，火民三千舍而去。朝廷召，懼不赴。更詔冕使梁州避讎，冀其來，偃然不聽命，聚不逞數萬，恣剽掠以甘其欲，結固之。殺陝州監軍張志斌及前虢州刺史龐充。初，志斌自陝入奏，智光慢不爲禮，志斌責之，怒曰：「僕固懷恩豈反者邪？皆鼠輩弄威福趣之禍也。我本不反，今爲爾反！」遂叱斬志斌，臠帳下。時崔圓自淮南納方物百萬，盜頡其半；天下貢奉輸漕，劫留之；土沿調當西者懼何詰，間道走同者，遣部將邀捕斬之。代宗未暴其罪，命中使余元仙持詔拜尚書左僕射。既受詔，恚語曰：「吾有大功，上不與平章事，且同、華地狹，不足申脚，若加陝、虢、商、鄜、坊五州，差可。」因言：「諸子皆彎弓二百斤，有萬人敵，挾天子令諸侯，非智光尙誰可？」即歷詆大臣，元仙震汗。徐遺百縑遺之。自立生祠，俾其下禬賽。

大曆二年，帝詔郭子儀密圖之。同、華路閉，詔書不能通，乃召子儀壻趙縱受口詔，書帛內蠟丸，遣家童走間道傳詔。子儀得詔，聲言討之，未行，其衆大擕，部將李漢惠自同州降子儀。乃貶智光澧州刺史，聽百人隨身，貸將吏一切不問。尋爲帳下斬其首，并斬子元耀、元幹來獻，詔梟首皇城南街。判官邵賁、別將蔣羅漢並伏誅。敕有司具儀告太清宮、太廟、七陵。

先是，淮西李忠臣入朝，次潼關，聞智光反，率兵討之。會敗，忠臣因入華大掠，自赤水至潼關畜產財物皆盡，官吏至衣紙自蔽，累日不食者。

梁崇義，京兆長安人。以概量業於市，力能舒鉤。後爲羽林射生，事來瑱。沈默寡言。瑱自襄陽朝京師，分諸將戍福昌、南陽。瑱誅，戍者潰，崇義自南陽勒衆還襄州，與李昭、薛南陽相讓爲長，衆曰：「非梁卿莫可。」遂總其軍，殺昭及南陽，脅制衆心，代宗因即拜節度使。舉七州兵二萬，與田承嗣、李正己、薛嵩、李寶臣相輔車，根牙槃結。然獨以地褊兵少，法令最治，折節遇士以自振，襄、漢間人識教義。親厚數諷入朝，答曰：「來公有大功，畏閹豎讒，遂巡辭召。至代宗立，不待駕而朝，即見族。吾舋盈矣，若何欲見上乎？」

建中元年，李希烈請討之，崇義懼，整飭軍旅。男子郭昔上變事，德宗欲示以信，流昔遠方，詔金部員外郎李舟諭旨。初，劉文喜之難，舟奉詔入涇州，俄而帳下斬文喜以聞，四方傳舟能覆軍殺將，反側者皆惡之。舟至，以入朝勸崇義，崇義不悅。明年，遣使尉撫諸道，舟復如崇義所，遂不肯內，請易它使。更命給事中盧翰往，崇義益不安，跋扈甚，諫者多死。朝廷以不疑示天下，乃加同中書門下平章事，妻及子悉封賞，賜鐵券，擢其將藺杲爲鄧州刺史，遣御史張著以手詔召崇義。崇義使卒持滿，乃受命。杲奉詔不敢發，詣崇義自言。崇義對著號哭，遂拒詔。

帝命李希烈率諸道兵進討。崇義先攻江陵，欲通黔、嶺，敗於四望而還。殺希烈臨漢屯兵千餘，希烈怒，引兵循漢而上。崇義使翟崇暉、杜少誠戰蠻水，折北至涑口，大敗，二將降，希烈寵之，使部降兵徇襄陽，約百姓按堵。崇義閉壁，守者斬關出，不可止，乃與妻赴井死，傳首京師。希烈誅其親族及軍從臨漢役者三千人。

崇義孫叔明，養於李納，後從劉悟爲昭義將，從諫死，遣進旄節，有詔誅之。

李懷光，渤海靺鞨人，本姓茹。父常，徙幽州，爲朔方部將，以戰多賜姓，更名嘉慶。懷光在軍，積勞至開府儀同三司，爲都虞候。勇鷙敢誅殺，雖親屬犯法，無所回貸。節度使郭子儀仁厚，不親事，以紀綱委懷光，軍中畏之。會母喪，起兼邠、寧、慶都將。德宗罷子儀副元帥，以所部兵分諸將，故懷光檢校刑部尚書，爲寧、慶、晉、絳、慈、隰等州節度使。引衆城長武，據原首，臨涇水，以扼吐蕃空道，自是不敢南侵。建中初，楊炎欲城原州，使懷光兼帥涇原，遂其功。原州宿將史抗、温儒雅等，故子儀麾下，嘗在懷光右，及處其下，意鬱鬱，懷光因罪誅之，由是涇軍迎畏。劉文喜者，因衆懼，遂叛。詔與朱泚討平之，加檢校太子少師。明年，徙朔方節度使，實封戶四百，仍領邠寧。

時馬燧、李抱眞討田悅，未克，詔懷光以朔方兵萬五千并力。懷光至魏，未及營，與朱滔等戰連篋山，爲賊所敗，悅因決水灌軍，燧等退屯魏縣。尋進同中書門下平章事，益戶二百。與滔等相持，久不戰。

帝狩奉天，懷光率所部奔命，方雨淖，奮厲軍士倍道進，自蒲津絕河，敗泚軍於醴泉。將抵奉天，前遣裨將張韶以蠟韜表，隨賊攻城，叩壘呼曰：「我朔方使也！」縋而上，比登，身被數十矢。時帝被圍急，聞之喜，即持韶大號城上，人心乃安。又敗賊於魯店，泚解圍去。進加副元帥、中書令。

懷光爲人疏而愎，誦言：「宰相謀議乖剌，度支賦斂重，京兆尹刻薄軍食，天下之亂皆由此。吾見上，且請誅之。」或以告王翃，翃等計：「懷光有大功，上且訪以得失，使其言入，豈不殆哉！」遂告盧杞，杞即說帝曰：「懷光兵威已振，逆賊破膽，若席勝，可一舉滅賊。今入朝，則必宴勞留連，賊得從容完備，卒難圖也！」帝不得其情，因然之。乃敕懷光屯便橋，督諸將進討。懷光自以徑千里赴難，爲姦臣排隔不得朝，頗恚悵，去屯咸陽。明日，李晟會陳濤斜，壁壘未具，賊大至。晟說懷光曰：「賊保宮苑，攻之良難。今敢離窟穴，與公薄戰，此天以賊賜公也。」懷光曰：「吾馬未秣，士未飯，可遽戰哉？姑養吾勇以待之。」晟不得已，閉壁不出。懷光數暴杞等罪，帝爲貶杞與趙贊、白志貞，又劾奏中人翟文秀，亦殺之以尉懷光。然益自疑，堅壁八旬不出戰，屢詔使進軍，以伺釁爲解，陰連朱泚。

初，崔漢衡使吐蕃求助兵，尙結贊曰：「吾法，進軍以本兵大臣爲信。今制書不署懷光，未敢前。」帝乃命翰林學士陸贄詣懷光議事，懷光陳三不可，且言：「吐蕃舍人馬重英陷長安，贊普責其不焚爇，今其來，必肆宿志，一不可。彼云引兵五萬，旣用其人，則同漢士，儻邀我厚賞，何以致之？二不可。虜人雖來，義不先用，勒兵自固，以觀成敗，王師勝則分功，敗則圖變，狡詐多端，不可信，三不可。」卒不肯署。又嫚罵贄曰：「爾何能？」

興元元年，詔加太尉，賜鐵券，懷光赫然怒曰：「凡疑人臣反，則賜券。今授懷光，是使反也！」抵于地。時部將韓游瓌將兵衞奉天，懷光約令爲變，游瓌以聞。數日，又密書趣之，門者捕送。又遣將趙升鸞諜於奉天，升鸞告渾瑊曰：「懷光遣達奚承俊火乾陵，使我爲內應，以脅乘輿。」瑊白發其姦，請帝決幸梁州。帝令瑊戒嚴，未畢，帝自西門出，詔戴休顏守奉天。懷光遣將孟廷寶、惠靜壽、孫福率輕騎趨南山，糧料使張增遇之。三人計曰：「吾屬以叛聞，不如緩軍，彼怒，不過不吾將耳。」使增紿衆曰：「由此東，吾有見糧可食也。」廷寶等引而東，縱卒大掠，而百官遂入駱谷。追帝不及，還白懷光，懷光怒，悉罷其兵。懷光乃奪李建徽、陽惠元等軍，屯好畤，然其下稍稍攜貳。泚始憚之，至是欲遂臣懷光。懷光怒，告絕，益不安，乃引兵掠涇陽、三原、富平，遂如河中，留張昕守咸陽。而孟涉、段威勇擁兵降李晟，韓游瓌殺昕，以邠州歸。戴休顏自奉天令於軍曰：「懷光反。」乃城守。

有詔以懷光爲太子太保，許其麾下擇功高者一人統其兵。不奉詔。懷光至河中，取同、絳二州，按兵觀望。京師平，命給事中孔巢父、中人啖守盈召之，皆爲懷光帳下所害，於是繕兵嚴守。帝乃遣渾瑊討之。度支欲罷其軍歲中稟賜，帝曰：「朔方軍累有功，豈以懷光拒命而衆不被恩邪？」詔所司別貯縑錢，須事定乃給。瑊破同州，屯軍不得進，數爲懷光所衄。帝以河東節度使馬燧威名白著，乃拜副元帥，與瑊及鎭國駱元光、邠寧韓游瓌、鄜坊唐朝臣會兵進討。燧拔絳州，諸軍遂圍河中。

貞元元年八月，朔方部將牛名俊斬懷光，傳首以獻，年五十七。帝念其功，詔許一子嗣，賜莊、第各一區，聽以禮葬，妻王徙澧州。初，懷光死，其子璀盡殺其弟乃死，故懷光無後。五年，詔曰：「懷舊念功，仁之大也；興滅繼絕，義之至也。昔蔡叔圮族，周封其子；韓信干紀，漢爵其孥；侯君集不率，太宗存其祀。考先王之道，烈祖之訓，皆以刑佐德，俾人嚮方。釁者盜臣竊發，朕狩近郊，懷光夙駕千里，奔命行在，假雷霆之威，破虎狼之衆。守節靡終，潛構禍胎，大戮所加，自貽伊戚，孤魂無歸，懷之怳然。宜以外孫燕賜姓李，名曰承緒，以左衞率府胄曹參軍繼懷光後。」仍賜錢百萬，置田墓側，以備祭享；還妻王，使就養云。

陳少游，博州博平人。幼習老子、莊周書，爲崇玄生，諸儒推爲都講。有媢者欲對廣衆切問以屈少游。及升坐，音吐清辯，據引淹該，問窮而對有餘，大學士陳希烈高其能。旣擢第，補南平令，治有聲。累遷侍御史、回紇糧料使，加檢校職方員外郎充使，檢校郎官自少游始。僕固懷恩表署河北副元帥判官，遷晉、鄭二州刺史。

少游長權變，所至一切幹濟，賄謝權幸，以是數遷。李抱玉表澤潞副使，爲陳鄭留後。永泰中，復奏爲隴右行軍司馬，擢桂管觀察使。少游不樂遠去，規徙近鎭。時宦官董秀有寵，掌樞近，少游乃宿其里，候歸沐，入謁，因鄙語諂謂秀曰：「七郎親屬幾何？月費幾何？」秀謝曰：「族甚大，歲用常過百萬。」少游曰：「審如是，奉入不足爲數日費，當數外營乃辦耳。吾雖不才，請獨取濟，歲輸錢五千萬。今具其半，請先入之。」秀大喜，與厚相結。少游因泣曰：「嶺南瘴癘，恐不得生還見顏色。」秀遽曰：「公美才，不當遠出，請少待。」時少游已納賂元載子仲武，於是內外更薦之，改宣歙池觀察使。大曆五年，徙浙東，封潁川縣子，遷淮南節度使。喜諂數，行小惠，羣吏任職。三總藩，皆天下富饒處，以是斂求貿易無虛日，積財寶巨億萬。初結元載，賂金帛歲無慮十萬緡；又事宦官駱奉先、劉淸潭、吳承倩及秀，故能久其任。後載以過見疑，少游亦疏之。載子伯和謫揚州，少游陽善之，陰奏其罪，代宗以爲忠。建中初，朝廷經費不充，始請本道稅錢千增二百，鹽斗加百錢，度支因請諸道並增焉。李納拒命，少游出師收徐、海等州，俄棄之，退屯盱眙。累進檢校尚書左僕射，賜封戶三百，加同中書門下平章事。時宰相關播、盧杞與少游有雅故，故驟兼台司。

德宗幸奉天，度支汴東兩稅使包佶寓揚州，所儲財賦八百萬緡將輸京師，少游意朱泚勢盛，不遽平，欲脅取其財，使判官崔頠就佶索文簿，貸二百萬緡，佶以非敕命，拒之。頠怒曰：「君善，得爲劉長卿，不爾，爲崔衆矣！」長卿嘗任租庸使，爲吳仲孺所囚，崔衆以倨李光弼被殺，故頠以爲言。佶謁少游，欲諫止，不得語，卽遣去，於是財用悉爲少游所掠。佶奔白沙，少游遣幕中房孺復召之，佶驚走度江，伏妻子案牘中以免。佶有禦遏兵三千，令高越、元甫將焉，少游奪之。能隨佶者，至上元，復爲韓滉所留。佶但諸史如江、鄂州，以表內蠟丸以聞。會少游使至，帝詰其事，辭以不知。時禍難煽結，帝未能制，乃曰：「少游，國守臣，取佶之財，防它盜耳，庸何傷！」遠近聞之，咸稱帝得其機云。少游聞之，果自安不疑。

李希烈陷汴，聲言襲江淮，少游懼，遣參謀溫述送款曰：「豪、壽、舒、廬，既韜刃卷鎧，惟君命。」又使巡官趙詵如鄆州，厚結李納。希烈僭號，遣將楊豐齎僞赦令送少游。壽州刺史張建封邏得之，斬豐，以僞赦送行在。會佶入朝，具言少游脅財賦狀。少游慙，上表言所取以贍軍興，請償之。而州府殘破，不能償，乃與腹心吏設法重稅，民皆苦之。劉洽取汴州，得希烈僞起居注，書「某月日，陳少游上表歸順」。少游聞，羞悸發病死，年六十一，贈太尉。

贊曰：懷恩與賊百戰，闔宗死事至四十六人，遂汛掃燕、趙無餘埃，功高威重，不能防患，凶德根于心，弗得其所輒發，果於犯上，惜哉！其母拔刀逐賊，烈婦人也。懷光提萬衆，振天子於難，一爲讒人所沮，忿戾不自還，身首殊分，然讒人亦可疾矣，所謂「交亂四國」者也。

李錡，淄川王孝同五世孫。以父國貞蔭調鳳翔府參軍。貞元初，遷至宗正少卿。嘗與卿李幹爭議，錡以直不坐，德宗兩置之。自雅王傅出爲杭、湖二州刺史。方李齊運用事，錡以賂結其歡，居三歲，遷潤州刺史、浙西觀察、諸道鹽鐵轉運使。多積奇寶，歲時奉獻，德宗昵之。錡因恃恩驁橫，天下攉酒漕運，錡得專之，故朝廷用事臣，錡以利交，餘皆乾沒于私，國計日耗。浙西布衣崔善貞上書闕下暴其罪，帝械以賜錡，錡豫浚大坎，至則幷械瘞坎中，聞者切齒。

錡得志，無所憚，圖久安計，乃益募兵，選善射者爲一屯，號「挽硬隨身」，以胡、奚雜類虯須者爲一將，號「蕃落健兒」，皆錡腹心，稟給十倍，使號錡爲假父，故樂爲其用。帝於是復鎭海軍，以錡爲節度使，罷領鹽鐵轉運。錡喜得節，而忘其權去，暴踞日甚，屬吏死不以過甚衆，又逼汚良家，寮佐力諫不能得，遽遁去。

憲宗卽位，不假借方鎭，故倔彊者稍稍入朝。錡不自安，亦三請覲。有詔拜尙書左僕射，以御史大夫李元素代之。中使馳驛勞問，兼撫慰其軍。錡署判官王澹爲留後。錡無入朝意，稱疾遷延不卽行。澹及中使數趣之，錡不悅，乘澹視事有所變更者，諷親兵圖澹。因給冬服，錡坐幄中，以挽硬、蕃落自衞，澹與中使入謁，旣出，衆持刃嫚罵，殺澹食之。監軍使遣牙將趙琦慰諭，又食之。以兵注中使頸，錡陽驚扈解，乃囚別館。蕃落兵，薛頡主之；挽硬兵，李鈞主之。又以公孫玠、韓運分總餘軍。室五劍，授管內鎭將，令殺五州刺史。屬別將庾伯良兵三千築石頭城，謀據江左。常州刺史顏防用其客李雲謀，矯詔稱招討副使，殺鎮將李深，傳檄蘇、杭、湖、睦四州同討錡。湖州辛祕亦殺鎮將趙惟忠，而蘇州李素爲鎮將姚志安所執，釘舷上，獻於錡，錡敗而免。

憲宗以淮南節度使王鍔爲諸道行營兵馬招討處置使，中官薛尙衍爲都監招討宣慰使，發宣武、武寧、武昌、淮南、宣歙、江西、浙東兵，自宣、杭、信三州進討。初，錡以宣州富饒，遣四院隨身兵馬使張子良、李奉仙、田少卿領兵三千分下宣、歙、池，錡甥裴行立雖預謀，而欲效順，故相與約還兵執錡，行立應於內。子良等既行，其夕，諭軍中曰：「僕射反矣，精兵四面皆至，常、湖鎮將干首通衢，勢蹙且敗，吾輩徒死，不如轉禍希福。」部衆大悅，遂迴趣城。行立舉火，內外合譟，行立攻牙門。錡大驚，左右曰：「城外兵馬至。」錡曰：「何人邪？」曰：「張中丞也。」錡怒甚，曰：「門外兵何人也？」曰：「裴侍御也。」錡拊膺曰：「行立亦叛吾邪！」跣足逃于女樓下。李鈞引兵三百趨出庭院格鬭，行立兵貫出其中，斬鈞，傳首城下。錡聞之，舉族慟哭。子良以監軍命曉諭城中逆順，且呼錡束身還朝，左右以幕絙而出之。錡以僕射召，數日而反狀至，下詔削官爵，明日而敗，送京師。神策兵自長樂驛護至闕下，帝御興安門問罪，對曰：「張子良教臣反，非臣意也。」帝曰：「爾以宗臣爲節度使，不能斬子良然後入朝邪？」錡不能對。以其日與子師回腰斬于城西南，年六十七。尸數日，帝出黃衣二襲，葬以庶人禮。

擢子良檢校工部尚書、左金吾將軍，封南陽郡王，賜名奉國；田少卿檢校左散騎常侍、左羽林將軍，代國公；李奉仙檢校右常侍、右羽林將軍，邠國公；裴行立泌州刺史。贈王澹給事中，趙琦和州刺史，崔善貞睦州司馬。削錡屬籍，從弟宋州刺史銛、通事舍人銑、從子師偃流嶺南。

贊曰：語曰「出入之吝，謂之有司」。賤之也。德宗平朱泚，京師府藏耗竭，諸道始有進奉助經費，而詔書亦往往宣索於天下。以人主規規財利，下行有司之事，天下無事，賦取猶不息。劍南、江西有日月之進，杜亞、劉贊、王緯及錡歲時進奉，以固其寵，號稱「賦外羨餘」。又亦託中旨，以盜庫物。然獻纔十二三，餘皆私之。江、淮以南，物力大屈，人人憔然忘生。貞元以後，中官市物都下，謂之「宮市」，不持符牒，口含詔命，取濫緋惡布紅紫之，倍其估，裂以償直。市之良賈精貨，皆逃去不出，列廛閈者，惟粗雜苦窳而已。又有彊驅入禁中，罄所車輦，賣者不平，因共毆笞之。蒼頭女奴，名馬工車，惴惴常畏捕取。而德宗蔽於左右前後，莫知也。故善貞因錡并論其事，卒不知錡顓鹽鐵之利，以養兵圖叛，曾不及庸有司之吝遠甚。

校勘記

〔一〕黃水　舊書卷一二一僕固懷恩傳同。本書卷六代宗紀、卷二二五上史朝義傳及通鑑卷二二二「黃」均作「橫」。

唐書卷二百二十四下

列傳第一百四十九下

叛臣下

李忠臣　喬琳　高駢　朱玫　王行瑜　陳敬瑄　李巨川

李忠臣，本董秦也，幽州薊人。少籍軍，以材力奮，事節度使薛楚玉、張守珪、安祿山等，甄勞至折衝郎將。平盧軍先鋒使劉正臣殺僞節度呂知晦，擢秦兵馬使，攻長楊，戰獨山，襲榆關、北平，殺賊將申子貢、榮先欽，執周銑送京師。從正臣赴難，復敗李歸仁、李咸、白秀芝等。潼關失守，秦整軍北還。奚王阿篤孤初引衆與正臣合，已而紿約皆攻范陽，至后城，夜乘間襲秦，秦接戰，敗之，追奔至温泉山，禽首領阿布離，斬以釁鼓。至德二載，節度使王玄志使秦率兵三千自雍奴桴葦絕海，擊賊將石帝廷、烏承洽，轉戰累日，拔魯城、河間、景城，收糧貲以實軍。又與田神功下平原、樂安，禽僞刺史以獻。於是防河招討使李銑承制假秦德州刺史。

史思明自歸，河南節度使張鎬督秦軍合諸將平河南州縣，與裨將陽惠元破安慶緒將王福德於舒舍，肅宗下詔褒諭，令屯濮州，又徙韋城。從郭子儀圍相州，軍潰，秦至滎陽，破賊將敬釭，取糧艘二百柁以餉汴軍。未幾，授濮州刺史，屯杏園渡。許叔冀以汴下史思明，秦力屈，亦降。思明撫背曰：「始吾有左手，得公今完矣！」與俱寇河陽，秦夜挈五百人冒圍歸李光弼，詔加殿中監，封戶二百，召至京師，賜今氏名，給良馬、甲第。時陝西、神策兩節度使郭英乂、衞伯玉屯陝，故以忠臣爲兩軍兵馬使，戰永寧、莎栅，與賊將李感義等數十遇，皆破之。淮西節度使王仲昇爲賊執，以忠臣爲汝、仙、蔡六州節度使，兼安州。合諸軍平東都，進御史大夫。

回紇可汗旣歸，留其下安恪、石帝廷居河陽守貲廥，因是招亡命爲盜，道路畏澀。詔忠臣討定之。吐蕃犯京師，天子追兵，秦方宴鞠場，使者至，卽整師引道。諸將白：「須良日。」忠臣怒曰：「君父在難，方擇日救患乎？」時召兵無先忠臣至者。代宗嘉之，加本道觀察使，賚與倍等。

周智光爲帳下所殺，忠臣提兵入華州，所過大掠，自赤水距潼關二百里無居人。大曆五年，加蔡州刺史。陝虢李國清爲下所逐，掠府庫，國清徧拜諸將乃免。會忠臣入朝，次陝，詔訊于衆。衆懼忠臣，不敢搖，卽圍棘，約士投所掠物圍中，一日盡獲。

討李靈耀也，戰西梁固，敗之。復與馬燧軍合，敗賊于汴州。田悅以援兵三萬屯汴郛，忠臣勒裨將李重倩夜率百騎襲之，貫其營而還，殺數十百人。悅間道走，靈耀開城亡去，軍遂潰。以忠臣爲汴州刺史，加檢校司空、同中書門下平章事，封西平郡王。

忠臣資婪沓嗜色，將士婦女逼與亂，所至人苦之。以女弟妻張惠光，用爲牙將，恃勢殘克。或白忠臣，不之信。又以惠光子居牙下，愈橫肆。十四年，大將李希烈因衆怒，與少將丁暠、賈子華等共斬惠光父子，以兵脅逐忠臣。跳奔京師，帝素寵之，不責也。復授檢校司空、同中書門下平章事，奉朝請。

德宗立，散騎常侍張涉以贓得罪，帝怒不赦。涉故侍讀東宮者，忠臣曰：「陛下貴爲天子，先生以乏財觸法，非過也。」帝意解，免涉歸田里。湖南觀察使辛京杲私怒部曲，殺之，有司劾當死。忠臣曰：「京杲應死久矣！」帝問故，對曰：「京杲諸父戰某所死，兄弟戰某所死，渠從行獨得存，以故知之。」帝悽然悟，釋之，下除王傅。

忠臣戇直不通書，帝嘗謂：「卿耳大，眞貴兆。」對曰：「臣聞驢耳大，龍耳小。」帝喜其野而誠。然既失兵，怫鬱不顧藉。朱泚反，僞署司空兼侍中，泚攻奉天，以忠臣居守。泚敗，繫有司，與其子俱斬。

喬琳，幷州太原人。少孤苦志學，擢進士第，性誕蕩無禮檢。郭子儀表爲朔方府掌書記，與聯舍畢曜相掉訐，貶巴州司戶參軍。歷果、綿、遂、懷四州刺史，治寬簡，不親事。嘗謂錄事參軍任紹業曰：「子綱紀一州，能劾刺史乎？」紹業出條所失示之，驚曰：「能知吾失，御史材也。」

琳素善蒲人張涉。涉以國子博士侍太子讀，太子卽位，召訪政事，不淹日，詔入翰林，遷散騎常侍，薦琳任宰相，乃拜御史大夫、同中書門下平章事，天下矍然駭之。琳年高且聵，每進對失次，所言不厭帝旨，在位閱八旬，以工部尚書罷。帝由是亦疎涉。

琳從幸奉天，再遷太子少師；進幸梁州，次盩厔，詭言馬殆不進。帝素以舊老禮之，給乘輿馬，辭病力，帝賜所執策曰：「勉爲良圖，與卿別矣！」不數日，祝髯髮舍仙游佛廬。泚聞，遣數十騎取之，署吏部尚書，令姻家源休衣以朝服，食以肉，琳亦不辭。士有訴官非便者，琳曰：「子謂此選便乎？」及收京師，李晟憫其老，表貰死。帝曰：「琳，故宰相，失節背義，不可赦。」臨刑歎曰：「我以七月七日生，以此日死，非命耶？」

時又有蔣鎭者，洌子也，與兄鍊俱以文辭顯。擢賢良方正科，累轉諫議大夫。大曆中，淫雨壞河中鹽池，味苦惡。韓滉判度支，慮減常賦，妄言池生瑞鹽，王德之美祥。代宗疑不然，命鎭馳驛按視。鎭內欲結滉，故實其事，表置祠房，號池曰「寶應靈慶」云。再進工部侍郎。妹婿源溥者，休弟也，故鎭與休交。泚叛，竄于鄠，傷足不能進。泚先得鍊，而鎭左右逃歸，語所在，源休聞，白泚，以二百騎求得之。知不免，懷刃將自刺，鍊止之。復謀出奔，懦不決。中朝臣遁伏者，休多所誅殺，賴鎭救原十五。初，洌與弟渙在安史時皆汙僞官，鍊兄弟復屈節于賊云。

高駢字千里，南平郡王崇文孫也。家世禁衞，幼頗脩飭，折節爲文學，與諸儒交，硜硜譚治道，兩軍中人更稱譽之。事朱叔明爲司馬。有二鵰並飛，駢曰：「我且貴，當中之。」一發貫二鵰焉，衆大驚，號「落鵰侍御」。後歷右神策軍都虞候。党項叛，率禁兵萬人戍長武。是時諸將無功，唯駢數用奇，殺獲甚多。懿宗嘉之，徙屯秦州，即拜刺史兼防禦使。取河、渭二州，略定鳳林關，降虜萬餘人。

咸通中，帝將復安南，拜駢爲都護，召還京師，見靈臺殿。於是容管經略使張茵不討賊，更以茵兵授駢。駢過江，約監軍李維周繼進。維周擁衆壁海門，駢次峯州，大破南詔蠻，收所獲贍軍，維周忌之，匿捷書不奏。朝廷不知駢問百餘日，詔問狀，維周劾駢玩敵不進，更命右武衞將軍王晏權往代駢。俄而駢拔安南，斬蠻帥段酋遷，降附諸洞二萬計。晏權方挾維周發海門，檄駢北歸。而駢遣王惠贊傳酋遷首京師，見艫艫甚盛，乃晏權等，惠贊懼奪其書，匿島中，間關至京師。天子覽書，御宣政殿，羣臣皆賀，大赦天下。進駢檢校刑部尙書，仍鎭安南，以都護府爲靜海軍，授駢節度，兼諸道行營招討使。始築安南城。由安南至廣州，江漕梗險，多巨石，駢募工劖治，由是舟濟安行，儲餉畢給。又使者歲至，乃鑿道五所，置兵護送。其徑青石者，或傳馬援所不能治。旣攻之，有震碎其石，乃得通，因名道曰「天威」云。加檢校尙書右僕射。

駢之戰，其從孫潯常先鋒冒矢石以勸士，駢徙節天平，薦潯自代，詔拜交州節度使。僖宗立，卽其軍加同中書門下平章事。

南詔寇巂州，掠成都，徙駢劍南西川節度，乘傳詣軍。及劍門，下令開城，縱民出入。左右諫：「寇在近，脫大掠，不可悔。」駢曰：「屬吾在安南破賊三十萬，驃信聞我至，尙敢邪！」當是時，蠻攻雅州，壁盧山，聞駢至，亟解去。駢卽移檄驃信，勒兵從之。驃信大懼，送質子入朝，約不敢寇。

蜀有突將，分左右二廂，廂有虞候，詰火督盜賊，有兵馬虞候，主調發。駢罷其一，各置一虞候。又以蜀兵孱，詔蠻新定，人未安業，罷突將月稟并餐錢，約曰：「府庫完，當如舊。」又團練兵戰者，厚其衣稟；不團練者，但掌文書、倉庫，衣稟減焉。駢曰：「皆王卒，命均之。」戰士大望。于時天平、昭義、義成戍軍合蜀兵凡六萬。駢之自將出屯也，突將亂，乘門以入，駢匿於圊，求不得。天平軍聞變，其校張桀以士五百格戰，不勝。監軍慰撫之，皆曰：「州雖更蠻亂，戶口尚完，府庫方實，公削軍稟以自養，不堪其虐，故亂。」監軍懼，講解之。取役夫數百，名叛卒，藉斬其首，乃定。駢徐出，以金帛厚賞士，開府庫悉還其衣稟。然密籍所給姓名，夜遣牙將擊殺之，夷其族，雖孕者不貰，投尸于江。有一婦方踞而乳子，將就刑，媼傷之，疑其畏死，謂曰：「以子丐我，一詣曹司也。」婦蹶起曰：「我知之，且飽吾子，不可使以飢就戮也。」見刑者拜曰：「渠有節度使奪戰士食，一日忿怒，淫刑以逞，國家法令何有也？我死當訴于天，使此賊闔門如今日冤也！」逮死，神色晏然。蜀人聞者爲垂泣。駢復錄突將戍還者，丸名貯器中，意不懌，則探之，或十或五，授將李敬全斬決。親吏王殷說駢曰：「突將在行者，初不知謀，公當赦之。」駢悅，投丸池中，人乃安。

蜀之土惡，成都城歲壞，駢易以塼甓，陴堞完新，負城丘陵悉墾平之，以便農桑。訖功，筮之得大畜。駢曰：「畜者，養也。濟以剛健篤實，煇光日新，吉孰大焉。文宜去下存上。」因名大玄城。進檢校司徒，封燕國公，徙荆南節度。

梁纘者，本以昭義兵西戍，駢表隸麾下。王仙芝之敗，殘黨過江，帝以駢治鄆威化大行，且仙芝黨皆鄆人，故授駢鎮海節度使。駢遣將張潾與纘分兵窮討，降其驍帥畢師鐸數十人，賊走嶺表。帝美其功，加諸道行營都統、鹽鐵轉運等使。又詔駢料官軍義營鄉團，歸其老弱傷夷，裁制軍食；刺史以下小罪輒罰，大罪以聞。賊更推黃巢南陷廣州，駢建遣潾以兵五千屯郴扼賊西路，留後王重任以兵八千並海進援循、潮，自將萬人繇大庾擊賊廣州，且請起荆南王鐸兵三萬壁桂、永，以邕管兵五千壁端州，則賊無遺類。帝納其策，而駢卒不行。

俄徙淮南節度副大使。駢繕完城壘，募軍及土客，得銳士七萬，乃傳檄召天下兵共討賊，威震一時，天子倚以爲重。廣明初，潾破賊大雲倉，詐降巢。巢不意其襲，遂大奔，引殘黨壁上饒，然衆亡幾。會疫癘起，人死亡，潾進擊之，巢大懼，以金啗潾，騰書於駢，丐歸命。駢信之，許爲求節度。當此時，昭義、武寧、義武兵數萬赴淮南，駢欲專己功，卽奏賊已破，不須大兵。有詔班師。巢知兵罷，卽絕駢請戰，擊殺潾，乘勝度江攻天長。

始，巢在廣州，求天平節度，宰相盧攜善駢，以有討賊功，不肯赦巢，與鄭畋爭于朝，故巢怨不得節度。而駢聞議不一，亦不平，至是欲縱賊以聳朝廷，然後立功。畢師鐸諫曰：

「朝廷所恃，誰易於公？制賊要害，莫先淮南。今不據要津以滅賊，使得北度，必亂中原。」駢矍然，下令將出師。嬖將呂用之畏師鐸有功，諫曰：「公勳業極矣，賊未殄，朝廷且有口語。況賊平，挾震主之威，安所稅駕？不如觀釁求福，爲不朽資也。」駢入其計，託疾未可以出屯，嚴兵保境。巢據滁、和，去廣陵纔數百里，乃求援陳許。

巢逼揚州，衆十五萬。駢將曹全晸以兵五千戰不利，壁泗州以待援，駢兵終不出。賊北趨河洛，天子遣使者促駢討賊，冠蓋相望也。俄而兩京陷，天子猶冀駢立功，眷寄未衰，詔刺史若諸將有功，自監察御史至常侍，許墨制除授。尋進檢校太尉，東面都統，京西、京北神策軍諸道兵馬等使。會二雉雊署寢，占者曰：「軍府將空。」駢惡之，悉兵出營東塘，舟二千艘，戈鎧完銳，日討金鼓以侈士志。與浙西節度使周寶檄，欲連和而西，寶大喜。有謂寶：「彼欲幷江東爲孫策三分計。」寶未之信。俄而駢請寶至軍議事，寶怒，辭疾不出，釁隙遂構。駢屯東塘百日，託以寶及浙東劉漢宏將爲不利，乃還，以應其變。

帝知駢無出兵意，天下益殆。乃以王鐸代爲都統，以崔安潛副之。詔韋昭度領諸道鹽鐵轉運使，加駢侍中，增實戶一百，封渤海郡王。駢失兵柄利權，攘袂大詬，即上書謾言不恭，詆鐸乃敗軍將，而安潛狠貪，有如橈敗，詒千古之悔。又引更始刮席、子嬰軹道事以激帝。帝怒，下詔切責。當此時，王室微，不絕如帶。駢都統三年，無尺寸功，幸國顛沛，大料兵，陰圖割據，一旦失勢，威望頓盡，故肆爲醜悖，脅邀天子，冀復故權。而吳人顧雲以文辭緣澤其姦，偃然無所忌畏。又請帝南幸江淮。會平賊，駢聞，縮氣悵恨，部下多叛去，鬱鬱無聊，乃篤意求神僊，以軍事屬用之。

用之者，鄱陽人，世爲商儈，往來廣陵，得諸賈之驩。既孤，依舅家，盜私其室，亡命九華山，事方士牛弘徽，得役鬼術，賣藥廣陵市。始詣駢親將俞公楚，驗其術，因得見駢，署幕府，稍補右職。用之既少賤，具知閭里利病、吏得失，頗班班言政事，以將左道，駢愈器之。乃廣樹朋黨，刺知駢動息，持金帛還結左右，日爲誕妄以動駢。又薦狂人諸葛殷、張守一爲長年方，並署牙將。初，殷將見，用之紿曰：「上帝以公爲人臣，慮機事廢，使神人來備羽翼，且當以職縻之。」明日，殷以褐衣見，辯詐無窮，駢大驚，號「葛將軍」。其陰狡過用之遠甚。有大賈居第華壯，殷求之不得，謂駢曰：「城中且有妖，當築壇禳卻之。」因指賈居。駢敕吏卽日驅徙，殷入居之。

駢造迎仙等樓，皆度高八十尺，飾以金珠璖玉，侍女衣羽衣，新聲度曲，以儗鈞天，薰齋其上，祈與仙接。用之自謂與僊眞通，對駢叱咤風雨，或望空顧揖再拜，語言俚近，左右或竊議，輒殺之，後無敢出口者。蕭勝納賄用之，求鹽城監，駢不肯，用之曰：「仙人言鹽城有寶劍，須眞人取之，唯勝可往。」駢許諾。數月，勝獻銅匕首，用之曰：「此北帝所佩也，得之者兵不敢犯。」駢寶祕之，常持以坐起。用之憚其術窮且見詰，乃刻青石手板爲龍蛇隱起，文曰：「帝賜駢。」使人潛植机上，駢得之大喜。爲寓鵠廷中，設機關，觸人則飛動，駢衣羽服，乘之作仙去狀。用之懼有擿其姦者，乃曰：「仙人當下，但患學者眞氣虧沮耳。」駢始棄人間事，絕妾媵，雖將吏不得見。客至，先遣薰濯，詣方士祓除，謂之解穢，少選即引去。自是內外無敢言者，惟梁纘屢爲駢言，駢不聽。纘懼，解所領兵，駢還其軍於昭義，纘不復事矣。

用之既自任，淫刑重賦，人人思亂。乃擢廢吏百餘，號「察子」，厚稟食，令居衢閭間，凡民私閱隱語莫不知，道路箝口。誅所惡者數百族。又募卒二萬，爲左、右「鏌邪軍」，與守一分總，置官屬如駢府。用之每出入，騶御至千人，建大第，軍胥營署皆備。建百尺樓，託云占星，實窺伺城中之有變者。左右姬侍百餘，皆娟秀光麗，善歌舞，巾幗束帶以侍。月二十宴，其費仰於民，不足，至苛留度支運物。誘人上變，則許入貲產贖罪。俞公楚數規戒其失，不聽。姚歸禮謀殺之，弗克。用之因譖二人於駢，使以驍雄兵三千督盜於外，密使兵襲之，舉師殲焉。駢從子澞密疏用之罪，諫駢曰：「不除之，高氏且無種。」駢怒，命左右扶出，以狀授用之。用之誣澞貪貫不能滿，故妄言。因出澞筆驗之，駢敕吏禁澞出入。俄署舒州刺史，未幾爲下所逐，用之構之也。駢使人殺澞。

嗣襄王煴之亂，駢上書勸進，僞假駢中書令、諸道兵馬都統、江淮鹽鐵轉運使，以用之爲嶺南節度使。駢久觖望，至是大喜，貢賦不絕。用之始開府置官屬，禮與駢均矣。以鄭杞、董僅、吳邁爲腹心，駢之親信皆偪使附己，政事未嘗關決駢。駢內悔，欲收其權，不能也。用之問計於杞、僅，謀請駢齋於其第，密縊之，紿爲昇天，事不克。

光啓三年，蔡賊孫儒兵略定遠，聲言涉淮，壽州刺史張翺奔告駢，命畢師鐸率騎三百戍高郵。師鐸者，故仙芝黨，以善騎射稱。駢敗巢于浙西，用其力，故寵待絕等。用之厚啖以利，欲其諂附，然不肯情。師鐸有妾美，用之請見，不可，狙其出，覦焉，怒而棄之；內忿懼，爲子結婚於高郵將張神劍，陰倚爲援。朱全忠方攻秦宗權，駢慮其奔突，使師鐸率兵踰都梁山，不見賊還。師鐸見駢府宿將多以讒死，憂甚。用之益加禮，師鐸愈恐，謀於神劍。神劍不然其言，而猜嫌日結。用之亦慮其變，內欲除之，亟請罷屯。其母密擿師鐸使去，曰：「毋顧家室。」師鐸憂，未知所出。而駢子怒用之專恣，覘師鐸與諸將發其姦，遣使謂師鐸曰：「用之欲因此行圖君，既授書神劍矣，君其備之！」師鐸驚，軍中稍稍傳言。諸將介而見，請殺神劍，幷其軍，驅市人以濟亂。師鐸曰：「不可，我若重擾百姓，復一用之也。鄭漢璋素與我善，兵精士彊，以用之用事，常不平。今若告之謀，彼必喜，則事濟矣。」衆然之。神劍未知，方椎牛釃酒，且將犒師。師鐸潛師夜出，士皆絳繒抹首，且行且掠。漢璋聞，以麾下出迎，師鐸諗以計，大喜。留其妻守淮口，帥兵及亡命數千至高郵，見神劍，詰其變，神劍辭不知。師鐸語稍侵，神劍瞋目曰：「大夫何晚計！彼一妖人，前假嶺南節，不肯行，志圖淮海，令君既奪魄，彼一日得志，吾能握刀頭北面事之邪！吾前未量君意，故不出口，尚何疑？」漢璋喜，取酒割臂血而盟，推師鐸爲大丞相，作誓告神，乃移檄州縣，以誅呂用之、張守一、諸葛殷爲名。神劍以高郵兵諸校倪詳、逯並以天長子弟會，唐宏爲先鋒，駱玄眞主騎，趙簡主徒，王朗爲殿，得勝兵三千。將發，神劍中悔，繆曰：「公兵雖精，然城堅，旬日不下則糧乏，衆心搖矣。神劍請按軍高郵，爲公聲援而督糧道。」師鐸曰：「民稟尚多，何患資儲？城中攜離無鬬志，何事聲援？君意不行，孰敢違？」漢璋內忌神劍，恐不爲己下，勸許其計，約城破玉帛子女共之。

其四月，兵傅城，營其下。城中駭亂，用之分兵守，且自督戰。令曰：「斬一級，賞金一餅。」士多山東人，堅悍頗用命。師鐸懼，退舍自固。用之稍堙塞諸門。駢登延和閣，聞囂甚，左右告之故，大驚，召用之問狀，徐曰：「師鐸衆思歸，爲門衞所軋，隨已處置，不爾，煩玄女一符耳！」駢曰：「吾覺爾之誕多矣，善自爲之，勿使吾爲周寶也！」時寶已爲下所逐出奔云。用之慚，不復有言。師鐸見城未下，頗懼，求救於宣州秦彥，約事平迎以代駢。

駢數責用之曰：「始吾以心腹任君，君御下無方，卒誤我。今百姓饑饉，不可虐用，當遣大將齎吾書諭之，使罷兵。」用之疑諸將不爲用，以其黨許戡奉書往。始師鐸意駢令宿將勞軍，因得口陳用之罪。及戡至，大怒曰：「梁纘、韓問安在？若何庸來！」卽斬之。乃繫書射城內，用之不發，卽火之。它日以甲士百人入謁，駢驚匿內寢，少選乃出，叱曰：「得非反邪？」命左右驅出，用之至南門，舉策曰：「吾不復入是矣！」始與駢貳。

師鐸壁揚子，發民廬舍治攻具。用之大索居人馬及丁壯，驍將以長刀擁脅乘城，晝夜不得息。又疑爲間，數易區處，家有饁餉，皆相失，至飢死者相枕藉。駢召大將古鍔齎師鐸母書及其子出諭，師鐸遣子還曰：「不敢負恩，朝斬凶人，夕還屯，願以妻子爲質。」駢恐用之屠其家，乃收置署中。會秦彥遣秦稠率兵與師鐸合，攻益急，守陴者夜焚南柵以應于外，師鐸入，守將張全迺戰死，用之距三橋，殺傷相當。駢從子傑率牙兵將執用之以畀師鐸，左鎮邪兵復斷其後，用之懼，乃出奔。

駢召梁纘謝曰：「初不用子計以及此，庸何追？」授以兵，使保子城。遲明師鐸縱火大掠，駢乃命徹備，改服須其入。師鐸見延和閣，駢待之如賓，卽署師鐸節度副使，漢璋、神劍以次授署，秦稠封府庫以待，師鐸去丞相號。于時何衞未謹，駢愛將申及說駢曰：「逆人兵少弛，願奉公夜出，發諸鎭兵，還刷大恥，賊不足平也。若不決，則及將不得侍公。」因泣下。駢恇怯不能用其策；及乃匿去。

師鐸誅用之支黨數十，使孫約迎秦彥。彥者，徐州人，本名立，隸伍籍。乾符中，以盜繫獄且死，夢謼曰：「秦彥，而從我去！」寤而視械破，因得亡命，即名彥。聚徒百人，殺下邳令，取其貲，入黃巢黨中。既敗，與許勍降駢，累表和州刺史。中和初，宣歙觀察使竇潏病，彥襲而代之。師鐸之召彥也，或計曰：「足下向誅妖人，故下樂從。今軍府已安，宜還政高公，足下身典兵，權在掌握，四隣聞之，不失大義，諸將未敢謀也。若令彥爲帥，兵非足下有也。且秦稠封府庫，勢已相疑。足下如厚德彥，宜以金玉子女報之，勿聽度江。假足下能下彥，楊行密夕聞而朝必至。」師鐸不決，以告漢璋。漢璋曰：「善。」

師鐸出駢，囚南第。稠麾下求無厭，燒貢奉樓數十楹，取珍寶。始駢自乾符以來，貢獻不入天子，貲貨山積，私置郊祀、元會供帳什器，殫極功巧，至是爲亂兵所剽略盡。師鐸徙駢東第。禽諸葛殷，腰下得金數斤，百姓交唾，拔須髮無遺，再縊乃絕，仇家睢其目云，市人投瓦礫擊尸，俄而成冢。駢出金遺守者，師鐸知之，加兵苛督，復入囚署中，子弟十餘人同幽之。顧雲入見，駢猶自若曰：「吾復居此，天時人事必有在。」意師鐸復推立之。

用之既出，以兵攻淮口未下，鄭漢璋擊之，遂奔天長。初，用之詐爲駢書，召兵於廬、壽，城陷，而楊行密兵萬人次天長，用之自歸。

張神劍求賂於師鐸，辭以彥未至。神劍怒，與別將高霸將攻師鐸。彥之來，召池州刺史趙鍠守宣，自將入揚州，稱節度使，以師鐸爲行軍司馬，居用之第，不得在牙中。師鐸快快失志。行密與神劍等連和，自江北至槐家橋，柵壘相聯。彥登城望之，色沮，乃授鄭漢璋、唐宏等兵屯門，樵蘇道絕，食且乏。稠及師鐸以勁卒八千出戰，大敗，稠死之，士奔溺死者十八。彥大出金求救於張雄，雄引兵至東塘，得金，不戰去。彥使師鐸率兵二萬陣城下，漢璋爲前鋒，宏次之，駱玄眞、樊約又次之，師鐸、王朗以騎爲左右翼。既成列，久之，行密乃出，委輜重于壁，以羸兵守之，伏精卒數千其旁。行密先犯玄眞，短兵接，僞北，師鐸諸軍奔其壁，爭取金玉貲糧。伏譟而出，行密引輕兵躡其尾，俘殺旁午，橫尸十里，師鐸等奔還，玄眞戰死。師鐸雅倚玄眞驍敢能拒敵，既失之，惋沮彌日，不復議出戰矣。

駢久囚拘，供億窘狹，羣奴徹延和閣闌楯爲薪，煮革帶以食。駢召幕府盧涚曰：「予粗立功，比求清淨，非與此世爭利害，今而及此，神道何望邪？」涕下不能已。師鐸既敗，慮駢內應。有女巫王奉仙謂師鐸曰：「揚州災，有大人死，可以厭。」彥曰：「非高公邪？」命左右陳賞等往殺之。侍者白有賊，駢曰：「此必秦彥來。」正色須之。衆入，駢罵曰：「軍事有監軍及諸將在，何遽爾？」衆辟易，有奮而擊駢者，曳廷下數之曰：「公負天子恩，陷人塗炭，罪多矣，尚何云？」駢未暇答，仰首如有所伺，即斬之。左右奴客遁歸行密，行密舉軍縞素，大臨而祭，獨用之縗服哭三日。

彥屢敗，軍氣摧喪，與師鐸抱膝相視無它略，更問奉仙，賞罰輕重皆自出。彥遣漢璋擊神劍，破之。神劍奔高郵，漢璋欲窮追，會大雨還。行密以城尙堅，師且老，議解去。用之裨將晨伏兵西壕，伺守者休代，引而登，殺數十人于門，以招外兵。守軍亦厭苦，皆委兵潰。師鐸與其家及彥奔東塘，人爭出，相騰藉死，壕塹幾滿，王朗踣而殞。行密旣入，殺梁纘于牙門，以不死高氏難。韓問聞之，赴井死。居人癯[illegible]奄奄，兵不忍加暴，反斥餘糧救之。

彥、師鐸與唐宏、倪詳焚白砂，將度江，會秦宗權使孫儒引兵三萬襲揚州，攻天長，彥等與之合，還攻行密，取行密輜重牛羊數千計。儒以食乏，乃屠高郵，據之。張神劍奔還，行密授之館，而高郵戍兵七百潰而來，行密疑有謀，悉擊殺之，因殺神劍。用之始詐行密曰：「廡下有瘞金五千斤，事平願備一日乏。」行密掘地無埋金，但得銅人三尺，身桎梏，釘刺其口，刻駢名於背，蓋用蠱厭駢也。行密責其罪，幷張守一斬于三橋，妻子皆死，著其罪于路。

儒攻城未得志，慮彥、師鐸有異謀，稍幷其兵。唐宏度不免，卽告儒曰：「師鐸密遣人至汴。」儒大恐。明日，召彥、師鐸、漢璋會軍中，彥、師鐸先至，壯士捽之至儒所，儒質彥反駢罪，斬之。至師鐸，呼曰：「丈夫成則王，敗則虜，君何多責爲？吾嘗將數萬兵，不死常人手，得公之劍，瞑目矣！」儒罵曰：「庸賊欲汚我手邪！」趣斬之。漢璋至，奮臂擊殺數人，乃死，身首糜散。儒使宏主騎兵，厚賜之。文德元年，儒諜知行密糧乏，自高郵襲之。行密拔其衆還廬州，儒遂據揚州。

駢之死，裹以故氈，與子弟七人一坎而瘞。行密擢駢孫愈爲副使，令主喪事，未克葬，愈暴死，至是故吏鄺師虔收葬之。

揚州雄富冠天下，自師鐸、行密、儒迭攻迭守，焚市落，剽民人，兵飢相仍，其地遂空。

朱玫，邠州人。少以材武爲州戍將。黃巢盜長安，有王玫者爲僞節度使，方調兵，玫陽事之，乘間斬王玫，以留後讓李重古，約合兵討巢。廣明二年，玫襲賊，戰開遠門，槍洞咽，不死。以多擢晉州刺史，進邠寧節度使，合涇、原、岐、隴兵八萬屯興平，號定國砦。戰澇上，敗走邠，詔益靈、鹽軍，拜河南都統。引兵屯中橋，列五壁，進西北面都統。賊平，授同中書門下平章事，封吳興侯。

田令孜議討王重榮，以兵屬玫，合鄜、延、靈、夏軍三萬保沙苑。重榮上疏乞誅玫、令孜。既戰，玫輒北，因縱軍還掠。僖宗蒼黃幸鳳翔避其鋒。玫反與重榮、李克用連和，請誅令孜。宰相蕭遘密召玫迎帝，玫趨鳳翔，令孜劫乘輿走陳倉，遂至興元。玫追不及，劫嗣襄王熅，奉爲帝。玫自號大丞相，專決萬機。

始與李昌符共謀挾熅，至是反爲讎，昌符乃自歸天子，人心寖離。及王行瑜敗於大唐峯，懼歸且見殺，又聞購能得玫者以邠寧節度畀之，行瑜謂其下曰：「今敗歸必以無功死，若斬玫，與北軍迎天子，取富貴，可乎？」衆曰：「諾。」即勒兵倍道趨長安。玫居孔緯第，方據几署事，聞兵入，趣召行瑜叱曰：「公擅歸，反邪？」行瑜厲聲曰：「我非反者，將得君首爲邠寧節度耳！」玫遽起，左右斬之，殺其徒數百。諸軍遂大亂，燒京師。時盛寒，吏民被剽敓，僵死尸相藉。即傳首興元，帝爲受俘馘。宦者僞樞密使王能著等皆坐誅。

王行瑜，邠州人。少隸軍，從朱玫爲列校，討黃巢數有功。熅即位，授行瑜天平節度使，令率兵守大散關，爲李鋋所破，即奉款行在，還取玫首以獻，擢邠寧節度使。

景福元年，與李茂貞、韓建及弟同州節度使行實請討楊守亮於山南，且言不敢仰度支費，止請假茂貞招討一節。宦官難之，昭宗亦顧茂貞等得山南則益橫，不許。行瑜等因擅興軍擊取之。

後茂貞拒覃王，殺宰相，行瑜參有力，得賜鐵券。稍憑兵跋扈，求爲尚書令，宰相韋昭度執不可，但加號尚父，行瑜望甚。會河中王重榮喪，李克用請以其子珂嗣節度，而行瑜、建、茂貞請授王珙，因各以兵陳闕下，欲廢天子，不克，卽殺昭度、李磎，留弟行約宿衞。克用悉兵度河問行瑜等罪，行實棄同州趨長安，與行約謀劫乘輿，又不克，皆奔邠州。行瑜屯梨園，克用與戰，破行實等軍，執其母及行瑜子，俘大校。帝下詔削行瑜官爵。行瑜以銳卒五千營龍泉，茂貞壁其西。克用夜發精騎擾饟道，岐軍走，行瑜歸邠州，嬰城守，厚賂克用求自歸。克用軍環其城，行瑜窮，登城哭語克用曰：「我無罪，昨殺大臣，脅天子，岐人也。行實止宿衞，而有司妄以劫遷罪歸之，今公討亂者，當問茂貞，願得束身歸，聽命天子。」克用曰：「尙父何自卑，吾被命討三賊，公其一也。如歸國者，當從中決，老夫敢專之邪？」行瑜度不免，悉族奔慶州，爲麾下斬于路，傳首京師，帝御延喜門納之，於是乾寧二年也。其屬二百人，克用獻于朝。

始，行瑜亂，宗正卿李涪盛陳其忠，必悔過。至是帝怒，放死嶺南。

陳敬瑄，田令孜兄也。少賤，爲餠師，得隸左神策軍。令孜爲護軍中尉，敬瑄緣藉擢左金吾衞將軍、檢校尙書右僕射、西川節度使。性畏愼，善撫士。

黃巢亂，僖宗幸奉天，敬瑄夜召監軍梁處厚，號慟奉表迎帝，繕治行宮，令孜亦倡西幸，敬瑄以兵三千護乘輿。宂從內苑小兒先至，敬瑄知素暴橫，遣邏士伺之。諸兒連臂讙咋行宮中，士捕繫之，諄曰：「我事天子者！」敬瑄殺五十人，尸諸衢，由是道路不譁。帝次綿州，敬瑄謁于道，進酒，帝三舉觴，進檢校左僕射、同中書門下平章事。時雲南叛，請遣使與和親，乃聽命。敬瑄奉行在百官諸吏無敢乏，帝欲命判度支，固讓，再加檢校司徒兼侍中，封梁國公。以弟敬珣爲閬州刺史。討定邛州首望阡能、涪州叛校韓秀昇，再進兼中書令，封潁川郡王，實封四百戶，賜一歲上輸錢及上都田宅邸磑各十區，鐵券恕十死。巢平，進潁川王，增實戶二百。車駕東，敬瑄供億豐餘，又進檢校太師。

俄而令孜得罪，敬瑄被流端州。會昭宗立，敬瑄拒詔，帝召爲左龍武統軍，以宰相韋昭度代領節度。使者至，敬瑄使百姓遮道剺耳訴己功，且言鐵券恕死。使者馳還。令孜勸敬瑄募黄頭軍爲自守計。

時王建盜據閬、利，故令孜召建。建至綿州，發兵拒之，激建攻諸州，以限朝廷。或言：「建鴟視狼顧，惟利是賴，公何用之？」不聽。建詒顧彥朗書曰：「十軍阿父召我，欲依太師丐一大州。」即寄孥梓州，身引兵入鹿頭關。敬瑄不納，漢州刺史張頊逆戰，敗，建入漢州。成都嚴守，建走城下遙謝令孜曰：「父召我，及門而拒我，尚誰容？」與諸將斷髮再拜辭曰：「今作賊矣！」因請兵於彥朗，攻成都，殘掠州縣。彥朗亦畏建，表請大臣代敬瑄。建自請討敬瑄贖罪，詔立永平軍，授建節度使，以昭度爲行營招討使，山南西道節度使楊守亮副之，彥朗爲行軍司馬。有詔暴敬瑄殺孟昭圖罪，削官爵。昭度使建屯學射山，敬瑄迎戰不克；又戰蠶厓，大敗。

龍紀元年，昭度至軍中，持節諭人，約開門。守陴者詬曰：「鐵券在，安得違先帝意！」令孜籍城中戶一人乘城，夜循行，晝濬濠伐薪。敬瑄屯彌牟、德陽，樹二壁拒建。使富人自占貲多少，布巨梃，搒不實者，不三日輸錢如市。建、昭度傅城而壘，簡州刺史張造攻笮橋，大敗，死之。

大順元年，建稍擊降諸州。邛州刺史毛湘本令孜孔目官，謂其下曰：「吾不忍負軍容，以頭見建可也。」乃沐浴以須，吏斬其首降。敬瑄戰浣花，不勝。明日復戰，將士皆爲建俘。城中謀降者，令孜支解之以怖衆。會大疫，死人相藉。

明年三月，詔還敬瑄官爵，召昭度還，諭建罷兵，建不奉詔。帝更以建爲西川行營招討制置使。建知敬瑄可禽，欲遂有蜀地，卽脅說昭度曰：「公以數萬衆討賊，糧數不屬，關東諸節度相吞噬，朝廷危若贅斿，與其勞師遠方，不如先中國，公宜還爲天子謀之。」昭度未決。會吏盜減諸軍稟食，建怒其衆曰：「招討吏之謀也。」縱士執之，醢食於軍。昭度大駭，是日授建符節，跳馳出劍門。建絕棧梯，東道不通。因急擊敬瑄，分親騎爲十團，所當輒披靡，烽塹相望幾百里，縱諜入城，以搖衆心。建好謂軍中曰：「成都號『花錦城』，玉帛子女，諸兒可自取。」謂票將韓武等：「城破，吾與公遞爲節度使一日。」下聞之，戰愈力。圍凡三歲，城中糧盡，以筒容米，率寸鬻錢二百。敬瑄出家貲給民，募士出剽麥，收其半。民亦夜至建壘市鹽，不可禁，吏請殺之。敬瑄曰：「民飢無以卹，使求生可也。」人至相暴以相啖，敬瑄不能止，乃行斬、劈二法，亦不爲戢。敬瑄自將出犀浦，列二營邀建，建軍僞遁，遇伏，敬瑄敗，建破斜橋、昝街二屯。明日戰，又破一壘，降其將。建屯七里亭，敬瑄攻之。建將張武馳入城，戰子城下，守陴皆譟，不能克。張勍破浣花營，敬瑄諸將或死或降且盡。凡五十戰，敬瑄皆北，乃上表以病丐還京師。令孜素服至建軍。建入自西門，以張勍爲斬斫使，建徇于軍曰：「與而等累年鬭死，今日如志。若橫恣有犯者，吾能全之；卽爲勍所斬，吾不得救也！」軍中肅然。囚敬瑄、令孜，建自稱留後，表于朝。詔以建爲西川節度副大使，知節度事。

建以敬瑄居新津，食其租賦，累表請誅，不報。景福二年，陰令左右告敬瑄、令孜養死士，約楊晟等反，於是斬敬瑄於家。初，敬瑄知不免，嘗寘藥于帶，至就刑，視帶，藥已亡矣。自是建盡有兩川、黔中地。

李巨川字下己，逢吉從曾孫。乾符中舉進士。方天下崩騷，乃去京師，河中王重榮辟爲掌書記。重榮討黃巢，書檄奏請日紛沓，須報趣發，皆屬巨川，神安思敏，言輒中理，隣藩皆驚。會賊走出關，收京師，人言巨川有助力。重榮死于亂，貶爲興元參軍，節度使楊守亮喜曰：「天以生遺我邪！」復管記室。守亮爲韓建所禽，巨川械以從，題木葉遺建祈哀，建動容，因釋縛，置幕府。昭宗幸華，建患一州供億不能濟，使巨川傳檄天下，督轉餉。

初，帝在石門，數遣嗣延王、通王將親軍，大選安聖、奉宸、保寧、安化四軍，又置殿後軍，合士二萬。建惡衞兵彊，不利己，與巨川謀，卽上飛變，告八王欲脅帝幸河中，因請四十六宅，選嚴師傅督敎，盡散麾下兵。書再上，帝不得已，詔可。又廢殿後軍，且言「無示天下不廣」。詔留三十人爲控鶴排馬官，隸飛龍坊，自是天子爪牙盡矣。建初懼帝不聽，以兵環宮，請誅定州行營將李筠。帝懼，斬筠，兵乃解。又言：「七國災漢，八王亂晉，永王帥江左謀不軌，吐蕃、朱玫亂，首立宗支搖人望。今王室多故，渠可使諸王將命四方，惑征鎭？」於是詔諸王奉使者，悉赴行在。巨川日夜導建不臣，乃請立德王爲皇太子，文掩其惡。帝還京，拜諫議大夫。

光化初，朱全忠陷河中，將攻潼關，建懼，使巨川往詣軍納款，因言當世利害。全忠屬官敬翔以文翰事左右，疑巨川用則全忠待己或衰，乃詭說曰：「巨川誠奇才，顧不利主人，若何？」是日，全忠殺之。

唐書卷二百二十五上

列傳第一百五十上

逆臣上

安祿山 慶緒 高尙 孫孝哲 史思明 朝義

安祿山，營州柳城胡也，本姓康。母阿史德，爲覡，居突厥中，禱子於軋犖山，虜所謂鬭戰神者，旣而妊。及生，有光照穹廬，野獸盡鳴，望氣者言其祥，范陽節度使張仁愿遣搜廬帳，欲盡殺之，匿而免。母以神所命，遂字軋犖山。少孤，隨母嫁虜將安延偃。開元初，偃攜以歸國，與將軍安道買亡子偕來，得依其家，故道買子安節厚德偃，約兩家子爲兄弟，乃冒姓安，更名祿山。及長，忮忍多智，善億測人情，通六蕃語，爲互市郎。

張守珪節度幽州，祿山盜羊而獲，守珪將殺之，呼曰：「公不欲滅兩蕃邪？何殺我？」守珪壯其語，又見偉而晳，釋之，與史思明俱爲捉生。知山川水泉處，嘗以五騎禽契丹數十人，守珪異之，稍益其兵，有討輒克，拔爲偏將。守珪醜其肥，由是不敢飽，因養爲子。後以平盧兵馬使擢特進、幽州節度副使。

於是御史中丞張利貞採訪河北，祿山百計諛媚，多出金諧結左右爲私恩。利貞入朝，盛言祿山能，乃授營州都督、平盧軍使、順化州刺史。使者往來，陰以賂中其嗜，一口更譽，玄宗始才之。天寶元年，以平盧爲節度，祿山爲之使，兼柳城太守，押兩蕃、渤海、黑水四府經略使。明年，入朝，奏對稱旨，進驃騎大將軍。又明年，代裴寬爲范陽節度、河北採訪使，仍領平盧軍。祿山北還，詔中書門下尙書三省正員長官、御史中丞餞鴻臚亭。

四載，奚、契丹殺公主以叛，祿山幸邀功，肆其侵，於是兩蕃貳。祿山起軍擊契丹，還奏：「夢李靖、李勣求食於臣，乃祠北郡，芝生于梁。」其詭誕敢言不疑如此。席豫爲河北黜陟使，言祿山賢。時宰相李林甫嫌儒臣以戰功進，尊寵間己，乃請顓用蕃將，故帝寵祿山益牢，羣議不能軋，卒亂天下，林甫啓之也。

祿山陽爲愚不敏蓋其姦，承間奏曰：「臣生蕃戎，寵榮過甚，無異材可用，願以身爲陛下死。」天子以爲誠，憐之。令見皇太子，不拜，左右擿語之，祿山曰：「臣不識朝廷儀，皇太子何官也？」帝曰：「吾百歲後付以位。」謝曰：「臣愚，知陛下不知太子，罪萬死。」乃再拜。時楊貴妃有寵，祿山請爲妃養兒，帝許之。其拜，必先妃後帝，帝怪之，答曰：「蕃人先母後父。」帝大悅，命與楊銛及三夫人約爲兄弟。繇是祿山有亂天下意，令麾下劉駱谷居京師，伺朝廷隙。

六載，進御史大夫，封妻段爲夫人，有國。林甫以宰相貴甚，羣臣無敢鈞禮，惟祿山倚恩，入謁倨。林甫欲諷寤之，使與王鉷偕，鉷亦位大夫，林甫見鉷，鉷趨拜卑約，祿山惕然，不覺自罄折。林甫與語，揣其意，迎剖其端，祿山大駭，以爲神，每見，雖盛寒必流汗。林甫稍厚之，引至中書，覆以己袍。祿山德林甫，呼十郎。駱谷每奏事還，先問：「十郎何如？」有好言輒喜；若謂「大夫好檢校」，則反手據牀曰：「我且死！」優人李龜年爲帝學之，帝以爲樂。

晚益肥，腹緩及膝，奮兩肩若挽牽者乃能行，作胡旋舞帝前，乃疾如風。帝視其腹曰：「胡腹中何有而大？」答曰：「唯赤心耳！」每乘驛入朝，半道必易馬，號「大夫換馬臺」，不爾，馬輒仆，故馬必能負五石馳者乃勝載。帝爲祿山起第京師，以中人督役，戒曰：「善爲部署，祿山眼孔大，毋令笑我。」爲瑣戶交疏，臺觀沼池華僭，帟幕率緹繡，金銀爲箏筐、爪籬，大抵服御雖乘輿不能過。帝登勤政樓，幄坐之左張金雞大障，前置特榻，詔祿山坐，褰其幄，以示尊寵。太子諫曰：「自古幄坐非人臣當得，陛下寵祿山過甚，必驕。」帝曰：「胡有異相，我欲獻之。」

時太平久，人忘戰，帝春秋高，嬖豔鉗固，李林甫、楊國忠更持權，綱紀大亂。祿山計天下可取，逆謀日熾，每過朝堂龍尾道，南北睥睨，久乃去。更築壘范陽北，號雄武城，峙兵積穀。養同羅、降奚、契丹曳落河八千人爲假子，教家奴善弓矢者數百，畜單于、護眞大馬三萬，牛羊五萬，引張通儒、李廷堅、平冽、李史魚、獨孤問俗署幕府，以高尙典書記，嚴莊掌簿最，阿史那承慶、安太淸、安守忠、李歸仁、孫孝哲、蔡希德、牛廷玠、向潤客、高邈、李欽湊、李立節、崔乾祐、尹子奇、何千年、武令珣、能元晧、田承嗣、田乾眞皆拔行伍，署大將。潛遣賈胡行諸道，歲輸財百萬。至大會，祿山踞重牀，燎香，陳怪珍，胡人數百侍左右，引見諸賈，陳犧牲，女巫鼓舞于前以自神。陰令羣賈市錦綵朱紫服數萬爲叛資。月進牛、槖駝、鷹、狗、奇禽異物，以蠱帝心，而人不聊。自以無功而貴，見天子盛開邊，乃紿契丹諸酋，大置酒，毒焉，旣酣，悉斬其首，先後殺數千人，獻馘闕下。帝不知，賜鐵券，封柳城郡公。又贈延偃范陽大都督，進祿山東平郡王。

九載，兼河北道採訪處置使，賜永寧園爲邸。入朝，楊國忠兄弟姊弟迓之新豐，給玉食；至湯，將校皆賜浴。帝幸望春宮以待，獻俘八千，詔賜永穆公主池觀爲游燕地。徙新第，請墨敕召宰相宴。是日，帝將擊毬，乃罷會，命宰相皆赴。帝獵苑中，獲鮮禽，必馳賜。

詔上谷郡置五鑪，許鑄錢。又求兼河東，遂拜雲中太守、河東節度使。既兼制三道，意益侈。男子凡十一，帝以慶宗爲太僕卿，慶緒鴻臚卿，慶長祕書監。

十一載，率河東兵討契丹，告奚曰：「彼背盟，我將討之，爾助我乎？」奚爲出徒兵二千鄉導。至土護眞河，祿山計曰：「道雖遠，我疾趨賊，乘其不備，破之固矣。」乃敕人持一繩，欲盡縛契丹，晝夜行三百里，次天門嶺，會雨甚，弓弛矢脫不可用，祿山督戰急，大將何思德曰：「士方疲，宜少息，使使者盛陳利以脅賊，賊必降。」祿山怒，欲斬以令軍，乃請戰。思德貌類祿山，及戰，虜叢矛注矢邀取之，傳言祿山獲矣。奚聞亦叛，夾攻祿山營，士略盡。祿山中流矢，引奚兒數十，棄衆走山而墜，慶緒、孫孝哲掖出之，夜走平盧，部將史定方以兵鏖戰，虜解圍去。

祿山不得志，乃悉兵號二十萬討契丹以報。帝聞，詔朔方節度使阿布思以師會。布思者，九姓首領也，偉貌多權略，開元初，爲默啜所困，內屬，帝寵之。祿山雅忌其才，不相下，欲襲取之，故表請自助。布思懼而叛，轉入漠北，祿山不進，輒班師。會布思爲回紇所掠，奔葛邏祿，祿山厚募其部落降之。葛邏祿懼，執布思送北庭，獻之京師。祿山已得布思衆，則兵雄天下，愈偃肆。皇太子及宰相屢言祿山反，帝不信。是時國忠疑隙已深，建言追還朝，以驗厥狀。祿山揣得其謀，乃馳入謁，帝意遂安，凡國忠所陳，無入者。

十三載，來謁華清宮，對帝泣曰：「臣蕃人，不識文字，陛下擢以不次，國忠必欲殺臣以甘心。」帝慰解之。拜尚書左僕射，賜實封千戶，奴婢第產稱是，詔還鎭。又請爲閑廏、隴右羣牧等使，表吉溫自副。其軍中有功位將軍者五百人，中郎將二千人。祿山之還，帝御望春亭以餞，斥御服賜之。祿山大驚，不自安，疾驅去，至淇門，輕艫循流下，萬夫挽繂而助，日三百里。既總閑牧，因擇良馬內范陽，又奪張文儼馬牧，反狀明白。人告言者，帝必縛與之。

明年，國忠謀授祿山同中書門下平章事，召還朝。制未下，帝使中官輔璆琳賜大柑，因察非常。祿山厚賂之，還言無它，帝遂不召。未幾事洩，帝託它罪殺之，自是始疑。然祿山亦懼朝廷圖己，每使者至，稱疾不出，嚴衞然後見。黜陟使裴士淹行部至范陽，再旬不見，既而使武士挾引，無復臣禮。士淹宣詔還，不敢言。帝賜慶宗娶宗室女，手詔祿山觀禮，辭疾甚。獻馬三千匹，騶靮自倍，車三百乘，乘三士，因欲襲京師。河南尹達奚珣極言毋內騶兵，詔可。帝賜書曰：「爲卿別治一湯，可會十月，朕待卿華清宮。」使至，祿山踞牀曰：「天子安穩否？」乃送使者別館。使還，言曰：「臣幾死！」

冬十一月，反范陽，詭言奉密詔討楊國忠，騰榜郡縣，以高尚、嚴莊爲謀主，孫孝哲、高邈、張通儒、通晤爲腹心，兵凡十五萬，號二十萬，師行日六十里。先三日，合大將置酒，觀繪圖，起燕至洛，山川險易攻守悉具，人人賜金帛，并授圖，約曰：「違者斬！」至是，如所素。祿山從牙門部曲百餘騎次城北，祭先冢而行。使賈循主留務，呂知誨守平盧，高秀巖守大同。燕老人叩馬諫，祿山使嚴莊好謂曰：「吾憂國之危，非私也。」禮遣之。因下令：「有沮軍者夷三族！」凡七日，反書聞，帝方在華清宮，中外失色。車駕還京師，斬慶宗，賜其妻康死，榮義郡主亦死。下詔切責祿山，許自歸。祿山答書慢甚，叵可忍。賊遣高邈、臧均以射生騎二十馳入太原，劫取尹楊光翽殺之，以張獻誠守定州。

祿山謀逆十餘年，凡降蕃夷皆接以恩，有不服者，假兵脅制之，所得士，釋縛給湯沐、衣服，或重譯以達，故蕃夷情僞悉得之。祿山通夷語，躬自尉撫，皆釋俘囚爲戰士，故其下樂輸死，所戰無前。邈最有謀，勸祿山取李光弼爲左司馬，不納，既而悔之，憂見顏色，久而曰：「史思明可當之。」賊之未反，邈爲謀，聲進生口，直取洛陽，無殺光翽，天下當未有知者，賊不從。何千年亦勸賊令高秀巖以兵三萬出振武，下朔方，誘諸蕃，取鹽、夏、鄜、坊，使李歸仁、張通儒以兵二萬道雲中，取太原，團弩士萬五千入蒲關，以動關中；勸祿山自將兵五萬梁河陽，取洛陽，使蔡希德、賈循以兵二萬絕海收淄、青，以搖江淮；則天下無復事矣。祿山弗用。

時兵暴起，州縣發官鎧仗，皆穿朽鈍折不可用，持梃鬬，弗能亢，吏皆棄城匿，或自殺，不則就禽，日不絕。禁衞皆市井徒，既授甲，不能脫弓韣、劍鞬，乃發左藏庫繒帛大募兵。以封常清爲范陽、平盧節度使，郭子儀爲朔方節度、關內支度副大使，右羽林大將軍王承業爲太原尹，衞尉卿張介然爲汴州刺史，金吾將軍程千里爲潞州長史，以榮王爲元帥，高仙芝副之，馳驛討賊。

祿山至鉅鹿，欲止，驚曰：「鹿，吾名。」去之沙河，或言如漢高祖不宿柏人以佞賊。賊投草穎樹於河，以長繩維舟集槎以結，冰一昔合，遂濟河，陷靈昌郡。又三日，下陳留、滎陽。次罌子谷，將軍荔非守瑜邀之，殺數百人，流矢及祿山輿，乃不敢前，更出谷南。守瑜矢盡，死於河。敗封常清，取東都，常清奔陝。殺留守李憕、御史中丞盧奕。河南尹達奚珣臣于賊。時高仙芝屯陝，聞常清敗，棄甲保潼關，太守竇廷芝奔河東。常山太守顏杲卿殺賊將李欽湊，禽高邈、何千年，於是趙郡、鉅鹿、廣平、淸河、河間、景城六郡皆爲國守，祿山所有纔盧龍、密雲、漁陽、汲、鄴、陳留、滎陽、陝郡、臨汝而已。

賊之據東京，見宮闕尊雄，銳情僭號，故兵久不西，而諸道兵得稍集。尹子奇屯陳留，欲東略，會濟南太守李隨、單父尉賈賁、濮陽人尙衡、東平太守嗣吳王祗、眞源令張巡相繼起兵，旬日衆數萬。子奇至襄邑而還。

明年正月，僭稱雄武皇帝，國號燕，建元聖武，子慶緒王晉，慶和王鄭，達奚珣爲左相，張通儒爲右相，嚴莊爲御史大夫，署拜百官。復取常山，殺顏杲卿。安思義屯眞定，會李光弼出土門救常山，思義降，博陵亦拔，唯稾城、九門二縣爲賊守。史思明、李立節、蔡希德圍饒陽，不克，引軍攻石邑，張奉璋固守。朔方節度使郭子儀自雲中引兵與光弼合，敗思明於九門，李立節死，希德奔鉅鹿；思明奔趙郡，自鼓城襲博陵，復據之。光弼拔趙郡，還圍博陵，軍恆陽。希德請濟師於賊，賊以二萬騎涉滹沱入博陵，牛廷玠發嬀、檀等兵萬人來助，思明益彊，與光弼戰，敗于嘉山，光弼收郡十三，河南諸郡皆嚴兵守，潼關不開。

祿山懼，欲還范陽，召嚴莊、高尙責曰：「我起，而曹謂萬全。今四方兵日盛，自關以西，不跬步進，爾謀何在，尙見我爲？」遣尙等出。凡數日，田乾眞自潼關來，勸祿山曰：「自古興王，戰皆有勝負，乃成大業，無一舉而得者。今四方兵雖多，非我敵也。有如事不成，吾擁數萬衆，尙可橫行天下，爲十年計。且高尙、嚴莊，佐命元勳也，陛下何遽絕之，使自爲患邪？」祿山喜，道其小字曰：「阿浩，非汝孰悟我！然則奈何？」乾眞曰：「召而尉安之。」乃內尙等，與飲宴，祿山自歌，君臣如初。卽遣孫孝哲、安神威西攻長安。會高仙芝等死，哥舒翰守潼關，爲乾祐所敗，囚之。賊不謂天子能遽去，駐兵潼關，十日乃西。時行在已至扶風，於是汧、隴以東，皆沒於賊。祿山以張通儒守東京〔二〕，乾眞爲京兆尹，使安守忠屯苑中。

祿山未至長安，士人皆逃入山谷，東西駱驛二百里，宮嬪散匿行哭，將相第家委寶貨不貲，羣不逞爭取之，累日不能盡。又剽左藏大盈庫，百司帑藏竭，乃火其餘。祿山至，怒，乃大索三日，民間財貲盡掠之，府縣因株根牽連，句剝苛急，百姓愈騷。祿山怨慶宗死，乃取帝近屬自霍國長公主、諸王妃妾、子孫姻婿等百餘人害之，以祭慶宗。羣臣從天子者，誅滅其宗。虜性得所欲則肆爲殘虐，人益不附。諸大將欲有咨決，皆因嚴莊以見。御下少恩，雖腹心雅故，皆爲仇敵。郡縣相與殺守將，迎王師，前後反覆十數，城邑墟矣。

肅宗治兵靈武，天下日跂首待，長安相傳太子西來矣，人聞輒東走，閭里至空，都畿豪桀殺賊吏自歸者無虛日，賊斬刈懲之不能止。又賊將類慓勇無遠謀，日縱酒，嗜聲色財利，車駕危得入蜀，終無進躡之患。

帳下李猪兒者，本降豎，幼事祿山謹甚，使爲閹人，愈親信。祿山腹大垂膝，每易衣，左右共舉之，猪兒爲結帶，雖華淸賜浴，亦許自隨。及老，愈肥，曲隱常瘡。既叛，不能無恚懼，至是目復盲，俄又得疽疾，尤卞躁，左右給侍，無罪輒死，或箠掠何辱，猪兒尤數，雖嚴莊親倚，時時遭笞靳，故二人深怨祿山。初，慶緖善騎射，未冠爲鴻臚卿。賊僭號，嬖段夫人，愛其子慶恩，欲立之。慶緖懼不立，莊亦疑難作不利己，私語慶緖曰：「君聞大義滅親乎？自古固有不得已而爲者。」慶緖陰曉曰：「唯唯。」又語猪兒曰：「汝事上罪可數乎？不行大事，死無日！」遂與定謀。至德二載正月朔，祿山朝羣臣，創甚，罷。是夜，莊、慶緒持兵扈門，猪兒入帳下，以大刀斫其腹。祿山盲，捫佩刀不得，振幄柱呼曰：「是家賊！」俄而腸潰于牀，卽死，年五十餘，包以氈罽，埋牀下。因傳疾甚，僞詔立慶緒爲皇太子，又矯稱祿山傳位慶緒，乃僞尊太上皇。

旣襲僞位，改載初元年，卽縱樂飮酒，委政於莊而兄事之，以張通儒、安守忠等屯長安，史思明領范陽，鎭恆陽軍，牛廷玠屯安陽，張志忠戍井陘，各募兵。

於是廣平王率師東討，李嗣業將前軍，郭子儀將中軍，王思禮將後軍，回紇葉護以兵從。通儒等哀兵十萬陣長安中，賊皆奚，素畏回紇，旣合，驚且囂。王分精兵與嗣業合擊之，守忠等大敗，引而東，通儒棄妻子奔陝郡。王師入長安，思禮淸宮。僕固懷恩以回紇、南蠻、大食兵前驅，王悉師追賊，莊自將兵十萬與通儒合，鉦鼓震百餘里。尹子奇已殺張巡，悉衆十萬來，幷力營陝西，次曲沃。先是回紇傍南山設伏，按軍北崦以待。莊大戰新店，以騎挑戰，六遇輒北，王師逐之，入賊壘，賊張兩翼攻之，追兵沒，王師亂，幾不能軍。嗣業馳，殊死鬬，回紇自南山繚擊其背，賊驚，遂亂，王師復振，合攻之，殺掠不勝算，賊大敗，追奔五十餘里，尸髀藉藉滿阬壑，鎧仗狼扈，自陝屬于洛。莊跳還，與慶緒、守忠、通儒等劫殘軍走鄴郡。

王入洛陽，大陳兵天津橋，僞侍中陳希烈等三百人素服叩頭待罪，王勞曰：「公等脅汗，非反也，天子有詔赦罪，皆復而官。」衆大喜。於是陳留殺賊將尹子奇以降。莊妻薛舍獲嘉，給言永王女，詣營，及見王，辭曰：「莊欲降，願得一信。」王與子儀謀，莊若至者，餘黨可諭而下，乃約莊賜鐵券。莊乃降，乘馹至京師，肅宗引見，釋其死，授司農卿。阿史那承慶以其衆三萬奔恆、趙，或趨范陽，其從慶緒者，羸卒纔千餘。

會蔡希德自上黨，田承嗣自潁川，武令珣自南陽，各以衆來，邢、衞、洺、魏募兵稍稍集，衆六萬，賊復振。以相州爲成安府，太守爲尹，改元天和，以高尙、平洌爲宰相，崔乾祐、孫孝哲、牛廷玠爲將，以阿史那承慶爲獻城郡王，安守忠左威衞大將軍，阿史那從禮左羽林大將軍。然部黨益攜解，由是能元晧以僞淄青節度使、高秀岩以河東節度使並納順。德州刺史王暕、貝州刺史宇文寬皆背賊自歸，河北諸軍各嬰城守，賊使蔡希德、安雄俊、安太淸等以兵攻陷之，戮于市，膾其肉。

慶緒懼人之貳己，設壇加載書、牲血與羣臣盟。然承慶等十餘人送密款；有詔以承慶爲太保、定襄郡王，守忠左羽林軍大將軍、歸德郡王，從禮太傅、順義郡王，蔡希德德州刺史，李廷訓邢州刺史，苻敬超洺州刺史，楊宗太子左諭德，任瑗明州刺史，獨孤允陳州刺史，楊日休洋州刺史，薛榮光岐陽令；自裨校等，數數爲國間賊。而慶緒治宮室、觀榭、塘沼，汎樓舡爲水嬉，長夜飲。通儒等爭權不能一，凡有建白，衆共嘗沮之。希德最有謀，剛狷，謀殺慶緒爲內應，通儒以它事斬之，麾下數千皆亡去。希德素得士，舉軍恨歎。慶緒以乾祐爲天下兵馬使，權震中外，愎悍少恩，士不附。

乾元元年秋九月，帝詔郭子儀率九節度兵凡二十萬討慶緒，攻衞州，遂度河，師背水壁而待。慶緒遣安太淸拒戰，聞衞州已圍，則鼓而南，作三軍：乾祐將上軍，雄俊、王福德佐之；田承嗣將下軍，榮敬佐之；慶緒自將中軍，孫孝哲、薛嵩佐之。既戰，王師僞卻，慶緒逐之，遇伏而潰，慶緒走，獲其弟慶和，斬于京師。子儀引軍躡賊，戰愁思崗；賊復敗，自是銳兵盡矣。因嬰鄴自固，使薛嵩以厚幣求救於史思明。思明遣李歸仁將兵萬三千壁滏陽，未進，而王師圍已固，築城濬隍三周，決安陽水灌城。城中棧而處，糧盡，易口以食，米斗錢七萬餘，一鼠錢數千，屑松飼馬，隤牆取麥秸，濯糞取芻，城中欲降不得。賊更以太淸代乾祐將。

於是思明有衆十三萬，三分其軍趨鄴。明年三月，營安陽。慶緒急，乃遣太淸奉皇帝璽綬讓思明，思明以書示軍中，咸呼萬歲，乃約慶緒爲兄弟，還其書，慶緒大悅。王師不利，九節度奔還，子儀斷河陽橋，戍轂水。思明進屯鄴南。慶緒收官軍餘饟，尚十餘萬石。召孝哲等謀拒思明，諸將皆曰：「今日安得復背史王乎？」通儒、尙、洌皆請自往謝思明，慶緒許諾。思明見，爲流涕，厚禮遣還。三日，慶緒未出，思明請慶緒歃血盟，不得已，以五百騎詣思明軍。先此，思明令軍中擐甲待，慶緒至，再拜伏地謝曰：「臣不克負荷，棄兩都，陷重圍，不意大王以太上皇故，暴師遠來，臣之罪，唯王圖之。」思明恚曰：「兵利不利亦何事，而爲人子，殺父求位，非大逆邪？吾乃爲太上皇討賊。」顧左右牽出斬之。慶緒數目周萬志，萬志進曰：「慶緒爲君矣，宜賜死。」乃幷四弟縊。又誅尙、孝哲、乾祐，殊而膊之。思明改葬祿山以王禮，僞謚燕剌王。祿山父子僭位凡三年而滅。

初，祿山陷東京，以張萬頃爲河南尹，士人宗室賴以免者衆，肅宗嘉其仁，拜濮陽太守。帝以賊國讎，惡聞其姓，京師坊里有「安」字者，悉易之。

高尙者，雍奴人。母老，丐食自給，尙客河朔不肯歸。與令狐潮相善，淫其婢，生一女，遂留居。然篤學善文辭，嘗喟然謂汝南周銑曰：「吾當作賊死，不能齕草根求活也。」李齊物爲新平太守，薦諸朝，贐錢三萬，介之見高力士，力士以爲才，置門下，家事一咨之，諷近臣表其能，擢左領軍倉曹參軍。

力士語祿山，表爲平盧掌書記，因出入臥內。祿山喜睡，尙嘗執筆侍，通昔不寢，繇是親愛。遂與嚴莊語圖讖，導祿山反。陷東都，僞拜中書侍郎。大抵賊所下赦令，皆尙爲之。

嚴莊降後，尙獨典政事，至僞侍中。

孫孝哲者，契丹部人。母冶色，祿山通之，故孝哲得狎近。長七尺，伉健有謀。祿山對側門俟召，衣帶絕，不知所爲，孝哲箴縷素具，徐爲紉綻，祿山大悅。尤能先事取情。祿山魁大，非孝哲縫衣不能勝。天寶末，官大將軍。

賊僭位，僞拜殿中監、閑廐使，爵爲王，與嚴莊爭寵不平。裘馬光侈，食軓珍滋。賊令監張通儒等守長安，人皆目之。殺妃、主、宗室子百餘人，窮誅楊國忠、高力士黨與及與賊忤者不勝計，剔首析肢，流離道衢。祿山死，莊奪其使以與鄧季陽。慶緒之奔，莊懼爲所圖，因降。

有商胡康謙者，天寶中爲安南都護，附楊國忠，官將軍。上元中，出家貲佐山南驛稟，肅宗喜其濟，許之，累試鴻臚卿。婿在賊中，有告其畔，坐誅。事連莊，繫獄，貶難江尉。京兆尹劉晏發吏防其家，莊恨之。俄詔釋罪，莊入見代宗，誣晏常矜功怨上，漏禁中事，晏遂貶云。

史思明，寧夷州突厥種，初名窣于，玄宗賜其名。姿癯露，鳶肩傴背，廞目側鼻，寡須髮，躁健譎狡。與安祿山共鄉里，生先祿山一日，故長相善。少事特進烏知義，以輕騎覘賊，多所禽馘。通六蕃譯，亦爲互市郎。頃之，負官錢，無以償，將走奚，未至，爲邏騎所困，欲殺之，紿曰：「我使人也，若聞殺天子使者，其國不祥，不如以我見王，王活我，功自汝得。」邏以爲然，送至王所，不拜，曰：「天子使見小國君不拜，禮也。」王怒，然疑眞使者，卒授館，待以禮。將還，令百人從入朝。奚有部將瑣高者，名聞國中，思明欲禽以贖罪，訹王曰：「從我者雖多，無足與見天子者，惟高材，可與至中國。」王悅，命高將帳下三百俱。既至平盧，遣謂戍主曰：「奚兵數百，外稱入朝，內實盜，請備之。」主潛師迎犒，殺其衆，囚高以獻。幽州節度使張守珪奇其功，表折衝，與祿山俱爲捉生。

天寶初，累功至將軍、知平盧軍事。入奏，帝賜坐與語，奇之，問年，曰：「四十矣。」撫其背曰：「爾貴在晚，勉之！」遷大將軍、北平太守。從祿山討契丹，祿山敗，單騎走師州，殺其下左賢哥解、魚承仙自解。思明逃山中，再閱旬，裒散卒得七百，追見祿山平盧，祿山喜，握手曰：「計而死矣，今故在，吾何憂！」思明語親密曰：「吾聞進退在時，向蚤出，隨哥解地下矣。」契丹取師州，守捉使劉客奴亡去，祿山使思明擊走之，表平盧兵馬使。

思明少賤，鄉里易之。大豪辛氏有女，方求婿，窺思明，告其親曰：「必嫁我思明。」宗屬不可，女固以歸。思明亦負曰：「自我得婦，官不休，生男子多，殆且貴乎！」

祿山反，使思明略定河北，會賈循死，留思明守范陽，而常山顏杲卿等傳檄拒賊，祿山使向潤客等代，遣思明攻常山，九日執杲卿。進薄饒陽，盧全誠拒守，河間、景城、平原、樂安、清河、博平六郡稍募兵自固。河間李奐以兵七千救饒陽，景城李暐持兵八千助河間，平原顏眞卿以兵六千助清河，悉爲思明所敗，暐子杞死之，饒陽愈堅。會李光弼收常山，思明遽解圍迎戰，晝夜行二百里，相持久不決。郭子儀取趙郡，合兵攻賊。凡再戰，皆大敗，走入博陵。光弼追傅城，幾拔。屬潼關潰，肅宗召朔方、河東兵，光弼引還，使王俌守常山。賊尾追光弼於井陘，敗歸。攻平盧，劉正臣輕之，不設備，敗保北平，兵貲二千乘皆沒。思明得其銳卒，張甚，謀攻常山。俌欲降，諸將殺之，遣使至信都迎刺史烏承恩鎭守，不聽。思明攻土門，城中伏甲詭降，賊登城，伏起，賊殲，思明中戟，扶以免，復攻陷之，焚廬舍，種誅其人。取槀城，守將白嘉祐走趙郡，思明圍之五日，入之；嘉祐奔太原，思明再陷常山。賊別帥尹子奇圍河間，顏眞卿遣和琳將兵萬餘往救之。於是北風號勁，鼓之，士不進。賊縱擊，大敗，執琳，引衆攻城，禽李奐。又拔景城，李暐赴河死。招樂安，降之。遂攻平原，未至，眞卿棄郡去。進破清河，執太守王懷忠，入博平，遂圍信都。初，賊先獲承恩母、妻及子，故承恩降，而兵尙五萬，騎三千。擊饒陽，李系自燔死。

思明兵所嚮，縱其下椎剽，淫奪人妻女，以是士最奮。是時，舉河北悉入賊，生人背產掃地，壯齎負，老嬰則殺之，殺人以爲戲。祿山僞署范陽節度使。始，麾下騎纔二千，同羅步曳落河止三千，既數勝，兵最彊，猖然有噬江、漢心。以精卒五萬畀尹子奇，度河劫北海以震淮、徐。會回紇襲范陽，范陽閉不出，子奇乃還救，遂不克。至德二載，與蔡希德、高秀巖合兵十萬攻太原。是時，李光弼使部將張奉璋以兵守故關，思明攻陷之，奉璋走樂平。時思明取攻具山東，奉璋匿士廣陽，改服紿爲賊使者，責其後期，斬數人，引衆得還太原。光弼固守且十月，不能拔。而安慶緒襲位，賜姓安，名榮國，爵嬀川郡王。

賊之陷兩京，常以橐它載禁府珍寶貯范陽，如丘阜然。思明見富彊，憪然驕，欲自取之。已而慶緒敗走相州，殘士三萬北歸，無所屬，思明擊殺數千人，降之。慶緒知其貳，使阿史那承慶、安守忠、李立節詣思明議事，且共圖之。判官耿仁智欲以大誼動賊，請間曰：「公貴且賢，無待下爲之謀，然請一言而死。」思明曰：「爲我言之。」對曰：「方祿山彊，誰敢不服，大夫事之，固無罪。今天子聰明勇智，有少康、宣王風，公誠發使輸誠，無不納，此轉禍入福之秋也。」思明曰：「善。」承慶等未知，以五千騎來，思明介而勞，前謂曰：「公等至，士不勝喜，然邊兵素憚使者威，不自安，請弛弓以入。」從之。思明從承慶等飲，即拘之，收其兵，給貲以遣，斬守忠、立節以徇。

李光弼聞其絕慶緒，使人招之。前此烏承恩已歸國，帝遣鑄諭之，思明使牙門金如意奉十三郡兵八萬籍歸于朝，於是高秀巖以河東自歸。有詔思明爲歸義郡王、范陽長史、河北節度使，諸子并列卿，以秀巖爲雲中太守，亦官其諸子。遣承恩與中人李思敬尉撫，趣討殘賊。思明乃遣張忠志守幽州，假薛萼以恆州刺史，招趙州刺史陸濟使降，授朝義兵五千守冀州，假令狐彰博州刺史，戍滑州。

然思明外順命，內實通賊，益募兵。帝知之，以其常事承恩父知義，冀其無嫌，即擢承恩爲河北節度副大使，使圖思明。承恩至范陽，羸服夜過諸將，陰諗以謀，諸將返以告思明，疑未有以驗。會承恩與思敬奏事還，思明留館之，幃所寢牀，伏二人焉。承恩子入見，因留臥。夜半，語其子曰：「吾受命除此逆胡。」二人白思明，乃執承恩，探衣囊得賜阿史那承慶鐵券及光弼牒，又得薄紙書數番，皆當誅將士姓名，賊大詬曰：「我何負於爾，至是邪！」故答曰：「此太尉光弼謀，上不知也。」思明召官吏于廷，西鄉哭曰：「臣赤心不負國，何至殺臣？」因搒殺承恩父子及支黨二百餘人，囚思敬以聞。帝遣使諭曰：「事出承恩，非朕與光弼意。」又聞三司議陳希烈等死，思明懼曰：「希烈等皆大臣，上皇棄而西，既復位，此等宜見勞，返殺之，況我本從祿山反乎？」諸將皆勸賊表天子誅光弼，思明使耿仁智、張不矜上疏請斬光弼，不然，且攻太原。疏入于函，仁智輒易去，左右密白思明，執二人曰：「若負我邪！」命斬之。旣又欲貸死，復召責曰：「仁智事我三十年，今日我忘爾邪？」仁智怒曰：「人固有死，大夫納邪說，再圖反，我雖生不如死！」思明怒，捶殺之。九節度圍相州急，慶緒間道求救，思明懼王師，未敢進。俄而蕭華舉魏州歸天子，崔光遠代守，思明乃引兵擊魏，拔之，殺數萬人。

乾元二年正月朔，築壇，僭稱大聖周王，建元應天，以周贄爲司馬；救相州，卻王師，殺慶緒，幷其衆，欲遂西略，虞根本未固，卽留朝義守相州，自引還。夏四月，更國號大燕，建元順天，自稱應天皇帝。妻辛爲皇后，以朝義爲懷王，周贄爲相，李歸仁爲將；號范陽爲燕京，洛陽周京，長安秦京。更以州爲郡，鑄「順天得一」錢。欲郊及藉田，聘儒生講制度，或上書言：「北有兩蕃，西有二都，勝負未可知，而爲太平事，難矣。」思明不悅，遂祠祀上帝。是日大風，不能郊。

留子朝淸守幽州，使阿史那玉、向貢、張通儒、高如震、高久仁、王東武等輔之。兵四出寇河南，身出濮陽，使令狐彰絕黎陽，朝義出白高，周萬志自胡良度河圍汴州。於是節度使許叔冀，濮州刺史董秦，梁浦、田神功皆附賊，卽命叔冀與李詳守汴州，徙秦等家屬平盧，使浦、神功下江、淮，約曰：「得地，人取貲二艫。」思明乘勝鼓行，西陷洛陽，破汝、鄭、滑三州，圍李光弼河陽，不能拔。使安太淸取懷州以守，光弼攻之，太淸降。思明又遣田承嗣擊申、光等州，王同芝擊陳，許敬釭擊兗、鄆，薛崿擊曹。上元二年二月，思明以計敗光弼兵於北邙，王師棄河陽、懷州，京師震恐，益兵屯陝州。思明遂西，使朝義爲先鋒，身自宜陽繼進。

朝義攻陝，敗于姜子坂，退壁永寧。思明大怒，召朝義幷駱悅、蔡文景、許季常將誅而釋之，詫曰：「朝義怯，不能成我事！」欲追朝清自副。又敕朝義築三角城居糧，終日畢，未塓而思明至，怒不如約，辭曰：「士疲少息耳。」思明曰：「汝惜士而違我令邪？」據鞍畢塓乃去，顧曰：「朝下陝，夕斬是賊。」朝義懼。思明居傳舍，令所愛曹將軍擊刁斗呵衞。駱悅等被讓，卽共說朝義曰：「向兵敗，悅與王死無日，不如召曹將軍同計大事。」朝義面不應，悅曰：「王誠不忍，吾等且歸唐，不得事王矣。」朝義許之，令季常以言動曹將軍。曹將軍畏諸將，不敢拒。思明愛優譁，寢食常在側，優者以其忍，恨之。是夜思明驚，據牀叱咤，優問故，答曰：「我夢羣鹿度水，鹿死而水乾，云何？」俄如匽，優相謂曰：「胡命盡乎！」少選，悅以兵入，問思明所在，未對，輒殺數人，共指匽。思明知有亂，踰垣出，至廄下，將乘馬走，悅麾下周子俊射其臂，墜，問難所起，曰：「懷王也。」思明曰：「旦日失言，宜有此。然殺我太早，使我不得至長安。」大呼懷王三，曰：「囚我可也，無取殺父名！」復罵曹將軍曰：「胡誤我！」左右反接縛之，送柳泉傳舍。悅還報，朝義曰：「驚聖人否？損聖人否？」悅曰：「無有。」時周贊、許叔冀以後軍屯福昌，季常，叔冀子也，朝義令告之。贊聞，驚仆地。賊領兵還，贊等出迎，悅惡其貳，乃殺贊。次柳泉，悅畏衆不厭，縊殺思明，以氈裹尸，槖它負還東京。朝義乃卽位，建元顯聖。

初，思明諸子無嫡庶分，以少者爲尊。朝義，孽長子，寬厚，下多附者。及難起，陰令向貢、阿史那玉圖朝淸。朝淸喜田獵，狀虐似思明，淫酗過之，養帳下三千人，皆剽賊輕死。貢紿計曰：「聞上欲以王爲太子，且車駕在遠，王宜入侍。」朝淸謂然，趣帳下出治裝，貢使高久仁、高如震率壯士入牙城。朝淸問其故，或曰：「軍叛矣。」乃擐甲登樓，責貢等，士陣樓下，朝淸自射殺數人，阿史那玉軍僞北，朝淸下，被執，與母辛俱死。張通儒不知，引兵戰城中，數日不克，亦死。貢攝軍事，未幾，玉襲殺之，自爲長史，治殺朝淸罪，乃梟久仁，徇于軍。如震懼，擁兵拒守。五日，玉敗走武淸，朝義使人招之，至東都，凡胡面者，無長少悉誅。以李懷仙爲幽州節度使，斬如震，幽州乃定。

朝義虛懷禮下，事皆決大臣，然無經略才。當此時，洛陽諸郡人相食，城邑榛墟，又諸將皆祿山舊臣，與思明故輩行，恥爲朝義屈，召兵輒不至，欲還幽州。

會雍王以河東、朔方、回紇兵十餘萬討賊，僕固懷恩與回紇左殺爲先鋒，魚朝恩、郭英乂殿，入自黽池，李抱玉薄河陽，李光弼徑陳留，合兵。始，代宗召南北軍諸將問所以討賊計，開府儀同三司管崇嗣曰：「我得回紇，無不勝。」帝曰：「未也。」右金吾大將軍薛景仙曰：「我若不勝，請以勇士二萬椎鋒死賊。」帝曰：「壯矣！」右金吾大將軍長孫全緒曰：「賊若背城戰，破之必矣；若閉城留死，未可取也。且回紇短於攻城，持久勢且沮。我若休士張勢以綴賊，使光弼取陳留，抱玉擣河北，先斷其手足，然後縱間賊中，彼脅從者相疑，則滅可待。」帝曰：「善。」命潼關、陝戒嚴。師次洛陽，馳兵下懷州，王師部伍靜嚴，賊有懼色。

朝義以師十萬距橫水，戰大敗，俘馘凡六萬，委牛馬器甲不可計。朝義燒明堂，東奔汴州，僞節度使張獻誠不納，自濮北趣幽州。東都再更亂，英乂、朝恩等不能戢軍，與回紇縱掠，延及鄭、汝，閭井至無煙。方冽寒，人皆連紙襦書爲裳褕。賊走至下博，僕固瑒追及之，朝義復敗。河東戍將李竭誠、成德李令崇皆背賊犄角戰。至滹水，無舟，諸將勸降，朝義不悅。田承嗣請環車爲營，內女子車中，以輜重次之，伏兵以待。既戰而卻，王師逐之，爭貲寶，賊引奇兵繞出，又伏發，王師卻數十里止。朝義遂走莫州，瑒追圍之。閱四旬，賊八戰八奔。明年正月，閱精兵，欲決死。承嗣謂朝義：「不如身將驍銳還幽州，因懷仙悉兵五萬還戰，聲勢外張，勝可萬全。臣請堅守，雖瑒之彊，不遽下。」朝義然納，以騎五千夜出，比行，握承嗣手，以存亡爲託，承嗣頓首流涕。將行，復曰：「闔門百口，母老子稚，今付公矣。」承嗣聽命。少選，集諸將曰：「吾與公等事燕，下河北百五十餘城，發人冢墓，焚人室廬，掠人玉帛，壯者死鋒刃，弱者塡溝壑，公門華冑，爲我斯隸，齊姜、宋子，爲我掃除。今天降鑒，吾等安所歸命？自古禍福亦不常，能改往脩今，是轉危即安矣。且日且出降，公等謂何？」衆咸曰：「善。」遲明，使人號城上曰：「朝義夜半走矣，胡不追賊？」瑒未信，承嗣將朝義母及妻孺詣瑒壘，於是諸軍率輕兵追之。

朝義至范陽，懷仙部將李抱忠閉壁不受，曰：「頃既受命天子，一年之中，且降且叛，二三孰甚焉！」朝義告飢，抱忠饋于野。朝義飯，軍亦飯，飯已，軍子弟稍稍辭去。朝義流涕罵承嗣曰：「老奴誤我！」去至梁鄉，拜思明墓，東走廣陽，不受。謀奔兩蕃，懷仙招之，自漁陽回止幽州，縊死醫巫閭祠下。懷仙斬其首傳長安，召故將收其屍。懷仙改服出次哭之，士皆號慟。及葬，莫知其所。僞恆州刺史張忠志、趙州刺史盧俶、定州刺史程元勝、徐州刺史劉如伶、相州節度使薛嵩及懷仙、承嗣等皆舉其地以歸。思明父子僭號凡四年滅。朝義死，部送將士妻口百餘于官，有司請隸司農，帝曰：「是皆良家子，脅掠至此。」命稟食還其親，無所歸者，官爲資遣。

贊曰：祿山、思明興夷奴餓俘，假天子恩幸，遂亂天下。彼能以臣反君，而其子亦能賊殺其父，事之好還，天道固然。然生民厄會，必假手于人者，故二賊暴興而亟滅。張讀讖劉裕「近希曹、馬，遠棄桓、文，禍徒及於兩朝，福未盈於三載，八葉傳其世嗣，六君不以壽終，天之報施，其明驗乎！」杜牧謂：「相工稱隋文帝當爲帝者，後篡竊果得之。周末，楊氏爲八柱國，公侯相襲久矣，一旦以男子偷竊位號，不三二十年，壯老嬰兒皆不得其死。彼知相法者，當曰此必爲楊氏之禍，乃可爲善相人。」張、杜確論，至今多稱誦之。如祿山、思明，希劉裕、楊堅而不至者，是以著其論。

校勘記

〔一〕祿山以張通儒守東京　按是時祿山方攻據長安，舊書卷二〇〇上及通鑑卷二一八並謂以張通儒爲西京留守。

唐書卷二百二十五中

列傳第一百五十中

逆臣中

李希烈　朱泚

李希烈，燕州遼西人。少籍平盧軍，從李忠臣浮海戰河北有勞。及忠臣在淮西，因署偏裨，試光祿卿，軍中藉藉高其才。會忠臣荒縱不事，得間衆怒，逐忠臣聽命。代宗詔忻王爲節度副大使，使希烈專留後事，又詔滑亳節度使李勉兼領汴州。德宗立，加御史大夫，即拜節度使，名其軍曰淮寧以寵之。梁崇義之反，敕諸道進討，詔進希烈南平郡王、漢南北招討處置使，又拜諸軍都統。平崇義功多，擁兵欲有其地，會山南節度使李承至，不克，猶大掠而去，以功檢校尚書右僕射、同中書門下平章事。

李納叛，以檢校司空兼淄青節度使討之。希烈擁衆三萬次許州不進，遣李苣約納爲脣齒，陰計取汴州，卽檄李勉假道。勉度所宜，出儲陳留，治梁除道以須。希烈計得，因嫚罵勉，勉嚴備以守。納遣游兵導希烈絕汴餉路，勉治蔡渠，引東南饋。希烈遣使者約河北朱滔、田悅等連和，凶焰熾然。俄而滔等自相王，遣使者來奉牋，希烈亦自號建興王、天下都元帥，五賊株連半天下。

建中四年正月，詔諸節度以兵掎角攻討，唐漢臣、高秉哲以兵萬人屯汝州。未至，賊將乘霧進，王師還，賊取汝州，執李元平，兵西首，東都大震，士皆走河陽、崤、澠。留守鄭叔則壁西苑，賊按兵不進。帝聽盧杞計，詔太子太師顏眞卿諭賊，已行，又遣左龍武大將軍哥舒曜討之。希烈見眞卿，傲桀不臣，敕左右訾侮朝政，卽北侵汴州，南略鄂州。有詔江西節度使嗣曹王皋擊之，拔蘄、黃兩州，擊賊將李良、韓霜露於白巖，二將走。

初，希烈自襄陽還，留姚憺戍鄧州，賊又得汝，則武關梗絕。帝使陝虢觀察使姚明敭治上津道，置館通南方貢貨。希烈遣董待名、韓霜露、劉敬宗、陳質、翟崇暉分掠州縣，官軍數奔。曜復取汝州，希烈遣周曾、呂從賁、康琳拒曜，次襄城，與王玢、姚憺、韋淸合謀襲希烈，不克，皆死，淸奔劉洽。希烈懼，還蔡州，上疏歸罪曾等。帝不赦，詔斬希烈者，四品以上得其官，五品以下戶四百，民賜復三年。遣神策將劉德信將節度、觀察、團練子弟兵屯陽翟幷力；以李勉爲淮西招討使，曜副之；荆南節度使張伯儀爲淮西應援招討使，山南節度使賈耽與臯副之。德信去陽翟，入汝壁，賊取陽翟，覆伯儀軍。曜戰不利，屯襄城，希烈怙其壯，舉衆三萬圍曜。時帝西狩，師氣殲不能抗，城遂陷，曜奔東都。希烈資慘害，臨戰陣殺人，血流於前，而飲食自若也，以故人畏服，爲盡死。乘襄城之捷，進攻汴州，入之，運土木治道，怒不如程，敺人塡塹，號「溼梢」。勉奔宋州。

希烈已據汴，僭卽皇帝位，國號楚，建元武成；以張鸞子、李綬、李元平爲宰相，鄭賁爲侍中，孫廣爲中書令；披其地建四節度，以汴州爲大梁府治，安州爲南關。染石作璽。又於上蔡、襄城獲折車釭，奉以爲瑞，惑其下。因窺江淮，盛兵攻襄邑，守將高翼死之。於是汴滑副都統劉洽，率曲環、李克信軍十餘萬戰白塔，不利，洽引還，卒柏少淸攬轡曰：「公小不利遽北，奈何？」洽不聽，夜入宋州。

賊驟勝，徑薄寧陵，舟乘銜踵進，亙七十里。時洽將高彥昭、劉昌共嬰壘以守，賊使妖人祈風，火戰棚盡，坎堞欲登。彥昭按劍乘陴，士感奮，風亦反。昌計於衆曰：「軍法，倍不戰。賊猥吾寡，不如退以驕賊，自宋出精銳，擣不意，功可成。」彥昭謝曰：「君少待，請盡力。」乃登城誓衆曰：「中丞欲示弱，覆而取之，誠善。然我爲守，得失在主人；今士創重者須供養，有如棄城去，則傷者死內，逃者死外，吾衆盡矣！」士皆泣，且拜曰：「公在是，誰敢去！」昌大慚。彥昭擊家牛犒軍，士死戰，斬首三千級。請援於洽，其屬作書，言城且危，彥昭視曰：「君輕我耶？」取紙自爲書。洽得書，喜曰：「健將在西，吾何憂？」選兵八百，夜艾而入，賊不知。詰旦傅城，士奮出，希烈大敗，取其旆，斬首萬計，追北至襄邑，收賊貲糧而還。洽表其功，拜彥昭御史大夫，實封百五十戶。

希烈既沮卻，而壽州刺史張建封亦屯固始，虜其旁。希烈懼，還汴州，遣崇暉以精兵襲陳，復爲洽敗，俘衆三萬，執崇暉，進拔汴州，禽鄭賁、劉敬宗、張伯元、呂子巖、李達干，希烈遁歸蔡。賊戍將孫液挈鄭州降，帝即拜液爲刺史。貞元二年，遣杜文朝寇襄州，爲樊澤所破，獲文朝。會臯、建封、環及李澄四略其地，勢日蹙，希烈縮氣不敢搖。啖牛肉而病，親將陳仙奇陰令醫毒之以死。

始，希烈入汴，聞戶曹參軍竇良女美，彊取之，女顧曰：「愼無戚，我能滅賊。」後有寵，與賊祕謀，能轉移之。嘗稱仙奇忠勇可用，而妻亦竇姓，願如姒娣者，以固其夫，希烈許諾。乘間往謂仙奇妻曰：「賊雖彊，終必敗，云何？」竇久而寤。及希烈死，子不發喪，欲悉誅諸將乃自立，未決。有獻含桃者，竇請分遺仙奇妻，聽之，因蠟帛丸雜果中，出所謀。仙奇大驚，與薛育率兵譟而入。子出徧拜曰：「請去帝號，如滔靑故事。」語已，斬之，函希烈幷妻子七首獻天子，尸希烈於市。帝以仙奇忠，即拜淮西節度使，百姓給復二年。俄爲吳少誠所殺，有詔贈太子太保。竇亦死。

朱泚，幽州昌平人。父懷珪，事安、史二賊，僞署柳城使。泚資壯偉，腰腹十圍，外寬和，中實很刻。少推父蔭，籍軍中，與弟滔並爲李懷仙部將。輕財好施，凡戰所得，必分麾下士，以動其心，陰儲凶德。朱希彩爲節度使，頗委信之。

大曆七年，希彩爲下所殺，衆未有屬，泚方外屯，而滔主牙兵，尤狡譎，乃潛諗數十人大呼軍門曰：「帥非朱公莫可！」衆愕眙，因共詣泚，推知留後，遣使至京師聽命。有詔檢校左散騎常侍，卽拜盧龍節度留後。俄遷節度使，封懷寧郡王，實封戶二百。泚上書謝，遣滔將兵西防秋。代宗悅，手詔褒美。

居三年，求入朝。自幽州首爲逆，懷仙以來，雖外臣順，然不朝謁，而泚倡諸鎭，以騎三千身入衞，有詔起第以待。既行，屬疾；或勸還，泚曰：「輿吾尸，猶至京師。」將吏乃不敢言。時四方無事，天子鯑日視朝。泚以偶日至，見內殿，賜乘輿馬二、戰馬十、金綵甚厚，士校皆有賜，宴賚隆渥。泚之來，滔攝後務，稍稍翦落泚牙角。泚自知失權，爲滔所賣，不得志，乃請留京師。帝因授滔節度留後，乃分防秋兵，使各有統：河陽、永平兵，郭子儀主之；汴滑、楊猷兵，李抱玉主之；淮西、鳳翔兵，馬璘主之；汴宋、淄青兵，泚主之。進同中書門下平章事，出屯奉天，賜禁中兵以爲寵。遷檢校司空，代李抱玉爲隴右節度副大使，仍知河西、澤潞行營兵馬事。明年，徙王遂寧。德宗立，改鎭鳳翔，進封戶三百。

建中初，以李懷光代段秀實兼節度涇原，徙屯原州。懷光前督作，泚與崔寧領兵繼進。涇士素聞懷光暴，相恟懼，劉文喜因劫衆以亂，請留秀實，又求屬泚。詔泚代懷光。文喜合兵二萬乘城，使裨將劉海賓入陳事。海賓請：「假文喜節，臣當斬其首。」帝曰：「爾誠忠，然我節不可得。」遣還，詔泚、懷光攻之，帝爲減太官膳臨給軍。文喜猶閉壁求救於吐蕃。吐蕃師興，泚、懷光欲避之，別將韓游瓌曰：「戎若來，涇人必變，誰肯爲反賊沒身于虜者，少須之。」俄吐蕃游騎升高招涇人，衆曰：「始吾屬爲文喜求節度，天子致討則歸罪，安能以赭皫面爲異俗乎！」海賓果與其徒殺文喜，入泚軍；泚一無所戮，由是涇人德之。詔加中書令，還屯，進拜太尉。

滔合田悅叛，陰遣人與泚相聞，河東馬燧獲其書，帝召泚示之，泚惶懼請死。帝勉曰：「千里不同謀，卿何謝？」更以張鎰節度鳳翔，還泚京師，加實封千戶，不朝請，中人監第。

李希烈圍哥舒曜於襄城，詔涇原節度使姚令言督鎭兵五千東救曜，過闕下，師次滻水，京兆尹王翃使吏供軍，糲飯菜肴，衆怒不肯食，譟曰：「吾等棄父母妻子前死敵，而乃食此，庸能持身蹈白刃耶？今瓊林、大盈庫寶皆如山，尚何往？」乃盡甲反旗而鼓。帝聞，命中人持賜往，人二縑。士愈悖，射中人，中人返走。時令言尚論兵禁中，既上變，乃馳至長樂坂，遇兵還，引轡向令言。令言大呼曰：「引而東，富貴可取，何失計爲滅族事？」衆劫令言以西行。帝復遣使者開諭，賊已陣通化門，殺使者。帝遣普王與學士姜公輔載金綵慰撫。賊薄丹鳳門，詔集六軍，無至者。先是，關東、河北戰不利，禁兵悉東，衞士內空，而神策軍使白志貞籍市人隸兵，聽其居肆，私取庸自入，故遽迫皆不至。

帝出苑北門，羽衞纔數十，普王前導，皇太子、王韋二妃、唐安公主及中人百餘騎以從，右龍武軍使令狐建以數百人殿。夜至咸陽，飯數匕而去。賊已嚴伺諸門，士人羸衣冒出，盧杞、關播、李竦皆踰垣走，與劉從一、趙贊、王翃、陸贄、吳通微等追及帝咸陽。郭曙與童奴數十獵苑中，聞蹕，謁道左，帝勞之，懇乞從，許之。遲曉至奉天，吏惶懼謁于門。渾瑊以數十騎自夾城入北內，裒兵欲擊賊，聞乘輿出，遂奔奉天。於是人未知帝所在，踰三日，諸王羣臣稍稍自間道至。

初，令言陣五門，衞兵不出，遂突入含元殿，周呼曰：「天子出矣，今日共可取富貴！」譟而進，掠宜春苑，入諸宮。姦人因亂竊入內府盜貨寶，終夜不絕。道路更剽掠，居人嚴兵自保。賊無屬，畏不能久，以泚昔在涇有恩，且失權久，庸思亂，乃相謀曰：「太尉方囚錮，若迎之，事可濟。」令言率百餘騎見泚，泚僞讓不答，留使者飲，以觀衆心。夜數百騎復往，泚知不僞，乃擁徒向闕下，炬火竟街，觀者以萬計。舍前殿，總六軍。明日下令曰：「國家有事東方，涇人赴難，不習朝章，驚乘輿，百官三日並赴行在，留者守本司，違令誅。」逆徒居白華殿。或說泚迎天子，泚顧望咢然。光祿卿源休至，請間，教以不臣，詭稱符命，泚悅。張光晟、李忠臣皆新失職怨望，亦勸成之。鳳翔大將張廷芝、涇將段誠諫引潰兵三千自襄城來，泚自謂得人助，逆志堅決。因署休京兆尹、判度支，忠臣皇城使。又以段秀實失軍，疑有怨，起之，委以謀。秀實與劉海賓憤，發挺擊賊，忠臣護泚，纔破面，得不死。

明日，大陳旗章金石于廷，傳言立宗室王監國，士庶競往觀，泚僭卽皇帝位於宣政殿，號大秦，建元應天。侍衞皆卒伍，諸臣在位者纔十餘，逼太常卿樊系爲册，册成，仰藥死。泚下詔稱「幽囚之中，神器自至」，以示受命。卽拜令言侍中、關內副元帥，忠臣司空兼侍中，休中書侍郎，蔣鎭門下侍郎，並同中書門下平章事。以蔣諫爲御史中丞，敬釭御史大夫，許季常京兆尹，洪經綸太常少卿，彭偃中書舍人，裴揆、崔幼眞給事中，廷芝、光晟、誠諫、崔宣、張寶、何望之、杜如江等並僞署節度使。以兄子遂爲太子，以滔爲冀王、太尉、尚書令，號皇太弟。

帝使高重傑屯梁山禦賊，賊將李日月殺之，帝拊尸哭盡哀，結蒲爲首以葬。泚得首，亦集羣賊哭曰：「忠臣也！」亦用三品葬焉。泚既勝，則令都人曰：「奉天殘黨不終日當平。」日月銳甚，自謂無前，乃燒陵廟，鹵御物，帝患之。渾瑊伏兵漠谷，引數十騎跳攻長安，泚大驚，踣榻前。瑊引卻，日月尾追，遇伏鬭，射日月殺之。泚悵恨。其母不哭，罵曰：「奚奴，天子負而何事？死且晚！」

泚自將偪奉天，竊乘輿物自侈。以令言爲上將，光晟副之，忠臣留守，以蔣鍊、李子平爲宰相。於是瑊率韓游瓌禦泚，泚大敗，死者萬計，退三里而舍。脩攻具，毀廬室爲樓車百尺，下覘城中。會杜希全以兵敗漠谷，賊益張。又劉德信、高秉哲自汝州取沙苑馬五百壁昭應，戰思子陵西，三敗賊，次東渭橋，出游弈軍以逼都城。忠臣兵數衄請救，泚乃急攻城，驅民塡塹，造雲梁，令壯士居上，將傅堞，守者震駭。渾瑊乃使侯仲莊、韓澄穴地道，梁陷，縱火焚之，城上揮膏流數百步，衆亂而囂，城中兵出，皇太子督戰，賊大敗。然賊負其衆，遂長圍，以百弮弩射城中，不及幄坐者三步。城益急，帝召羣臣曰：「朕負宗廟，宜固守。公等家在賊，可先降，以完親族。」衆泣下曰：「臣等死無貳。」帝亦太息噓欷。城圍凡三旬有六日，而李懷光以兵五萬至，敗賊于魯店，遂戰城下，自辰止昏，賊潰。帝下觀戰，傳詔曰：「賊衆亦朕赤子，勿多殺！」聞者感激。是夜，泚引去。初，帝至奉天，或言賊已立泚，必來攻，請治守具。宰相盧杞曰：「泚，大臣，奈何疑其反？」及泚圍城，帝卒不詰其言。

泚之歸，令言方治攻具，忠臣坊坊團結，人皆厭苦。泚悉止之曰：「攻守我自辦。」賊嘗令士馳入曰：「奉天陷矣！」百姓相顧泣，市無留人，臺省吏落落，郎官一二而已。李懷光壓九子澤，李晟自白馬津來，營東渭橋，尚可孤以襄、鄧兵五千次藍田，駱元光守昭應，馬燧使子彙以兵三千屯中渭橋。

始，奉天圍久，食且盡，以蘆秣帝馬，太官糲米止二斛。圍解，父老爭上壺飡餅餌，劍南節度使張延賞獻帛數十馱，諸方貢物踵來，因大賜軍中，詔殿中侍御史万俟著治金、商道，權通轉輸。羣臣家在城者，賊猶給俸，中人朱重曜爲賊謀曰：「執其家以招士大夫，不來者夷之。」孫知古謬曰：「陛下以柔服人，若夷其妻子，是絕嚮化意。且義士殺身，何顧於家？」乃止。

興元元年，泚以本封遂寧，漢地也，更號漢，改元天皇。或曰：「王師欲潛壞京城四隅垣以入。」泚懼，詔金吾布士於衢，吏儲五炬以防夜，城隅率百步建一樓，候望非常。凡祠房廟廬皆帷甲，戒曰：「軍來則四面擊。」太倉糧竭，賊督吏索觀寺餘米萬斛，鞭扑流離，士寖飢，而神策六軍從行在及哥舒曜、李晟兵皆家稟不絕，或請停給，泚曰：「士在外，而弱稚絕食則死，豈吾心哉！」即厚斂居人。許季常曰：「一旦有急，請籍中人公侯三千族之，貲足矣。」或謂泚：「陛下既受命，而存唐九廟諸陵，不宜。」泚曰：「朕嘗北面事唐，胡忍此！」又曰：「官多缺，請擇才授之，脅以兵，使不得辭。」泚曰：「彊授則人懼，但欲仕者與之，安能叩戶拜官邪？」奉天所下赦令，凡受賊僞官者，破賊日悉貸不問，官軍密榜諸道。泚方宿未央，涇原士相與謀殺泚，泚知之，輒徙它處，衆謀亦止。

光晟與懷光對壘，李希倩請以精騎五百犯之，光晟不許，曰：「西軍方彊，不可輕以取敗。」日暮，兩軍退。希倩謁泚曰：「光晟有他志，視西軍不戰，臣請擊之。」不許，請斬光晟，又不許，曰：「彼善將，所以不戰，蓋知未可乎！」希倩怒曰：「臣盡心以事君，不見信，願乞要領歸淮西。」泚許諾，以馬十匹、繒錦百，曰：「以此東歸。」希倩慚，復入曰：「臣愚褊，罪當死，願死軍前。」泚又許之。光晟見泚曰：「臣不敢反。」因再拜，泚慰勉之。

官軍壞龍首、香積二堨，以決其流，城中水絕，泚役數百人治之。東出灞水，與王師戰，大奔還，闔都門，士皆甲以待，久乃罷。李子平請修攻具襲懷光，取苑中六街大木爲衝車，程役苦甚，人不堪。又禁居人夜行，三人以上不得聚飲食，上下惴恐。賊所用唯盧龍、神策、團練兵，而涇原軍驕不可制，但完守所獲，不出戰，故泚數北，憂甚，欲出走。術家爭曰：「陛下當不出宮，雖西軍入，且自有變。」泚據以自安。

會李懷光貳于帝，不欲泚平，按軍觀望。帝欲幸咸陽，趣諸將捕賊，懷光出醜言，乃詔戴休顏守奉天，尙可孤守灞上，駱元光守渭橋。進狩梁州，次渭陽，太息曰：「朕是行，將有永嘉事乎？」渾瑊曰：「臨大難無畏者，聖人勇也。陛下何言之過？」懷光遂與泚連和。京師知帝益西，二叛膠固，謂亂且成，出受賊官者十八。始，泚多出金，兄事懷光，約平關中，割地爲隣國，故懷光決反，因幷陽惠元、李建徽軍。泚知懷光反明白，即賜詔待以臣禮，督其兵入衞。懷光慚見欺，引其軍東保河中。泚數遣人誘涇原馮河淸，河淸不從，又結其將田希鑒，遂害河淸以應賊，泚即以代河淸，使結吐蕃。

李晟等兵寖彊，士益附，而渾瑊又擊破賊將韓旻、宋歸朝於武亭川，斬計萬級，歸朝奔懷光。晟率渾瑊、駱元光、尚可孤悉師攻賊，晟薄光泰門，敗賊將張廷芝、李希倩，賊棄門哭保白華。晟引軍還，居三日復戰，大敗之，乃分道入。泚將段誠伏莽中，爲王伉所禽。姚令言、張廷芝與晟遇，十鬬皆北，遂至白華。

始，張光晟以精兵壁九曲，距東渭橋十里，密約降於晟。晟之入，光晟勸泚等出奔，故泚挾令言、廷芝、休、子平、朱遂引殘軍西走，光晟衞出之，因詣晟降。

泚失道，問野人，答曰：「朱太尉邪？」休曰：「漢皇帝。」曰：「天網恢恢，走將安所？」泚怒，欲殺之，乃亡去。泚至涇州長武城，田希鑒拒之，泚曰：「子之節吾所授，奈何拒我？」火其門，希鑒擲節焰中曰：「歸汝節！」泚舉軍哭，城中人望見其子弟，亦哭。宋膺曰：「某妻哭，斬矣！」衆止哭。泚更舍逆旅，遣梁廷芬入見希鑒曰：「公殺一節度，唐天子必不容，何不納朱公成大事？」希鑒陰可。廷芬出報，泚悅。廷芬請宰相不得，乃不復入。泚猶餘范陽卒三千，北走驛馬關，寧州刺史夏侯英閉門陣而待，泚不敢入，因保彭原西城。廷芬與泚腹心朱惟孝夜射泚，墜窖中，韓旻、薛綸、高幽嵓、武震、朱進卿、董希芝共斬泚，使宋膺傳首以獻。泚死年四十三。令言走涇州，休、子平走鳳翔，皆斬首。泚壻金吾將軍馬悅走党項，得入幽州。朱重曜者，事泚最親近，泚呼爲兄。會窮冬大雨，泚欲禳變，鴆殺重曜，以王禮葬。賊平，出其尸膊之。李希倩等諸將皆以次夷滅。

初，源休爲京兆尹，使回紇，將還，盧杞畏其辯，能結主恩，次太原，奏爲光祿卿。休怨望，故導泚僭號，爲調兵食，署拜百官，事一咨之。時訂其逆甚於泚，脅辱大臣，多殺宗室子孫幾于盡，每王師不利，喜見眉宇。與姚令言勸泚圜奉天，晝夜爲賊謀，二人爭自比蕭何，休顧令言曰：「成秦之業，無輩我者。我視蕭何，子當曹參可矣。」即收圖籍，貯府庫，効何者，人皆笑謂爲「火迫酇侯」。本相州人。

令言者，河中人。始應募，隸涇原節度使馬璘府。孟皥之爲留後，表其謹肅任將帥，遂爲節度使。既挾泚亂，頗盡力。

彭偃，銳于進，自謂爲宰相所抑，鬱鬱不慊。泚亂，匿田家，既得用，辭令一出其手，故辭尤誖慢。

李晟愛張光晟才，表丐原死，置軍中，駱元光怒曰：「吾不能與反虜同坐。」拂衣去，晟乃殺之。李懷光以宋歸朝獻諸朝，斬之。唯李日月母得貸。泚未敗，號其第爲潛龍宮，徙珍寶實之，人謂「潛龍勿用」，亡兆也。

晟惡田希鑒之逆，欲因事誅之。會吐蕃寇涇州，晟方帥涇原，故希鑒請救，晟遣史萬歲以騎兵三千往，請晟行邊。希鑒來謁，其妻李，父事晟，晟屢入宴，將還師，好謂希鑒曰：「吾久留此，諸將皆故人，吾欲置酒以別，可過營飲也。」希鑒等詣營，酒未行，晟曰：「諸君相過，宜自通姓名爵里。」諸將以次言，無罪者坐自如，有罪者晟質責，一卒引出，斬而瘞之。希鑒坐晟下，未知當死，晟顧曰：「田郎不得無罪。」左右執以下，晟曰：「天子蒙塵，乃殺節度使，受賊節，今日何面目見我乎？」希鑒不能對。晟曰：「田郎老矣，坐於牀置對。」乃縊幕中，以李觀代爲節度使。

唐書卷二百二十五下

列傳第一百五十下

逆臣下

黄巢　秦宗權　董昌

黄巢，曹州冤句人。世鬻鹽，富于貲。善擊劍騎射，稍通書記，辯給，喜養亡命。咸通末，仍歲饑，盗興河南。乾符二年，濮名賊王仙芝亂長垣〔一〕，有衆三千，殘曹、濮二州，俘萬人，勢遂張。仙芝妄號大將軍，檄諸道，言吏貪沓，賦重，賞罰不平。宰相恥之，僖宗不知也。其票帥尚君長、柴存、畢師鐸、曹師雄、柳彦璋、劉漢宏、李重霸等十餘輩，所在肆掠。而巢喜亂，即與羣從八人，募衆得數千人以應仙芝，轉寇河南十五州，衆遂數萬。

帝使平盧節度使宋威與其副曹全晸數擊賊，敗之，拜諸道行營招討使，給衞兵三千、騎五百，詔河南諸鎭皆受節度，以左散騎常侍曾元裕副焉。仙芝略沂州，威敗賊城下，仙芝亡去。威因奏大渠死，擅縱麾下兵還青州，羣臣皆入賀。居三日，州縣奏賊故在。時兵始休，有詔復遣，士皆忿，思亂。賊閒之，趣郟城，不十日破八縣。帝憂迫近東都，督諸道兵檢遏，於是鳳翔、邠寧、涇原兵守陝、潼關，元裕守東都，義成、昭義以兵衞宮。仙芝去攻汝州，殺其將，刺史走，東都大震，百官脫身出奔。賊破陽武，圍鄭州，不克，蟻聚鄧、汝閒。關以東州縣，大抵皆畏賊，嬰城守，故賊放兵四略，殘郢、復二州，所過焚剽，生人幾盡。官軍急追，則遺貲布路，士爭取之，率逗橈不前。賊轉入申、光，殘隋州，執刺史，據安州自如，分奇兵圍舒，擊廬、壽、光等州。

時威老且闇，不任軍，陰與元裕謀曰：「昔龐勛滅，康承訓卽得罪。吾屬雖成功，其免禍乎？不如留賊，不幸爲天子，我不失作功臣。」故躡賊一舍，完軍顧望。帝亦知之，更以陳許節度使崔安潛爲行營都統，以前鴻臚卿李琢代威，右威衞上將軍張自勉代元裕。

賊出入蘄、黃，蘄州刺史裴渥爲賊求官，約罷兵。仙芝與巢等詣渥飮。未幾，詔拜仙芝左神策軍押衙，遣中人慰撫。仙芝喜，巢恨賞不及己，詬曰：「君降，獨得官，五千衆且奈何？丐我兵，無留。」因擊仙芝，傷首。仙芝憚衆怒，卽不受命，劫州兵，渥、中人亡去。賊分其衆：尙君長入陳、蔡；巢北掠齊、魯，衆萬人，入鄆州，殺節度使薛崇；進陷沂州，遂至數萬，縣潁、蔡保嵖岈山。

是時柳彥璋又取江州，執刺史陶祥。巢引兵復與仙芝合，圍宋州。會自勉救兵至，斬賊二千級，仙芝解而南，度漢，攻荆南。於是節度使楊知温嬰城守，賊縱火焚樓堞，知温不出，有詔以高駢代之。駢以蜀兵萬五千齎糒糧，期三十日至，而城已陷，知温走，賊不能守。於是詔左武衞將軍劉秉仁爲江州刺史，勒兵乘單舟入賊栅，賊大駭，相率迎降，遂斬彥璋。

巢攻和州，未克。仙芝自圍洪州，取之，使徐唐莒守。進破朗、岳，遂圍潭州，觀察使崔瑾拒却之，乃向浙西，擾宣、潤，不能得所欲，身留江西，趣別部還入河南。

帝詔崔安潛歸忠武，復起宋威、曾元裕，以招討使還之，而楊復光監軍。復光遣其屬吳彥宏以詔諭賊，仙芝乃遣蔡温球、楚彥威、尚君長來降，欲詣闕請罪，又遺威書求節度。威陽許之，上言「與君長戰，禽之」。復光固言其降。命侍御史與中人馳驛卽訊，不能明。卒斬君長等于狗脊嶺。仙芝怒，還攻洪州，入其郛。威自將往救，敗仙芝於黄梅，斬賊五萬級，獲仙芝，傳首京師。

當此時，巢方圍亳州未下，君長弟讓率仙芝潰黨歸巢，推巢爲王，號「衝天大將軍」，署拜官屬，驅河南、山南之民十餘萬掠淮南，建元王霸。

會元裕敗賊於申州，死者萬人。帝以威殺尚君長非是，且討賊無功，詔還靑州，以元裕爲招討使，張自勉爲副。巢破考城，取濮州，元裕軍荆、襄，援兵阻，更拜自勉東北面行營招討使，督諸軍急捕。巢方掠襄邑、雍丘，詔滑州節度使李嶧壁原武。巢寇葉、陽翟，欲窺東都。會左神武大將軍劉景仁以兵五千援東都，河陽節度使鄭延休兵三千壁河陰。巢兵在江西者，爲鎭海節度使高駢所破；寇新鄭、郟、襄城、陽翟者，爲崔安潛逐走；在浙西者，爲節度使裴璩斬二長，死者甚衆。巢大沮畏，乃詣天平軍乞降，詔授巢右衞將軍。巢度藩鎭不一，未足制己，卽叛去，轉寇浙東，執觀察使崔璆。於是高駢遣將張潾、梁纘攻賊，破之。賊收衆踰江西，破虔、吉、饒、信等州，因刊山開道七百里，直趨建州。

初，軍中謠曰：「逢儒則肉，師必覆。」巢入閩，俘民紿稱儒者，皆釋，時六年三月也。儳路圍福州，觀察使韋岫戰不勝，棄城遁，賊入之，焚室廬，殺人如蓺。過崇文館校書郞黃璞家，令曰：「此儒者，滅炬弗焚。」又求處士周朴，得之，謂曰：「能從我乎？」答曰：「我尙不仕天子，安能從賊？」巢怒斬朴。是時閩地諸州皆沒，有詔高駢爲諸道行營都統以拒賊。

巢陷桂管，進寇廣州，詒節度使李迢書，求表爲天平節度；又脅崔璆言于朝，宰相鄭畋欲許之，盧攜、田令孜執不可。巢又丐安南都護、廣州節度使，書聞，右僕射于琮議：「南海市舶利不貲，賊得益富，而國用屈。」乃拜巢率府率。巢見詔大詬，急攻廣州，執李迢，自號

「義軍都統」，露表告將入關，因詆宦豎柄朝，垢蠹紀綱，指諸臣與中人賂遺交構狀，銓貢失才，禁刺史殖財產，縣令犯贓者族，皆當時極敝。

天子既懲宋威失計，罷之，而宰相王鐸請自行，乃拜鐸荊南節度使、南面行營招討都統，率諸道兵進討。鐸屯江陵，表泰寧節度使李係爲招討副使、湖南觀察使，以先鋒屯潭州，兩屯烽驛相望。會賊中大疫，衆死什四，遂引北還。自桂編大桴，沿湘下衡、永，破潭州，李係走朗州，兵十餘萬殲焉，投胔蔽江。進逼江陵，號五十萬。鐸兵寡，即乘城。先此，劉漢宏已略地，焚廬舍，人皆竄山谷。俄而係敗問至，鐸棄城走襄陽，官軍乘亂縱掠，會雨雪，人多死溝壑。

其十月，巢據荊南，脅李迢草表報天子，迢曰：「吾腕可斷，表不可爲。」巢怒，殺之。欲進躡鐸，會江西招討使曹全晸與山南東道節度使劉巨容壁荊門，使沙陀以五百騎釘轡藻韉望賊陣縱而遁，賊以爲怯。明日，諸將乘以戰，而馬識沙陀語，呼之輒奔還，莫能禁。官兵伏于林，瞷而北，賊急追，伏發，大敗之，執賊渠十二輩。巢懼，度江東走，師促之，俘什八，鐸招漢宏降之。或勸巨容窮追，答曰：「國家多負人，危難不吝賞，事平則得罪，不如留賊冀後福。」止不追，故巢得復整，攻鄂州，入之。全晸將度江，會有詔以段彥謩代其使，乃止。巢畏襲，轉掠江西，再入饒、信、杭州，衆至二十萬。攻臨安，戍將董昌兵寡，不敢戰，伏數十騎莽中，賊至，伏弩射殺賊將，下皆走。昌進屯八百里，見舍媼曰：「有追至，告以臨安兵屯八百里矣。」賊駭曰：「向數騎能困我，況軍八百里乎？」乃還，殘宣、歙等十五州。

廣明元年，淮南高駢遣將張潾度江敗王重霸，降之。巢數卻，乃保饒州，衆多疫，別部常宏以衆數萬降，所在戮死。諸軍屢奏破賊，皆不實，朝廷信之，稍自安。巢得計，破殺張潾，陷睦、婺二州，又取宣州，而漢宏殘衆復奮，寇宋州，掠申、光，來與巢合，濟采石，侵揚州。高駢按兵不出。詔兗海節度使齊克讓屯汝州，拜全晸天平節度使兼東面副都統。賊方守滁、和，全晸以天平兵敗于淮上。宰相豆盧瑑計：「救師未至，請假巢天平節度使，使無得西，以精兵戍宣武，塞汝、鄭路，賊首可致矣。」盧攜執不可，請「召諸道兵壁泗上，以宣武節度統之，則巢且還寇東南，徘徊山淛，救死而已」。詔可。前此已詔天下兵屯溵水，禁賊北走。於是徐兵三千道許，其帥薛能館徐衆城中，許人驚謂見襲，部將周岌自溵水還，殺能，自稱留後。徐軍聞亂，列將時溥亦引歸，囚其帥支詳。兗海齊克讓懼下叛，引軍還兗州，溵水屯皆散。

巢聞，悉衆度淮，妄稱「率土大將軍」，整衆不剽掠，所過惟取丁壯益兵。李罕之犯申、光、潁、宋、徐、兗等州，吏皆亡。巢自將攻汝州，欲薄東都。當是時，天子沖弱，怖而流涕，宰相更共建言，悉神策幷關內諸節度兵十五萬守潼關。田令孜請自將而東，然內震擾，前說帝以幸蜀事。帝自幸神策軍，擢左軍騎將張承範爲先鋒，右軍步將王師會督糧道，以飛龍使楊復恭副令孜。於是募兵京師，得數千人。

當是時，巢已陷東都，留守劉允章以百官迎賊，巢入，勞問而已，里閭晏然。帝餞令孜章信門，賚遺豐優。然衞兵皆長安高貲，世籍兩軍，得稟賜，侈服怒馬以詫權豪，初不知戰，聞料選，皆哭于家，陰出貲雇販區病坊以備行陣，不能持兵，觀者寒毛以慄。承範以彊弩三千防關，辭曰：「祿山率兵五萬陷東都，今賊衆六十萬，過祿山遠甚，恐不足守。」帝不許。賊進取陝、虢，檄關戍曰：「吾道淮南，逐高駢如鼠走穴，爾無拒我！」神策兵過華，裹三日糧，不能飽，無鬭志。

十二月，巢攻關，齊克讓以其軍戰關外，賊少卻。俄而巢至，師大譟，川谷皆震。時士飢甚，潛燒克讓營，克讓走入關。承範出金諭軍中曰：「諸君勉報國，救且至。」士感泣，拒戰。賊見師不繼，急攻關，王師矢盡，飛石以射，巢驅民內塹，火關樓皆盡。始，關左有大谷，禁行人，號「禁谷」。賊至，令孜屯關，而忘谷之可入。尙讓引衆趨谷，承範惶遽，使師會以勁弩八百邀之，比至，而賊已入。明日，夾攻關，王師潰。師會欲自殺，承範曰：「吾二人死，孰當辨者？不如見天子以實聞，死未晚。」乃羸服逃。始，博野、鳳翔軍過渭橋，見募軍服鮮燠，怒曰：「是等何功，遽然至是！」更爲賊鄉導，前賊歸，焚西市。帝類郊祈哀。會承範至，具言不守狀。帝黜宰相盧攜。方朝，而傳言賊至，百官奔，令孜以神策兵五百奉帝趨咸陽，惟福、穆、潭、壽四王與妃御一二從，中人西門匡範統右軍以殿。

巢以尙讓爲平唐大將軍，蓋洪、費全古副之。賊衆皆被髮錦衣，大抵輜重自東都抵京師，千里相屬。金吾大將軍張直方與羣臣迎賊灞上，巢乘黃金輿，衞者皆繡袍、華幘，其黨乘銅輿以從，騎士凡數十萬先後之。陷京師，入自春明門，升太極殿，宮女數千迎拜，稱黃王。巢喜曰：「殆天意歟！」巢舍田令孜第。賊見窮民，抵金帛與之。尙讓卽妄曉人曰：「黃王非如唐家不惜而輩，各安毋恐。」甫數日，因大掠，縛箠居人索財，號「淘物」。富家皆跣而驅，賊酋閱甲第以處，爭取人妻女亂之，捕得官吏悉斬之，火廬舍不可貲，宗室侯王屠之無類矣。

巢齋太清宮，卜日舍含元殿，僭卽位，號大齊。求袞冕不得，繪弋綈爲之；無金石樂，擊大鼓數百，列長劍大刀爲衞。大赦，建元爲金統。王官三品以上停，四品以下還之。因自陳符命，取「廣明」字，判其文曰：「唐去丑口而著黃，明黃當代唐，又黃爲土，金所生；蓋天啓」云。其徒上巢號承天應運啓聖睿文宣武皇帝，以妻曹爲皇后，以尙讓、趙璋、崔璆、楊希古爲宰相，鄭漢璋御史中丞，李儔、黃諤、尙儒爲尙書，方特諫議大夫，皮日休、沈雲翔、裴渥翰林學士，孟楷、蓋洪尙書左右僕射兼軍容使，費傳古樞密使，張直方檢校左僕射，馬祥右散騎常侍，王璠京兆尹，許建、米實、劉瑭、朱溫、張全、彭攢、李逵等爲諸將軍游弈使，其餘以次封拜。取趫偉五百人號「功臣」，以林言爲之使，比控鶴府。下令軍中禁妄殺人，悉輸兵于官。然其下本盜賊，皆不從。召王官，無有至者，乃大索里閭，豆盧瑑、崔沆等匿永寧里張直方家。直方者，素豪桀，故士多依之。或告賊納亡命者，巢攻之，夷其家，瑑、沆及大臣劉鄴、裴諗、趙濛、李溥、李湯死者百餘人。將作監鄭綦、郎官鄭係舉族縊。

是時，乘輿次興元，詔促諸道兵收京師，遂至成都。巢使朱溫攻鄧州，陷之，以擾荆、襄。遣林言、尙讓寇鳳翔，爲鄭畋將宋文通所破，不得前。畋乃傳檄召天下兵，於是詔涇原節度使程宗楚爲諸軍行營副都統，前朔方節度使唐弘夫爲行營司馬。數攻賊，斬萬級。邠將朱玫陽爲賊將王玫哀兵，俄而殺玫，引軍入于王師。弘夫進屯渭北，河中王重榮營沙苑，易定王處存次渭橋，鄜延李孝昌、夏州拓拔思恭壁武功。弘夫拔咸陽，栰渭水，破尙讓軍，乘勝入京師。巢竊出，至石井。宗楚入自延秋門，弘夫傅城舍，都人共譟曰：「王師至！」處存選銳卒五千以白帑自誌，夜入殺賊，都人傳言巢已走，邠、涇軍爭入京師，諸軍亦解甲休，競掠貨財子女，市少年亦冒作帑，肆爲剽。

巢伏野，使覘城中弛備，則遣孟楷率賊數百掩邠、涇軍，都人猶謂王師，讙迎之。時軍士得珍賄，不勝載，聞賊至，重負不能走，是以甚敗。賊執弘夫害之，處存走營。始，王璠破奉天，引衆數千隨弘夫，及諸將敗，獨一軍戰尤力。巢復入京師，怒民迎王師，縱擊殺八萬人，血流於路可涉也，謂之「洗城」。諸軍退保武功，於是中和二年二月也。

其五月，昭義高潯攻華州，王重榮與并力，克之。朱玫以涇、岐、麟、夏兵八萬營興平，巢亦遣王璠營黑水，玫戰未能勝。鄭畋將竇玫夜率士燔都門，殺邏卒，賊震懼。於時畿民栅山谷自保，不得耕，米斗錢三十千，屑樹皮以食，有執栅民鬻賊以爲糧，人獲數十萬錢。士人或賣餅自業，舉奔河中。李孝昌、拓拔思恭徙壁東渭橋，收水北壘。

數月，賊帥朱温、尙讓涉渭敗孝昌等軍。高潯擊賊李詳，不勝，賊復取華州，巢即授華州刺史，以温爲同州刺史。賊又襲孝昌，二軍引去。賊破陳敬瑄兵，走南山。齊克儉營興平，爲賊所圍，決河灌之，不克。有題尙書省戶譏賊且亡，尙讓怒，殺吏，輒剔目懸之，誅郎官門闌卒凡數千人，百司逃，無在者。

天子更以王鐸爲諸道行營都統，崔安潛副之，周岌、王重榮爲左右司馬，諸葛爽、康實爲左右先鋒，平師儒爲後軍，時溥督漕賦，王處存、李孝章、拓拔思恭爲京畿都統，處存直左，孝章在北，思恭直右。西門思恭爲鐸都監，楊復光監行營，中書舍人盧胤征爲克復制置副使。於是鐸以山南、劍南軍營靈感祠，朱玫以岐、夏軍營興平，重榮、處存營渭北，復光以壽、滄、荊南軍合岌營武功，孝章合拓拔思恭營渭橋，程宗楚營京右。

朱温以兵三千掠丹、延南鄙，趨同州，刺史米逢出奔，温據州以守。六月，尚讓寇河中，使朱温攻西關，敗諸葛爽，破重榮數千騎於河上，爽閉關不出，讓遂拔郃陽，攻宜君壘，大雨雪盈尺，兵死什三。七月，賊攻鳳翔，敗節度李昌言於涝水，又遣彊武攻武功、槐里，涇、邠兵卻，獨鳳翔兵固壁。拓拔思恭以銳士萬八千赴難，逗留不進。河中糧艘三十道夏陽，朱温使兵奪艘，重榮以甲士三萬救之，温懼，鑿沈其舟，兵遂圍温。温數困，又度巢勢蹙且敗，而孟楷方專國，温丐師，楷沮不報，即斬賊大將馬恭，降重榮。帝進拓拔思恭爲京四面都統，敕朱玫軍馬嵬。温既降，重榮遇之厚，故李詳亦獻款，賊覺，斬之於赤水，更以黄思鄴爲刺史。

十月，鐸濬壕於興平，左抵馬嵬，使將薛韜董之，由馬嵬、武功入斜谷，以通盩厔，列屯十四，使將梁璩主之，置關於沮水、七盤、三溪、木皮嶺，以遮秦、隴。京左行營都統東方逵禽賊銳將李公迪，破堡三十。華卒逐黄思鄴，巢以王遇爲刺史，遇降河中。

明年正月，王鐸使鴈門節度使李克用破賊于渭南，承制拜東北行營都統。會鐸與安潛皆罷，克用獨引軍自嵐、石出夏陽，屯沙苑，破黄揆軍，遂營乾阬。二月，合河中、易定、忠武等兵擊巢。巢命王璠、林言軍居左，趙璋、尚讓軍居右，衆凡十萬，與王師大戰梁田陂。賊敗，執俘數萬，僵胔三十里，斂爲京觀。璠與黄揆襲華州，據之，遇亡去。克用掘塹環州，分騎屯渭北，命薛志勤、康君立夜襲京師，火廥聚，俘賊而還。

巢戰數不利，軍食竭，下不用命，陰有遁謀，即發兵三萬搤藍田道，使尚讓援華州。克用率重榮迎戰零口，破之，遂拔其城，揆引衆出走。涇原節度使張鈞說蕃、渾與盟，共討賊。是時，諸鎮兵四面至。四月，克用遣部將楊守宗率河中將白志遷、忠武將龐從等最先進，擊賊渭橋，三戰，賊三北。於是諸節度兵皆奮，無敢後，入自光泰門。克用身決戰，呼聲動天，賊崩潰，逐北至望春，入昇陽殿闥。巢夜奔，衆猶十五萬，聲趨徐州，出藍田，入商山，委輜重珍貲於道，諸軍爭取之，不復追，故賊得整軍去。

自祿山陷長安，宮闕完雄，吐蕃所燔，唯衢衖廬舍；朱泚亂定百餘年，治繕神麗如開元時。至巢敗，方鎮兵互入虜掠，火大內，惟含元殿獨存，火所不及者，止西內、南內及光啓宮而已。楊復光獻捷行在，帝詔陳許、延州、鳳翔、博野軍合東西神策二萬人屯京師，命大明宮留守王徽衞諸門，撫定居人。詔尚書右僕射裴璩修復宮省，購輦輅、仗衞、舊章、祕籍。豫敗巢者：神策將橫衝軍使楊守亮、踊雲都將高周彝、忠順都將胡眞、天德將顧彥朗七十八。

巢已東，使孟楷攻蔡州，節度使秦宗權迎戰，大敗，即臣賊，與連和。楷擊陳州，敗死，巢自圍之，略鄧、許、孟、洛，東入徐、兗數十州。人大饑，倚死牆塹，賊俘以食，日數千人，乃辦列百巨碓，糜骨皮於臼，并啖之。時朱全忠爲宣武節度使，與周岌、時溥帥師救陳，趙犨亦乞兵太原。巢遣宗權攻許州，未克。於是糧竭，木皮草根皆盡。

四年二月，李克用率山西兵由陝濟河而東，會關東諸鎮壁汝州。全忠擊賊瓦子堡，斬萬餘級，諸軍破尙讓於太康，亦萬級，獲械鎧馬羊萬計，又敗黃鄴於西華，鄴夜遁。巢大恐，居三日，軍中相驚，棄壁走，巢退營故陽里。其五月，大雨震電，川谿皆暴溢，賊壘盡壞，衆潰，巢解而去。全忠進戍尉氏，克用追巢，全忠還汴州。

巢取尉氏，攻中牟，兵度水半，克用擊之，賊多溺死。巢引殘衆走封丘，克用追敗之，還營鄭州。巢涉汴北引，夜復大雨，賊驚潰，克用聞之，急擊巢河瀕。巢度河攻汴州，全忠拒守，克用救之，斬賊驍將李周、楊景彪等。巢夜走胙城，入冤句。克用悉軍窮躡，賊將李讜、楊能、霍存、葛從周、張歸霸、張歸厚往降全忠，而尙讓以萬人歸時溥。巢愈猜忿，屢殺大將，引衆奔兗州。克用追至曹，巢兄弟拒戰，不勝，走兗、鄆間，獲男女牛馬萬餘、乘輿器服等，禽巢愛子。克用軍晝夜馳，糧盡不能得巢，乃還。巢衆僅千人，走保太山。

六月，時溥遣將陳景瑜與尙讓追戰狼虎谷，巢計蹙，謂林言曰：「我欲討國姦臣，洗滌朝廷，事成不退，亦誤矣。若取吾首獻天子，可得富貴，毋爲他人利。」言，巢出也，不忍。巢乃自刎，不殊，言因斬之，及兄存、弟鄴、揆、欽、秉、萬通、思厚，并殺其妻子，悉函首，將詣溥。

而太原博野軍殺言，與巢首俱上溥，獻于行在，詔以首獻于廟。徐州小史李師悅得巢僞符璽，上之，拜湖州刺史。

巢從子浩衆七千，爲盜江湖間，自號「浪蕩軍」。天復初，欲據湖南，陷瀏陽，殺略甚衆。湘陰彊家鄧進思率壯士伏山中，擊殺浩。

贊曰：廣明元年，巢始盜京師，自陳「唐去丑口而著黃，明黃且代唐也」。嗚呼，其言妖歟！後巢死，秦宗權始張，株亂徧天下，朱溫卒攘神器有之，大氐皆巢黨也，寧天託諸人告亡於下乎！

秦宗權，蔡州上蔡人，爲許牙將。巢涉淮，節度使薛能遣宗權蒐兵淮西，而許軍亂，殺能。宗權外示赴難，因逐刺史，據蔡以叛。周岌代能領節度，即授以州，有兵萬人，乃遣將從諸軍敗賊於汝州。楊復光言之朝，擢防禦使，寵其軍曰奉國，即爲本軍節度使，進檢校司空。

巢走出關，宗權與連和，遂圍陳州，樹壁相望，擾敳梁、宋間。巢死，宗權張甚，嘯會逋殘，有吞噬四海意。乃遣弟宗言寇荆南；秦誥出山南，攻襄州，陷之，進破東都，圍陝州；使秦彥寇淮、肥；秦賢略江南；宗衡亂岳、鄂。賊渠率票慘，所至屠老孺，焚屋廬，城府窮爲荆萊，自關中薄青、齊，南緣荆、郢，北亙衞、滑，皆鬭駭雉伏，至千里無舍煙。惟趙犫保陳，朱全忠保汴，僅自完而已。然無霸王計，惟亂是恃，兵出未始轉糧，指鄉聚曰：「啖其人，可飽吾衆。」官軍追躡，獲鹽尸數十車。

僖宗假朱全忠都統節以討賊。秦賢略宋及曹，全忠好書約和，賢遣張調請分地，自汴以南歸之蔡，全忠陰許，而賢引兵濟汴，肆燔劫無孑餘。全忠大怒，斬調而還，曰：「我出十將，必破此賊。」進與賊戰，殺獲甚衆。宗權急攻許，節度使鹿晏弘乞師於全忠，師未及出，已破晏弘，進攻鄭州，取之。擊河橋，遂守河陽，放兵侵汴西鄙、北鄙。

全忠壁酸棗，戰不克。宗權屯邊村，使秦賢營雙丘，侵板橋，盧瑭引兵進屯萬勝，夾汴而柵，將梁以濟師。全忠詭擊殺瑭，宗權悉軍十五萬列三十六屯，逼汴。全忠懼，求救於兗、鄆，而朱瑾、朱宣皆身自將同拒賊。五月，全忠閉城大會，鼓聞于郊無置聲，陰啓北門擊賊壘，士譁，趨中營，兗、鄆整兵合擊，大敗之。宗權忿，過鄭，焚郛舍，驅民入淮西；全忠遂有鄭、許、河陽、東都。

於是合諸鎮兵會上蔡，分爲五軍入其地。宗權召孫儒，儒不應。宗權素壁上蔡以扼險要，全忠拔其壁，遂圍蔡州，傅城而壘，以羸兵誘賊，賊出戰，全忠盡斬之。宗權退守中州，未能下，全忠使大將胡元琮圍之，身還汴。宗權間許無備，襲取其州，執守將元琮，引兵復收許。

宗權還，爲愛將申叢所囚，折一足以待命。全忠署叢節度留後，叢中悔，夷其族。宗權至汴，全忠以禮迎勞，且曰：「公昔陷許，能戢兵賜盟，戮力勤王，烏有今日乎？」宗權曰：「英雄不兩立，天亡僕以資公也。」謷然無懼色。全忠以檻車上送京師，兩神策兵衞護。昭宗御延喜樓受俘，京兆尹曳以組練，徇兩市，引頸覘車外，呼曰：「宗權豈反者耶？顧輸忠不效耳。」觀者大笑，與妻趙俱斬獨柳下。宗權以中和三年叛，居六年而誅。

董昌，杭州臨安人。始籍土團軍，以功擢累石鏡鎮將。中和三年，刺史路審中臨州，昌率兵拒，不得入，即自領州事。鎮海節度使周寶不能制，因表爲刺史。昌已破劉漢宏，兵益彊，進義勝軍節度使、檢校尚書右僕射。僖宗始還京師，昌取越民裴氏藏書獻之，補祕書之亡，授兼諸道採訪圖籍使。

始，爲治廉平，人頗安之。當是時，天下貢輸不入，獨昌賦外獻常參倍，旬一遣，以五百人爲牽，人給一刀，後期即誅，朝廷賴其入，故累拜檢校太尉、同中書門下平章事，爵隴西郡王。視詔書訖，字償一縑，歸當制官。而小人意足，寖自侈大，託神以詭衆。始立生祠，刳香木爲軀，內金玉紈素爲肺府，冕而坐，妻媵侍別帳，百倡鼓吹於前，屬兵列護門戺。屬州爲土馬獻祠下，列牲牢祈請，或紿言土馬若嘶且汗，皆受賞。昌自言：「有饗者，我必醉。」蝗集祠旁，使人捕沈鏡湖，告曰：「不爲災。」客有言：「嘗游吳隱之祠，止一偶人。」昌聞，怒曰：「我非吳隱之比！」支解客祠前。

始，罷榷鹽以悅人，豐衣食，後稍峭法，笞至千百，或小過輒夷族，血流刑場，地爲之赤。有五千餘姓當族，昌曰：「能孝於我，貸而死。」皆曰：「諾。」昌厚養之，號「感恩都」，刻其臂爲誓，親族至號泣相別者。凡民訟，不視獄，但與擲博齒，不勝者死。用人亦取勝者。

昌得郡王，咤曰：「朝廷負我，吾奉金帛不貲，何惜越王不吾與？吾當自取之！」下厭其虐，乃勸爲帝。近縣舉狂譟譁請，昌令曰：「時至，我當應天順人。」其屬吳繇、秦昌裕、盧勤、朱瓚、董庠、李暢、薛遼與妖人應智王温、巫韓媪皆贊之。昌益兵城四縣自防。山陰老人僞獻謠曰：「欲知天子名，日從日上生。」昌喜，賜百縑，免稅征。命方士朱思遠築壇祠天，詭言天符夜降，碧楮朱文不可識。昌曰：「讖言『兎上金牀』，我生於卯，明年歲旅其次，二月朔之明日，皆卯也，我以其時當即位。」客倪德儒曰：「咸通末，越中祕記言：『有羅平鳥，主越禍福。』中和時，鳥見吳、越，四目而三足，其鳴曰『羅平天册』，民祀以攘難。今大王署名，文與鳥類。」即圖以示昌，昌大喜。

乾寧二年，即僞位，國號大越羅平，建元曰天册，自稱「聖人」，鑄銀印方四寸，文曰「順天治國之印」。又出細民所上銅鉛石印十牀及它鳥獸龜蛇陳于廷，指曰「天瑞」。其下制詔，皆自署名，或曰帝王無押詔，昌曰：「不親署，何由知我爲天子？」即榜南門曰天册樓。先是，州寢有赤光，長十餘丈；虺長尺餘，金色，見思道亭。昌署寢曰明光殿，亭曰黃龍殿，以自神。以次拜置百官，監軍與官屬皆西北嚮慟哭，乃北面臣昌。或請署近侍，昌曰：「吾假處此位，安得如宮禁？」不許。下書屬州曰：「以某日權即位，然昌荷天子恩，死不敢負國。」

初，官屬不徇昌旨者，節度副使黃碣、山陰令張遜皆誅死。鎭海節度使錢鏐書讓昌曰：「開府領節度，終身富貴，不能守，閉城作天子，滅親族，亦何賴？願王改圖。」昌不聽，鏐悉兵三萬攻之，望城再拜曰：「大王位將相，乃不臣。能改過，請論還諸軍。」昌懼，獻鏐錢二百萬緡犒軍，執應智、王溫、韓媼、吳鎔、秦昌裕送於鏐，且待罪。鏐乃還，表於朝，以爲昌不可赦，復討之，傳城而壘。昌又執朱思遠、王守眞、盧勤送鏐軍求解。昭宗遣中人李重密勞師，除昌官爵，授鏐浙東道招討使。昌乃求援於淮南楊行密，行密遣將臺濛圍蘇州，安仁義、田頵攻杭州，以救昌。鏐將顧全武等數敗昌軍，昌將多降，遂進圍越州。

候人言外師彊，輒斬以徇；紿告鏐兵老，皆賞。昌身閱兵五雲門，出金帛傾鏐衆。全武等益奮，昌軍大潰，遽還，去僞號，曰：「越人勸我作天子，固無益，今復爲節度使。」全武四面攻，未克，會臺濛取蘇州，鏐召全武還，全武曰：「賊根本在甌、越，今失一州而緩賊，不可。」攻益急。城中以口率錢，雖簪珥皆輸軍。昌從子眞得士心，昌信讒殺之，衆始不用命。又減戰糧欲犒外軍，下愈怨，反攻昌，昌保子城。鏐將駱團入見，紿言：「奉詔迎公居臨安。」昌信之，全武執昌還，及西江，斬之，投尸于江，傳首京師，夷其族。於是斬僞大臣李邈、蔣瓌等百餘人，發昌先墓，火之。昌敗，猶積糧三百萬斛，金幣大抵五百餘帑，而兵不及萬人。鏐遂爲鎮海、鎮東兩軍節度云。

贊曰：唐亡，諸盜皆生於大中之朝，太宗之遺德餘澤去民也久矣，而賢臣斥死，庸懦在位，厚賦深刑，天下愁苦。方是時也，天將去唐，諸盜並出，歷五姓，兵未嘗少解，至宋然後天下復安。漢之亡也，天下大亂，至晉然後稍定；晉之亡也，天下大亂，至唐然後復安。治少而亂多者，古今之勢，盛王業業以求治，可少忽哉！

校勘記

〔一〕乾符二年濮名賊王仙芝亂長垣　「乾符二年」，舊書卷一九下僖宗紀同。通鑑卷二五二繫於乾符元年。通鑑考異云：「按續寶運錄，『濮州賊王仙芝自稱天補平均大將軍，兼海內諸豪都統，傳檄諸道』，檄末稱『乾符一年正月三日』，則仙芝起必在二年前。」

進唐書表

臣公亮言：竊惟唐有天下，幾三百年，其君臣行事之始終，所以治亂興衰之蹟，與其典章制度之英，宜其粲然著在簡册。而紀次無法，詳略失中，文采不明，事實零落，蓋又百有五十年，然後得以發揮幽沫，補緝闕亡，黜正僞繆，克備一家之史，以爲萬世之傳。成之至難，理若有待。

臣公亮誠惶誠恐，頓首頓首。伏惟體天法道欽文聰武聖神孝德皇帝陛下，有虞舜之智而好問，躬大禹之聖而克勤，天下和平，民物安樂。而猶垂心積精，以求治要，日與鴻生舊學講誦六經，考覽前古，以謂商、周以來，爲國長久，惟漢與唐，而不幸接乎五代。衰世之士，氣力卑弱，言淺意陋，不足以起其文，而使明君賢臣，儁功偉烈，與夫昏虐賊亂，禍根罪首，皆不得暴其善惡以動人耳目，誠不可以垂勸戒，示久遠，甚可嘆也！乃因邇臣之有言，適契上心之所閔，於是刊脩官翰林學士兼龍圖閣學士、給事中、知制誥臣歐陽脩，端明殿學士兼翰林侍讀學士、龍圖閣學士、尚書吏部侍郎臣宋祁，與編脩官禮部郎中、知制誥臣范鎭，刑部郎中、知制誥臣王疇，太常博士、集賢校理臣宋敏求，祕書丞臣呂夏卿，著作佐郎臣劉羲叟等，並膺儒學之選，悉發祕府之藏，俾之討論，共加删定，凡十有七年，成二百二十五卷。其事則增於前，其文則省於舊。至於名篇著目，有革有因，立傳紀實，或增或損，義類凡例，皆有據依。纖悉綱條，具載別錄。臣公亮典司事領，徒費日月，誠不足以成大典，稱明詔，無任慚懼戰汗屏營之至。臣公亮誠惶誠懼，頓首頓首謹言。

嘉祐五年六月　日　曾公亮